중국의 형상2
# 대중화제국

쩌우닝(周寧) 지음 · 박종일 옮김

# 중국의 형상2
# 대중화제국

중국 형상은 하나의 전설에서 다른 하나의 전설로 옮겨갔다.
자기를 초월하는 모델로서 르네상스 시대는 먼 곳에 있고 미화된
대중화제국을 필요로 했다. 인구는 많고 물산은 풍부하며 경제는 발달했고
행정은 효율적이고 청렴하며 사법은 공평하고 합리적인 나라,
기독교 국가보다 더 나은 이교 국가, 그곳이 대중화제국이었다.

인간사랑

## 일러두기

### 원저

이 책은 『中國的形象: 西方的學說與傳說』, 周寧 저(北京: 學苑出版社, 2004년)을 번역했다. 원저는 8권으로 구성된 총서이며 각권의 제목은 다음과 같다:

제1권 『契丹的傳奇』, 제2권 『大中華帝國』, 제3권 『世紀中國潮』, 제4권 『阿片帝國』, 제5권 『歷史的沈船』, 제6권 『孔敎烏托邦』, 제7권 『第二人類』, 제8권 『龍的幻象』(上, 下).

### 원저체제와 번역서체제

총서 각권은 본문과 문선(文選)으로 구성되어 있다. 문선은 본문에서 인용한 참고문헌 가운데서 중요한 것들을 전문 또는 부분 형태로 수록하고 있다. 각권 본문과 문선의 분량은 대체로 대등하나 어떤 경우에는 문선이 분문보다 많다. 본문을 통해 입증(또는 주장)된 논지의 근거를 직접 확인할 수 있다는 데서 문선을 수록한 의미는 있다. 그러나 일반 독자의 입장에서는 근거 문헌까지를 확인하는 일은 얼마간 부담스럽다고 생각된다. 번역서에서는 문선에 수록된 문헌의 제목과 출처만 목록의 형태로 정리하였다.

### 중국어 표기

원저는 중국대륙에서 통용되는 간체자로 쓰였다. 중국어 표기가 필요한 경우 한국 독자에게 익숙한 번체자로 표기하였고 발음도 우리식 한자 발음을 따랐다.

# contents

서기 1500년을 전 지구적 문명의 기점이라고 하는 근거는 1490년부터 10년 동안에 콜럼버스가 대서양을 건너가 아메리카 대륙을 발견했고 바스코 다 가마는 희망봉을 돌아 인도에 닿았기 때문이다. 아담 스미스의 말을 빌리자면 이것은 인류 역사상 가장 위대한 두 가지 사건이었다. 그런데 우리는 이 두 사건에서 '중국의 영향'을 발견할 수 있다. 중국은 이제 지리대발견의 기점이자 동시에 종점으로 등장했다.

기점이라 함은 관념의 기점을 의미한다. 마르코 폴로 시대의 대여행이 유럽인의 세계 관념을 바꾸어 그들로 하여금 자신들의 고향이 세계의 중심이 아님은 물론이고 세계의 한쪽 구석에 지나지 않는다는 사실을 깨닫게 해주었다. 세속의 천당은 아시아의 동쪽, 부강한 '대 칸의 나라'에 있었다. 콜럼버스의 항해 동기는 천당 같은 대 칸의 나라를 찾는 것이었다. 항해 기간 전체를 통틀어 그는 어느 날 이른

아침에 멀리 바다 위에 칸발럭이나 행재 성의 눈부신 황금 지붕이 나타날 것이란 기대를 갖고 있었다. 구대륙을 발견하러 떠났던 그가 발견한 것은 신대륙이었다. 중국을 찾아 나선 그가 찾아낸 것은 세계였다. 몽고족이 통치하던 원나라 시대에 창조된 키타이 형상은 서방과 세계 역사에 창조적인 영향을 미쳤다. 지리대발견 시대의 최초의 동기와 영감 가운데 하나가 키타이 형상이었다.

중국은 지리대발견 시대에 동서 항로의 종점으로, '세계에서 가장 먼 해안'이었으며 또한 스페인의 확장의 끝이었다. 콜럼버스는 중국에 닿지 못했으나 다 가마가 개척한 동방 항로는 재빨리 포르투갈의 모험가들을 중국의 해안으로 데려다 주었다. 스페인은 서쪽 항로를 열고 필리핀을 거쳐 중국에 도착했는데 포르투갈보다 반세기나 늦었다. 포르투갈은 서아프리카 해안에서 인도양에 이르는 해상 무역로와 식민체계를 건설하여 해양제국의 경계를 중국까지 확장시켰다. 스페인은 중남미와 필리핀을 정복하였고 그들이 세운 유럽·아메리카·아시아 세 대륙에 걸친 식민제국의 세력은 포르투갈과 함께 중국에 영향을 미쳤다. 그러나 이베리아 반도에서 온 사람들이건 그 뒤에 온 네덜란드인이건 그들의 확장은 모두 중국 해안에서 저지되었다. 이때까지 중국은 서방 확장의 한계였다. 상인과 사절들이 뚫지 못한 길을 뚫은 선교사들이 중국의 선비 차림을 하고 광주를 출발하여 북경에 도착함으로써 기독교 복음이 세 번째로 중국에 전해졌으나 앞선 두 차례와 마찬가지로 별다른 성과를 거두지 못했다. 중국은 여전히 세계에서 가장 먼 곳이며 가장 들어가기 어려운 곳이었다.

본서는 1권 『키타이의 전설』에 이어 지리대발견 시대(대략 1450–

1650년)의 서방의 중국 형상을 살펴보고자 한다. 관념상의 발견은 현실 세계의 발견보다 늦었다. 현실 세계에서는 중국에 온 상인과 사절들이 야만인의 나라에서 온 조공 사절로 간주되어 죄수를 태우는 수레에 실려 거리를 돈 후에 명 왕조의 감옥에 갇힐 때 유럽에서는 아직도 낭만적인 기사가 키타이의 공주와 사랑에 빠지고 키타이의 성을 정복하는 전설 같은 얘기가 유포되고 있었다. 16세기는 낭만의 시대였다. 그 시대에는 새로운 소식과 낡은 전설, 지식과 상상, 허구와 진실이 뒤섞여 사람들의 머릿속과 생활은 매우 풍부했다. 이 시대에 서방의 중국 형상은 전설과 역사가 뒤섞인 것이었다. 수많은 유럽인들이 키타이와 현실 속의 중국이 같은 나라인지 판단하지 못하고 있었지만 그럼에도 이상화된 '대중화제국'의 형상이 등장했다. 그것은 어느 정도는 키타이 전설의 연장이었으나 더 많은 역사적 의미를 내포하고 있었다. 『대중화제국지(大中華帝國誌)』의 출간은 키타이 전설의 시대가 끝났다는 지표였다. 중화제국은 처음으로 서방의 문헌과 문화 속에서 역사화 되어 분명하고 온전한 형상을 갖게 되었다. 『대중화제국지』는 완벽하고 우월한 중화제국의 형상을 만들어 냈다. 이 책의 의의는 어떤 부문에서는 진실한 정보를 제공했을 뿐만 아니라 서방 문화의 시야 속에 전면적이고 권위 있는, 또는 표준적 가치를 갖는 중국 형상을 수립했다는 데 있다. 이 책은 그 뒤로 2세기 동안 유럽의 '중국 숭배'를 정당화할 수 있는 지식과 가치를 제공한 시발점이었다.

세계와 지식을 갈망하던 사람들은 이방의 소식 가운데서 감동적인 그 무엇을 찾아냈다. 서방은 중화제국의 형상을 여러 방면에서 자신들의 문명보다 우월한 문화 유토피아로 만들어냈다. 부분적이고 상당히 주관화된 지식이 다시 한 번 엄숙한 사상의 모습을 띠고 새로운 신화를 창조해냈다. 중국 형상은 하나의 전설에서 또 다른 전설로 진화했다. 대중화제국의 영토는 광대하고 인구는 많으며, 물산은 풍부하고 경제는 발달했으며, 행정은 효율적이고 청렴하며, 사법제도는 공평하고 합리적이며, 국가제도는 사회와 개인의 발전에 유리하다. 중화제국이 기독교 국가는 아니지만 맑은 도덕과 엄정한 사법제도 덕분에 기독교 사회에서 늘 보게 되는 일부 범죄는 그곳에 존재하지 않는다. 중국은 평화롭고 안정되어 있으며 질서가 잡힌 나라이다. 그들의 방대한 군대는 외부로부터의 침략을 막기 위한 것이지 다른 나라를 침략하기 위한 것이 아니다. 중국 군대의 무기와 병사의 소질은 뛰어나지 않지만, 불안하고 야심에 가득 찬 이베리아 반도의 나라들이 민족 전체를 대포 뒤에 줄 세울 때 이 거대한 제국은 평화로웠다는 그 자체가 매력일 수 있었다. 중국의 가치는 평화와 문명, 고상한 도덕과 유구한 문화, 기묘하고 오래된 문자, 깊고 넓은 뜻을 품은 격언, 인쇄와 제지 기술, 화약과 대포의 발명이었다.

　서방이 만들어낸 세레스 신화는 키타이 신화를 거쳐 이제는 중화제국의 신화로 이어졌다. 중국 형상은 연속성을 지니며 변화했다. 사회의 무의식 속에 자리 잡은 세레스 신화와 키타이 신화의 원형이 중화제국의 형상 속으로 녹아 들어갔다. 이것은 새로운 발견이면서 계승이기도 했다. 역사정신과 도덕적 색채가 갈수록 더 많이 중국 형상 속에 스며들면서 부와 왕권으로 물질화되었던 키타이 형상이 지혜와 도덕적 질서라는 중화제국 형상으로 진화했다. 키타이 신화 속의 어떤 요소는 잊혔고 어떤 요소는 새로운 중국 신화 가운데 이식되었다. 중국은 인구가 많고 국토는 넓으며, 도시가 별처럼 많고 강줄기는 종횡무진으로 뻗어 있으며 재화는 풍족하다는 묘사에서 키타이 신화가 여전히 계속되고 있음을 볼 수 있다. 중국의 사법제도, 문관 우위의 관료제도와 과거시험 제도, 철인 문화와 현자의 통치, 중국의 언어와 중국인의 부지런함을 칭송하는 표현에서는 물질적 가치보다 정신적 가치를 높이 평가하는 새로운 화법과 새로운 신화의 탄생을 볼 수 있다.

17세기 중반까지 유럽의 중국에 대한 이해는 지리상의 중국에 그쳤다. 중국 형상의 물질적인 면은 확정되었으나 정신적인 면은 아직 모호했다. 한 민족의 철학사상과 종교와 정치윤리를 이해하지 못한다면 그 민족을 진정으로 이해한다고 말할 수는 없을 것이다. 그렇다면 경제 질서의 수립과 문화의 건설에서 그 민족으로부터 무엇을 배울 수 있겠는가? 한 세기 전에 멘도사(Juan González de Mendoza) 신부가 중화제국 형상의 기초를 놓은 이후로 트리고(Nicolas Trigault), 마르티니((Martino Martini), 키르헤르(Athanasius Kircher) 신부 등이 그 내용을 풍부하게 채웠다. 그러나 그들은 한 국가의 지리적·역사적 형상에만 주목하였기 때문에 이역 형상의 정신적 주류를 찾아내지 못했다. 중국 문명의 진정한 의의는 무엇일까? 비단, 자기, 차, 기독교도 이외에 유럽이 얻은 것은 무엇일까? 중국 문명은 여러 면에서 서방 문명보다 우월하지 않은가? 그렇다면 중국 문명의 우월성은 어디서 드러나는가? 민감하고 개방적인 사람은 먼저 종교, 역사, 문화, 인성 등을 중국과 서방 문명의 공통된 기초로 보았다. 이 기초는 기독교 보편주의와 통할 수 있었고 인문주의의 세계주의와도 통할 수 있었다. 선교사들이 중국의 민족과 종교와 언어에서 기독교 교리와 상통하는 점을 무리하게 찾아내려 할 때 철학자들은 같은 요소로부터 세속적 이념에 끌어들일 수 있는 내용은 없는지 살피기 시작했다. 공자와 소크라테스의 가르침에서 공통된 의의는 없는가? 중국의 도시 관리는 유럽의 도시 관리의 모범이 될 수는 없을까? 윤리적 규범을 기초로 한 사회질서가 법률적 구속을 대체할 수는 없을까? 문인 혹은 공자 사상으로 교육받은 철학자가 관리하는 국가가 세속의 이상을 실현할 수는 없을까? 17세기 후기에는 '공자의 중국' 형상이 유럽에 등장하였다. 이제 대중화제국은 정신적 가치를 표상하는 존재가 되었다!

'공자의 중국'의 등장은 유럽의 중국 형상이 철학의 시대로 진입했다는 표지였다. 사상의 중국은 중국의 정신적 가치를 살펴보게 하고 동시에 유럽 문화의 가치를 되돌아보게 하였다. 서방 문화가 역사의 여러 시기에 불러내고 만들어낸 중국 형상에는 모두 특정한 문화적 동기가 있었다. 17세기의 중국 형상은 더는 흥미를 자극하는 전설 같은 얘기가 아니었다. 현대 문명의 첫발을 내디딘 유럽에게 필요한 중국 형상은 사회를 개조할 수 있는 동력이어야 했다. 더 나아가 그 시대의 중국 형상은 엘리트 문화에 어떤 사회적 이상을 제시하는 것이어야 했다. 놀라움을 금할 수 없는 것은 중화 문명은 문예부흥 시대의 유럽에게 새롭고 자기 초월적인 모범을 제시했다는 점이다. 대중화제국의 형상은 현대의식 속으로 진입하던 유럽의 개방적이고 모험적인 정신이 만들어 낸 산물이었다. 자존심의 바탕 위에 선 겸손함과 성실함을 잃지 않은 진취성을 지니고 있던 그 시대의 유럽에게는 자기 초월적인 모범이 필요했다. 멀리 떨어진 중국이 그런 역할을 하기에 아주 적절한 존재였다. 유럽은 문명의 다른 측면에서 중국을 이용했다. 다른 측면이라 함은, 이때에 중국 형상이 보다 구체적이고 명료해졌으며, 민간 문화에서 엘리트 문화로 진입했으며, 진지하고도 급진적인 색채를 띠게 되었음을 가리킨다. 유럽은 미래의 세계에서 사회를 개조하고 계몽할 도구로서 중국 형상을 받아들였다. 당시 유럽의 위대한 철학자 라이프니츠는 다음과 같이 말했다. "……인류 최고의 문화와 가장 발달한 기술문명이 오늘날 우리 대륙의 양쪽 끝에 자리 잡고 있는 것은 운명이 마련한 절묘한 계획인 듯하다. 유럽은 지구의 한 쪽 끝에 있고 '동방의 유럽'—사람들은 지나라고 부른다—은 다른 쪽 끝에 있다. 하느님의 뜻이 그러하다면, 가장 높은 단계의 문명에 도달한 (또한 지구상에서 가장 멀리 떨어져 있는) 두 민족이 손을 마주 잡을 때 두 문명 사이에 있는 모든 민족은 점차 보다 이성적인 생활로 인도될 것이다."[1]

---

1 『라이프니츠와 중국(萊布尼茨和中國)』, 안문주(安文籌) 등 편역, 복건인민출판사, 1993, pp. 102-103.

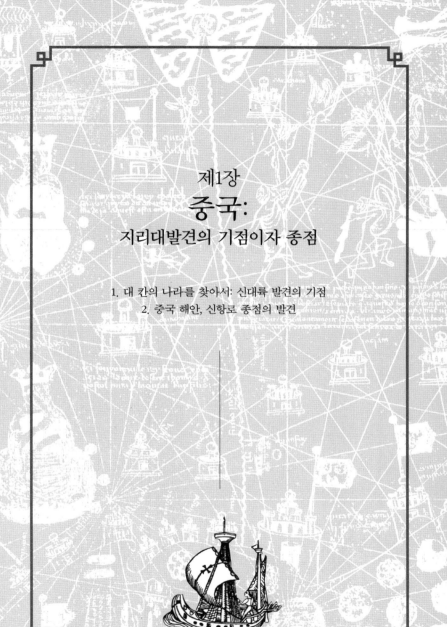

# 제1장
# 중국:
## 지리대발견의 기점이자 종점

# 대 칸의 나라를 찾아서: 신대륙 발견의 기점

중국을 찾아 나선 항해 끝에 뜻밖에도 세계를 발견했다. 몽고가 지배한 원나라 시대에 만들어진 키타이 형상은 서방은 물론 세계에 창조적인 영향을 미쳤다. 지리대발견을 유발한 최초의 영감 가운데 하나가 키타이 형상이었다. 대 칸의 나라, 풍요롭고 강대한 키타이와 만자(蠻子)를 찾아 나선 콜럼버스는 신대륙을 발견했다. 그러나 그 시대의 기준으로 보자면 바스코 다 가마(Vasco da Gama)가 더 위대했을 수도 있다……

## 키타이의 전설: 항해의 동기와 영감

아침노을, 석양, 멀리 사라져 가는 돛, 산과 들에 가득한 꽃, 큰 바다 한가운데, 깊은 숲속—모두가 신비하고 유혹적인 풍경이다. 천당과 지옥이 있는 곳, 공포와 희망의 나라, 미지의 땅 또한 못지않게 유혹적이고 신비롭다. 사람이 미칠 것 같은 열정을 갖게 되는 경우는 드물지만 그런 열정을 폭발시킬 기회가 찾아오는 경우는 더욱 드물다. 1492년 8월 3일 아침, 팔로스(Palos de la Frontera) 항의 시민들은 돛이 세 개인 범선 세 척이 장밋빛 아침노을 속으로 사라져가는 모습을 지켜보고 있었다. 콜럼버스는 스페인 카스티야 왕실이 키타이의 대 칸에게 보내는 국서를 가지고 대 칸의 나라를 찾아 떠났다.

한 시대의 획을 긋는 위대한 항해의 동기와 영감은 그 시대 사람들이 보기에 절대적으로 황당한 꿈―마르코 폴로가 말한 대 칸의 나라를 찾는 일이었다.

1476년, 제노아의 선원 콜럼버스가 포르투갈에 왔다. 마르코 폴로가 아직 살아 있을 때 제노아인들은 지중해를 돌아서 동방으로 가는 항로를 찾고 있었다. 맘룩(Mamluk) 왕조가 이집트와 지중해 동쪽 해안을 지배하고 있어서 높은 관세 때문에 전통적인 향료무역은 이윤을 낼 수가 없었다. 2세기 동안 모든 노력이 실패로 끝났다. 이 무렵 유럽의 항해 기지는 지중해 연안의 제노아와 베네치아에서 대서양 연안의 포르투갈로 옮겨갔다. 그곳에서는 헨리 왕자(Prince Henry the Navigator)가 선장, 선

●콜럼버스

원, 지리학자, 제도사를 모아 훈련시키고 있었다. 『마르코 폴로 여행기』와 프톨레마이오스의 『지리학』에 기대어 황량한 사그레서(Sagres) 곶을 출발하여 아프리카 해안을 따라가는 항해가 여러 차례 시도되었다. 콜럼버스가 포르투갈에 왔을 때 헨리 왕자는 이 세상을 떠나고 없었다. 포르투갈 함대는 보자도르(Bo-

●헨리 왕자(16세기 네덜란드 판화)

jador) 곶과 베르데(Verde) 곶을 돌아 황금과 상아를 찾아냈고 기니에서 첫 번째 '인간 화물(흑인 노예)'을 사서 돌아왔다. 항해 사업을 계승한 주앙 1세(João I, King John of Portugal)는 해상 포르투갈 제국을 건설하려는 계획을 가지고 기니 무역 개발, 아프리카 대륙을 돌아 인도로 가는 항로 개척, 장로 요한의 나라 탐색에 깊은 관심을 기울이고 있었다.

북적대는 리스본의 길거리 서점에서 콜럼버스는 마르코 폴로의 『여행기』와 피에르 다이(Pierre d'Ailly) 주교가 쓴 『세계의 형상』을 찾아냈다. 수없이 많은 황금빛 전설이 책갈피 속에 조용히 누워 있었다.

●헨리 왕자의 돛이 여럿인 쾌속 범선

백 갈래의 길, 천 척의 배, 찬란한 햇빛 아래 황금빛으로 빛나는 만
곳의 도시, 곳곳에 널린 후추를 담은 상자, 코를 찌르는 향료 냄
새……이런 것들 못지않게 콜럼버스에게 중요한 것은 쾌속선과 책,
이지(理智)와 꿈이었다. 마지막으로 그는 국왕의 항해도서관에서 파올
로 토스카넬리(Paolo Toscanelli)라는 피렌체 사람이 그린 해도 한 장과
그가 쓴 신비한 편지 한 통을 발견했다. 편지는 동방 전체가 인도이
며, 지구는 둥글기 때문에 곧장 서쪽으로 가면 동방에 이를 수 있고,
리스본과 자동(刺桐)항[2] 사이에는 폭 2,550해리의 바다밖에 없다고
주장하고 있었다.

"내가 그린 해도를 따라 항해하면 향료와 보석의 나라에 닿을 수 있다. 그곳은 땅이 기름지고 사람들은 부유하다. 보통 사람들은 그 나라가 동방에 있다고 믿지만 나는 서쪽에 있다고 생각한다. 내 말이 이상하게 들릴지도 모른다. 대지가 하나의 공이라고 생각해보라. 서쪽으로 계속 항해하면 지구의 아래쪽을 돌아 결국엔 동방에 이르게 된다. 육로로 간다면 당연히 동쪽으로 가야 한다. 해도에서 남북의 직선은 동서의 거리를 나타내고 동서의 직선은 남북의 거리를 말한다. 지도에는 섬도 표시되어 있다. 폭풍을 만난 배가 표류하다가 우연히 어떤 섬에 닿게 된다면 항해자는 해도를 보고 자기의 위치를 알 수 있다. 현지의 토착민들도 얼마간 정보를 제공해 줄 것이다. 들은 바로는, 그 섬에는 상인들만 거주한다고 한다. 그들이 실어다 파는 상품은 종류가 아주 많다. 세상의 모든 상품이 그곳에 있다고 한다. 그러나 자동² 항구 하나만 해도 그곳과는 비교가 안될 만큼 많은 상품이 있다. 해마다 수백 척의 큰 배가 자동으로 후추를 실어 나르는데 그 밖의 상품을 나르는 배는 여기에 포함되지도 않는다. 그곳 사람들은 대부분 부유하고 작은 나라와 도시와 마을의 수는 셀 수 없을 만큼 많다. 이들 섬나라는 모두 대 칸을 받든다. '대 칸'의 뜻은 라틴어로 옮기자면 대황제이다. 대 칸의 도성은 키타이에 있다. 2백 년 전에 대 칸의 선조들이 기독교도와 관계를 맺고자 사절을 파견해 교황을 알현한 적이 있고, 교황에게 학식 있는 신부를 보내 기독교의 교리를 널리

---

2    지금의 천주(泉州)를 가리킨다.

알리라고 요청했다. 교황이 보낸 사절은 뜻밖에도 중도에 돌아왔다. 에우게니우스(Eugenius) 교황 때에 대 칸의 사절이 다시 왔다. 나는 그들을 직접 만나 키타이의 강과 성곽의 상황에 대해 물어보았다. 그들의 말에 따르면 강의 연안에 2백여 개의 도시가 있다. 모든 도시에 대리석으로 만든 다리가 있고 다리 난간은 조각된 돌기둥이다. 대 칸의 나라는 기독교도를 우대하므로 유럽인은 가기만 하면 금은보석과 향료로 돈을 벌 수 있을 뿐만 아니라 그들의 철학자와 천문학자로부터 치국의 도리와 전쟁의 기법을 배울 수 있다……."

"리스본에서 곧장 서쪽으로 항해하면 영화롭고 부유한 행재(行在, Kinsay)성³에 닿을 수 있다. 해도에 표시된 것처럼 두 도시 사이의 거리는 26리그(League)인데, 1리그는 250해리이다. 행재 성의 둘레는 100리이다. 성 안에는 10여 개의 아름다운 돌다리가 있어 마치 천국의 성과 같다. 그곳을 다녀온 적이 있는 사람들의 얘기에 따르면 그곳은 세상에서 가장 부유한 지방이고 그곳 사람들은 뛰어난 기술자라고 한다. 리스본에서 행재까지의 거리는 지구 둘레의 1/3과 같다. 행재는 만자 성(省)에 있는데 대 칸이 있는 키타이에서 멀지 않다. 안티리아(Antilia) 섬에서 시팡그(Cippange, 일본을 가리킴)까지 거리는 10리그에 지나지 않는다. 시팡그에서는 황금, 진주, 보석이 많이 나고 사원과 궁전은 모두 금으로 된 벽돌로 세워졌고 금으로 된 기와를 얹었다……."⁴

---

3    지금의 항주(杭州)를 가리킨다.
4    파올로 토스카넬리는 15세기 이탈리아의 이름난 인문주의자, 의사, 천문학자,

이 편지는 동방으로 가는 서쪽 항로를 증명하고 있었을 뿐만 아니라 그 항로의 끝에 마르코 폴로가 가본 적이 있는 천당 같은 키타이와 만자가 있음을 증명하고 있었다. 온 세상을 놀라게 할 만한 사업은 사람이 해내지 못할 일이 아니라 생각을 못하는 것이다. 콜럼버스의 시대에 마르코 폴로와 멘더빌이 전해 준 '전설' — 칸발릭의 황궁과 행재 성 — 을 믿는 사람은 오늘날 비행접시와 외계인을 믿는 사람보다 적었을 것이다. 서쪽으로 항해하면 대 칸의 나라에 닿을 수 있다고 믿는 사람은 그보다 더 적었을 것이다. 게다가 콜럼버스의 대담한 계획을 뒷받침해주는 자료는 단출하고 빈약하기 짝이 없었다. 허풍만 잔뜩 늘어놓은 여행기, 괴이한 편지와 해도 한 장, 그리고 하나의 전설…… 그 전설에 따르면 아일랜드의 어느 항구에 중국인 두 명이 나무토막에 의지해 표류해왔다. "어떤 사람이 그들은 키타이에서 왔다고 했다. 우리는 여러 가지 분명한 증거를 보았다. 표류자는 남자 한 명과 여자 한 명이었는데 여자는 매우 아름다웠다."[5]

라스 카사스(Las Casas) 주교는 콜럼버스의 항해 계획을 이해하는 친구였다. 콜럼버스는 포르투갈 국왕에게 제출한 항해 계획서에서

---

철학자였다. 콜럼버스는 일기에서 그가 쓴 편지를 요약해 두었는데, 그 편지에 해도에 관한 얘기가 나온다. 해도는 지금은 전하지 않는다. 인용문의 출처는 *The Journal of Christopher Columbus*, trans. by C. R. Markham, HAD. SOC., p. VIII이다. 또한 『중서교통사료회편(中西交通史料匯編)』, 장성랑(張星烺) 편주, 중화서국, 1977년 판, 제1책, pp. 335-339를 참고하라.

5   『콜럼버스 평전』, (스페인) 마다리아가(Madariaga,S.de) 저, 중국 사회과학출판사, 1991년 판, p. 107.

다음과 같이 말했다. "서쪽 항로를 따라 남극 또는 남방으로 항해하면 여러 섬과 광활한 대지가 나올 것이다. 그곳은 금은보화와 무수한 인구가 있는 지역이다. 그 항로를 계속 항해하면 인도 땅에 이를 것이고 시팡그라는 큰 섬과 대 칸의 나라와 대 칸에게 복속하는 여러 나라에 닿을 것이다."[6] 아프리카 서해안을 따라 남쪽으로 가는 항로에 열중하고 있었고 이미 초보적인 성공도 거둔 포르투갈에서는 누구도 콜럼버스의 계획을 지지해 주지 않았다. 콜럼버스는 발걸음을 돌려 스페인을 찾아가 왕실과 귀족의 지지를 얻었다. 콜럼버스는 자신을 기독교의 천당을 찾아가는 기사라고 생각했다. 그는 『성경』에 나오는 기적을 믿듯 대 칸의 나라를 믿었다. 그는 자신이 모세 이후로 위대하고 험난한 인류의 대사업을 완성하도록 선택받은 인물이라고 굳게 믿었다. 1486년 1월, 그의 항해 계획은 카스티야 왕실 추밀원에 제출되었고 그로부터 석 달 뒤의 어느 봄날 콜럼버스는 스페인 국왕 돈 페르난도(Don Fernando)와 왕후 도나 이사벨라(Donna Isabella)를 알현했다. 콜럼버스는 키타이를 찾을 수 있다는 확실한 증거를 제시하지 못했다. 현실 속의 중국은 환상 속의 천당보다 더 찾기 어려운 존재였는지 모른다. 추밀원은 콜럼버스를 믿지 않았고 마르코 폴로, 멘더빌, 토스카넬리도 믿지 않았다. 한 시대의 가장 박학한 인물이 다른 시대의 가장 무지한 인물이 될 가능성이 높다. 보통 사람들은 기존의 규범 안에서 사고하거나 상상한다. 당시 스페인은 유럽에서 우주학의

---

6  『콜럼버스 평전』, pp. 147-148.

중심지였다. 살라망카 대학에는 서방 세계의 지식 엘리트들이 모여 있었다. 이곳에서 콜럼버스의 항해 계획은 6년이나 묻혀 있었다. 어쩌면 당연한 일이지만, 환상과 같은 신앙과 열정을 가진 콜럼버스 말고는 서쪽으로 항해하면 키타이를 찾을 수 있다고 믿는 사람은 없었다. 결국 콜럼버스만큼이나 환상과 열정에 빠져 있던 국왕과 왕비가 항해의 재정 지원에 동의했다. 콜럼버스는 항해일기에 국왕에게 올린 상

●콜럼버스의 신대륙 발견을 묘사한 목판화(바르셀로나, 1493년)

주문을 그대로 기록해 놓았다.

"1492년, 두 분 폐하께서 그라나다 전투에서 위대한 승리를 거두고 유럽을 통치하던 무어인들을 몰아내실 때 신은 1월 2일에 그라나다 요새의 알함브라 탑에 높이 걸린 폐하의 깃발을 직접 보았으며 성문을 나가던 무어 왕이 우리의 지배자이신 군주 폐하의 두 손에 입을 맞추는 모습도 보았습니다. 그 후 신은 같은 달에 폐하에게 인도 대륙과 대 칸이라고 불리는 군주에 관한 상주문을 올렸습니다. 대 칸이란 말은 우리가 사용하는 라틴어로는 '여러 왕들의 왕'이란 뜻입니다. 그와 그의 선배는 여러 차례 로마로 사람을 보내 우리의 신성한 종교에 정통한 성직자를 파견하여 선교해 달라고 요청했습니다. 교황께서는 시종 허락하지 않아 그처럼 많은 인구가 타락한 이교를 믿고 우상숭배의 깊은 늪에 빠지게 했습니다. 신성한 기독교를 열렬히 사랑하고 그 발전을 위해 노력하는 천주교도이시며, 또한 모하메드교와 모든 우상숭배와 이교의 적이신 두 분 폐하께서 신 크리스토발 콜럼버스를 상술한 인도 각지로 파견하시어 그 지역의 여러 군주를 알현하고, 민정을 살피고, 명승지를 돌아보고 풍토를 이해하여 그곳 인민들을 우리의 성스러운 종교에 귀의시키도록 하셨습니다. 두 분 폐하께서는 기왕의 옛길을 따라 육로로 가지 말고 새로운 길, 이전에 사람이 간 적이 있는지를 알지 못하는 길, 서쪽으로 가는 해로, 지금 신 등이 가고 있는 이 항로를 택하라고 명령하셨습니다.

모든 유태인을 폐하의 땅에서 몰아내신 후 1월에 폐하께서는 신에게 충분한 함대를 이끌고 상술한 인도 각지로 가라고 명령하셨고 이를 위해 신에게 여러 가지 은전을 베푸셨습니다. 신은 귀족의 칭호를 받았고, 대양 원정군 사령관으로 임명받았으며, 앞으로 발견하거나 점령하게 될 섬과 대륙의 종신 부왕(副王)과 총독으로 임명받았습니다. 이 밖에도 폐하께서는 신의 장자가 이 모든 것들을 세습하여 대대손손 이어가도록 허락하셨습니다.

신은 1492년 5월 12일 토요일에 그라나다 성을 떠나 팔로스 항에 도착했습니다. 그곳에서 이번 항해에 적당한 세 척의 범선을 준비하고 충분한 식량과 선원을 모집한 후, 같은 해 8월 3일 금요일 해가 뜨기 전에 상술한 항구를 출발하여 폐하의 영토인 카나리아 군도로 향했습니다. 이제 인도에 도착하면 명령하신 대로 폐하의 조서를 현지의 여러 국왕에게 전하겠습니다."[7]

## 대 칸의 나라를 찾다가 발견한 신대륙

콜럼버스는 스페인 카스티야 왕실이 대 칸에게 보내는 황금 인으로 봉한 국서를 가지고 대 칸의 나라를 찾아 서쪽으로 항해했다. 콜럼버스의 머릿속에서는 인도가 곧 아시아였다. 황금과 향료가 많이 나는 섬들이 있는 아시아에서 가장 부유한 곳은 만자와 시팡그였다.[8]

7  『콜럼버스 항해일기』, 손가(孫家) 역, 상해외국어교육출판사, 1987년 판, pp. 6-7.

8  『마르코 폴로 여행기』에서 말한 '시팡그'가 일본이다. 『마르코 폴로 여행기』, 복건과기출판사, 1981년 판, p. 199. "이 섬은 매우 넓다. 주민의 얼굴은 준수하고 체격은 건장하며 행동은 문명인답다. 그들은 불교를 신봉한다. 그들은 어떤 외국으로부터도 통제를 받지 않으며 오직 자신들의 국왕의 통치만 받는다. 그들의

크리스토발 콜럼버스(Christoval Columbus)의 이름은 두 가지 사명을 연상케 한다. Christoval은 그리스어 Christóforos에서 나왔고 그리스도를 데리고 가는 사람이란 뜻이며, Columbus는 '식민화(Colonization)'란 단어를 떠올리게 한다. 콜럼버스의 행적이 정확히 그러했다. Columbus를 라틴어로 표기하면 Colono이다. 콜럼버스는 마르코 폴로 시대 사람들의 영광과 회한—동방으로 가서 부와 영혼을 수확하자는—을 잊지 못했다. 콜럼버스의 항해의 종점은 대 칸의 나라였다. 항해의 전 과정에서 그는 어느 날 아침 앞쪽 방향의 수면 위에 행재성의 눈부신 황금 지붕이 나타나기를 고대했다. 그러나 키타이에 관해 그가 알고 있는 것은 『마르코 폴로 여행기』에 나오는 내용이 전부였다. 환상 속의 키타이가 현실보다 더 흡인력이 강했다. 그는 천당을 찾으러 가고 있다고 확신했기 때문에 비범한 용기와 인내심과 창조력을 가질 수 있었다. 『마르코 폴로 여행기』는 그의 교과서였고 키타이와 만자는 인정미가 넘치는 천당이었다. 다이의 『세계의 형상』은 키타

___

나라에는 황금이 매우 풍부하다. 황금의 원천이 마르지 않기 때문이다. 그러나 국왕은 황금의 수출을 금하고 있고 그 나라로 가서 장사하는 상인은 많지 않다. 그 나라를 왕래하는 외국 선박도 많지 않다.""그곳에 간 적이 있는 사람이 내게 알려준 바에 따르면 이 나라의 왕궁은 매우 화려하고 기이한 모습이다. 왕궁의 지붕 전체가 금빛 나는 철판으로 덮였는데, 우리가 납판으로 지붕을 덮는 것과 같다. 더 정확하게 말하자면 우리가 납판으로 교회당 지붕을 덮는 것과 같다. 궁전의 천정도 귀금속으로 만든다. 궁전의 여러 방들 안에는 두터운 순금으로 만든 탁자가 있고 창문도 황금으로 장식하였다. 궁전의 화려함은 말로 표현하기 어렵다.""이 섬에서는 대량의 진주가 나온다. 복숭아 색깔, 원형인 것, 큰 것이 나온다. 값어치는 흰 진주와 같거나 더 비싸다."

이를 직접적으로 묘사하지는 않았으나 세속의 천당의 위치와 방향에 대해서는 흥미진진하게 설명해 놓았는데, 어떻게 상상하든 대 칸의 나라와 겹쳤다. "세속의 천당은 동방의 어느 지역, 사람이 살기 좋은 곳에 있다. 육로로든 해로로든 우리가 살고 있는 곳으로부터 아주 먼 곳이다."

천당 같은 대 칸의 나라를 찾기 위해 콜럼버스는 한 시대의 획을 긋는 항해를 시작했다. 콜럼버스는 토스카넬리의 편지를 한 자도 빠

●아메리카를 발견한 콜럼버스(1493년, 피렌체, 목판화)

트리지 않고 일기에 옮겨 적었다. 이 신기한 편지와 『마르코 폴로 여행기』가 시종일관 콜럼버스의 상상과 의지의 핵심이었다. 1492년의 마지막 넉 달 동안 하루하루를 망망대해의 풍랑 속에서 보내던 그는 이 편지를 수도 없이 외웠고 그런 가운데서 영감과 힘을 얻었다. 천당, 대 칸의 나라, 황금, 향료, 햇빛 아래 반짝이는 일본 사원의 황금 지붕…….

두 달 동안의 항해에서 콜럼버스는 하늘을 나는 새, 해초, 떠도는 부유물, 기후, 그리고 바람을 보고 섬의 그림자와 대륙의 소식을 판별했다. 10월 11일, 목요일 이른 아침에 그들은 마침내 바하마 군도의 산살바도르 섬에 올랐다. 섬의 원주민들은 그곳을 '과나하니'라고 불렀다. 콜럼버스는 인도에 닿았다고 믿었고 죽을 때까지도 그렇게 믿었다. 그는 신대륙을 '인도', 현지 주민을 '인도인'이라고 불렀다. 그는 이 섬 저 섬으로 대 칸의 황궁과 도시, 만 곳의 돌다리와 2만 갈래의 시가지, 땅에 널린 황금과 향료를 찾아다녔다. 그의 항해일기를 보면 실망한 심정을 쉽게 찾아볼 수 있다. '인도'는 마르코 폴로와 멘더빌이 말한 그런 모습이 아니었고 칸발릭의 눈부신 황궁과 시팡그의 황금 지붕도 보이지 않았다. 풍광이 빼어난 그 섬에서는 그럴듯한 집 한 채도 보기 어려웠고 행재 성이니 자동 항구 같은 것은 더 말할 것도 없었다. 신대륙을 발견한 겨울 내내 콜럼버스의 함대는 쉴 새 없이 한 섬에서 다른 섬으로 옮겨 다니며 키타이 성과 황금의 섬을 찾았다. 10월 19일 그레이트 이나과 섬에 닿았을 때 멀지 않은 곳에 쿠바와 포이오라는 두 개의 큰 섬이 있다는 얘기를 들었다. 콜럼버스는 쿠바가 바로 황금과 향료와 진주가 많이 나는 시팡그라고 믿었다. 결국에는 쿠바에서도 금광을 찾지 못했다.

그 시대의 기준으로 보자면 서쪽으로 항해하여 대 칸의 나라를 찾는다는 것은 구제할 방법이 없는 미친 짓이었다. 그러나 역사에 기록된 기적은 언제나 미친 인물, 가볍게 믿는 인물이 이루어 냈다. 키타이 형상은 유럽의 역사와 세계의 역사에 영향을 미쳤는데 그 중에서 가장 중요한 것이 아메리카의 발견이었다. 콜럼버스는 구대륙을 찾으려다 신대륙을 발견했다. 3세기가 지난 뒤에 케네(Quesnay)는 서방의 중국에 관한 지식을 말하면서 다음과 같이 지적했다. "13세기 말에 저명한 베네치아인 마르코 폴로가 처음으로 중국의 상황을 알렸다. 그러나 그가 서술한 제국의 오랜 역사, 엄정한 법률과 정치, 번영과 부, 발달한 무역, 많은 인구, 학문을 좋아하고 예의를 지키는 인민, 예술과 과학에 대한 애호 등은 모두가 믿기 어려운 것이었다. 마르코 폴로가 전해준 얘기는 황당한 얘기로 취급되었다. 그의 과장된 묘사는 성실한 관찰자의 기록이 아니라 기상천외한 허구처럼 보였다. 3천 리그 떨어진 곳에 그처럼 강대한 제국, 유럽보다 앞선 문명국가가 있다는 것은 황당무계한 얘기였다. 수많은 야만국을 건너 저편에, 세계의 다른 한 쪽 끝에 그 베네치아인이 말한 것처럼 오랜 역사를 가진 박학하고 문명을 이룬 민족이 있다니! 이것은 미친 소리일 뿐이다. 머리가 단순하고 경솔한 사람만이 믿을 얘기다."[9] 콜럼버스가 바로 "머리가 단순하고 경솔하게 믿는 사람"이었다. 그는 대 칸의 나라

---

9  'Despotism in China, Ch. 1: Introduction'. *China: A Model for Europe*, ed. by Lewis A. Maverick, Paul Anderson Company, 1946, p. 142를 보라.

를 굳게 믿었을 뿐만 아니라 죽을 때까지도 자신이 발견한 신대륙이 대 칸의 나라라고 믿고 있었다. 콜럼버스는 쉽게 흔들리지 않았다. 그는 10월 21일의 일기에 다음과 같이 기록했다. "대륙에 닿겠다는 신의 결심, 행재 성을 찾겠다는 신의 결심은 아직 흔들리지 않습니다. 폐하의 조서를 대 칸에게 전하고 대 칸의 답신을 두 분 폐하에게 꼭 전하겠습니다."[10] 나흘 뒤 쿠바 섬에서는 다음과 같이 썼다. "어떻게 하든 대 칸의 나라로 가는 방법을 찾아야 한다. 대 칸은 멀지 않은 곳에 있는 것 같고 대 칸이 사는 키타이도 멀지 않은 곳에 있는 것 같다. 스페인을 떠나기 전에 누군가 알려준 바에 따르면 키타이 성은 매우 크고 지세가 평탄하며, 경치가 아름답고 부근의 바다는 꽤 깊다고 한다." 그러나 마르코 폴로가 묘사한 지방은 끝내 찾을 수 없었다. 그는 쿠바 섬을 시팡그라고 믿었지만 키타이와 만자는 어디서도 찾을 수가 없었다. 현지의 '인도인들'이 알아들을 수 없는 말과 손짓으로 표시하는 의사를 콜럼버스는 모조리 어디에서 황금이 많이 나고 어느 곳에 금광과 향료가 있다는 의미로 해석했다. 그러나 현지인들이 몸에 지닌 소량의 금장식, 금을 상감한 가면 몇 개, 그리고 추장이 예물로 준 황금 덩어리 몇 개 말고는 금이라는 것을 볼 수가 없었다.

콜럼버스는 가는 곳마다 십자가를 대충 세운 뒤에 곧바로 황금을 찾아 나섰다. 대 칸의 나라를 찾는 최종적인 목적은 황금과 향료를 찾는 것이었다. 우리는 콜럼버스의 행적에서 지리대발견 이전 유럽

---

**10** 『콜럼버스 항해일기』, pp. 43, 50-51.

의 '중국관' 또는 '중국 형상'의 주요 내용을 알 수 있다. 그것은 현세의 물질적 욕구와 기독교 신앙을 바탕으로 한 환상이 뒤섞인 것이었다. 콜럼버스는 항해일기에서 여러 차례 자신이 발견한 '인도'의 아름다운 자연을 묘사했다. 그는 세속의 천당을 이미 찾아냈다고 믿었다. "…… 신학자와 옛 성현들이 지상의 천당은 동방의 끄트머리에 있고 그곳의 기후는 항상 봄날같이 따뜻하다고 했다. 내가 발견한 땅이 바로 동방의 끝이다."[11]

## 중국 해안, 신항로 종점의 발견

중국을 발견하려던 시도가 신대륙 발견이란 뜻밖의 결과를 낳았다. 그러나 콜럼버스의 공로는 나중에 가서 드러난다. 아메리카의 황량한 해안은 절대로 풍성한 황금이 나올 수 있는 곳이 아니었고 키타이와 만자 같은 번화한 도시도 없었다. 당시로서는 바스코 다 가마의 업적이 더 위대했을 것이다. 그는 부가 가득 깔린 항로를 발견했고 그 항로는 중국으로 통했다.

---

11 『콜럼버스 항해일기』, p. 159.

●항해가 다·가마

콜럼버스가 유럽으로 돌아오고 처음의 흥분이 막 갈아 앉으려 할 때 다 가마의 항해가 시작되었다. 1497년 7월 8일, 이베리아 반도 서쪽 해안의 리바테주(Ribatejo)에서 대포 20문, 충분한 화약, 3년 치의 식량을 실은 네 척의 배가 출발했다. 하느님이 도우신다면 그들은 험한 바다 한가운데서 물고기 밥이 되는 신세를 면하고 희망봉을 돌아 인도로 가는 새로운 항로를 열 것이다. 헨리 왕자가 기초를 닦은 항해 사업은 정점을 향해 나아가고 있었다. 바르톨로뮤 디아스(Bartolomeu Dias)의 함대는 하늘이 내려준 폭풍우 덕분에 제대로 남쪽의 대양에 이를 수 있었다. 그들은 '목인(牧人)의 해안'(지금의 남아프리카 모셀Mossel 항)에 상륙하여 기념비를 세우고 그곳을 폭풍우의 곶이라 이름 지었다. 그곳은 바다 쪽으로 돌출한 암벽 때문에 폭풍우가 일면 조난당하기 쉬운 곳이었다. 함대가 리스본으로 돌아와 주앙 2세(João II, John II)에게 보고하자 왕은 폭풍의 곶이란 이름을 '희망봉'으로 바꾸게 했다. 다 가마 함대는 1497년 크리스마스 이전에 순조롭게 희망봉을 돌아 나갔고 1498년 새해가 다가올 무렵에는 모잠빅 해협을 따라 북상하여 마린디 항에 닿았다. 여기서 계속 항해하면 얼마 안가 인도 아대륙이 인도양 쪽으로 돌출한 곳에 닿게 된다. 1498년 봄에서 여름으로 접어들 무렵 다 가마가 이끄는 포르투갈 함대는 처음으로 여러 나라의 상선이 모여드는 동방의 큰 무역항 칼리컷(Calicut)에 정박했다. 다 가마는 칼리컷의 인도 부왕(副王)에게 다음과 같이 말했다. "우리는 기독교도와 향료를 찾으러 왔다!" 두 명의 튜니시아 상인이 카스티야어(스페인어)로 통역했다. "여기엔 무수한 루비와 사파이어가 있으니 당신들은 운이 좋아. 하느님이 보살피사 당신들에게 보석이 가득한 나라를 주셨군!"

칼리컷의 관리들은 규정에 따라 6%의 관세를 부과했다. 6% 관세는 수백 년 내려온 관례였다. 15세기의 마지막 10년 동안에 콜럼버스는 인도(라고 생각한) 신대륙을 발견했고 다 가마는 (진정한) 인도 구대륙으로 통하는 해로를 열었다. 새로운 시대가 시작된 것이다.

포르투갈 함대는 후추, 육계(肉桂), 정향(丁香), 두구(荳蔲)와 보석을 탐욕스럽게 사 모으고 화물칸을 가득 채워 돌아왔다. 1499년

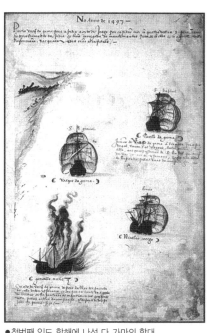

●첫번째 인도 항해에 나선 다 가마의 함대

여름, 다 가마 함대의 난파를 면한 두 척의 배가 리바테주 강 하구로 들어오자 포르투갈이 들끓었다. 국왕 마누엘(Manuel)은 다 가마의 귀환을 환영하는 거창한 행사를 열고 전국 각지에서 이 비범한 항해를 축하하는 행진을 벌이라는 명령을 내렸다. 그들은 인도를 발견했고 그곳에는 기독교도가 있을지도 모르지만 중요한 것은 대량의 후추와 향료가 있다는 사실이 확인되었다는 점이었다. 다 가마가 싣고 온 한 척 분량의 후추만 해도 그 가치가 전체 원정 비용의 70배를 넘었다. 6년 전에 자부심이 강한 콜럼버스가 카스티야 왕실을 위해 '인도'(실제로는 아메리카)를 발견했지만 돈이 될 만한 것은 찾아내지 못했다. 반면에 다 가마는 확실하게 향료를 가지고 돌아왔을 뿐만 아니라 칼리컷의 부왕이 마누엘 국왕에게 보내는 종려나무 잎에 철필로 쓴 편지도 갖고 왔다. 부왕은 편지에서 자기 나라에는 육계, 정향, 후추, 생강과 각종 보석이 풍부하다고 설명했다. 마누엘 국왕은 다 가마에게 많은 돈과 토지를 하사하고 성대한 궁정 연회에서 "에티오피아, 아라비아, 페르시아와 인도 등 여러 땅을 정복하고 항해와 무역을 개척한 기사"라는 기다란 이름의 작위를 주었다. 작위의 이름에 포함된 단어 하나하나는 모두 심장한 의미를 담고 있었다. 에티오피아는 전설 속의 장로 요한의 나라이고 아라비아는 기독교도의 철천지원수인 무슬림의 고향이며 인도는 부유한 동방 전체를 대표했다. 중세 서방인에게 인도는 남아시아의 반도 하나가 아니라 희망봉에서 시팡그에 이르는 동방 전체를 가리켰다.

새로운 세기가 시작되었다. 마누엘 국왕은 석 달 동안 또 한 차례의 대규모 항해를 준비하느라 바빴다. 서기 1500년 3월 9일, 젊은 귀족 카브랄(Cabral)이 지휘하는 포르투갈 함대가 우렁찬 예포 소리를 들으며 리스본을 떠났다. 함대는 13척의 배와 1,200여 명의 인원으로 이루어졌고 목적지는 칼리컷이었다. 장비 면에서 보자면 함대는 무역선이면서 동시에 전투 함대였다. 그들의 사명은 가능하면 무역도 하고 가능하면 약탈도 하는 것이었다. 카브랄은 아무런 공도 세우지 못하고 돌아왔다. 그러나 이 항해는 시작일 뿐이었다. 1502년 2월, 다 가마는 다시 국왕의

●포르투갈 국왕 마누엘. 그의 재위 기간(1495~1521년)은 포르투갈 역사의 "황금시대"라 불린다.

명령을 받고 리스본에서 칼리컷으로 향했다. 다 가마가 거느린 20척의 함대가 다시 칼리컷을 찾았다. 그는 칼리컷 성을 포격하라는 명령을 내렸다. 포르투갈 함대는 남인도의 항구에서 무역을 하는 한편 인도양을 돌아다니며 아라비아 상선을 상대로 해적질도 했다. 갈수록 더 많은 향료와 금괴가 포르투갈로 실려 왔고 갈수록 더 많은 대포와 갈수록 더 많은 열기에 들뜬 병사와 상인들이 동방으로 향했다. 1504년, 포르투갈 원정군이 결국 칼리컷을 점령했다. 1509년에는 포르투

갈 최초의 인도 총독 프란시스 데 알메이다(F. de Almeida)가 19척의 배와 1,800여 명의 병사를 이끌고 디우(Diu) 해전에서 2천여 척의 배와 2만여 명의 병사로 이루어진 무슬림 연합함대를 격파했다. 인도양에서 무슬림의 시대가 막을 내렸다. 1510년, 제2대 인도 총독 알폰소 데 알부케르크(A. de Albuquerque)가 고아를 점령하고 그곳을 포르투갈 동방식민지의 수도로 정했다. 이제는 포르투갈 총독이 힌두교도와 무슬림 선주들로부터 화물 가격의 6%를 관세로 징수할 차례가 되었다. 이 무렵 포르투갈은 인도양에서 '논쟁의 여지가 없는 패권'을 차지했다. 두 개의 포르투갈 함대 가운데서 한 함대는 홍해를 봉쇄하고 한 함대는 인도양을 돌아다니며 약탈했다. 고아에 자리 잡은 총독부 아래로 일곱 곳의 요새와 세 곳의 무역항―칼리컷, 호르무즈, 말라카―이 건설되었다. 인도양을 항해하는 모든 상선은 고아의 포르투갈 정부에 통행료를 내고 통행허가증(Cartaz)을 받아야 했다. 1513년, 알부케르크는 포르투갈 국왕에게 보낸 편지에 다음과 같이 썼다. "우리의 배들이 가져온 소식에 따르면 현지의 배들은 그림자도 보이지 않는다고 합니다. 나는 새도 감히 우리의 바다 위를 지나가지 못합니다."[12]

　　포르투갈인들은 "놀랍고 두려운" 기세로 동쪽으로 밀고 나갔다. 1511년, 알부케르크 총독은 말라카를 점령하고 9일 동안 철저히 약탈했다. 일 년 뒤에는 그 폐허 위에 우뚝 솟은 성 바울 교회당을 지었

---

**12**　『현대세계체제』, 이매뉴얼 월러스틴(Immanuel Wallerstein) 저, 고등교육출판사, 1998년 판, 제2권, p. 446.

●16세기 초 인도양을 누비던 포르투갈 함대(1521년에 그려진 회화작품)

다. 말라카는 중국으로 들어가는 문호였다. 그곳에서 포르투갈인들
은 많은 중국 상인을 만났다. 그들은 이때까지도 중국에서 온 상인들
이 바로 대 칸의 나라에서 왔다는 사실을 알지 못했다. 마뉴엘 국왕
이 말라카 함대 사령관 디에고 데 세킬라(Diego de Sekyla)에게 준 임무
는 다음과 같았다.

"중국인임이 밝혀지면 어디서 왔는지, 여정은 얼마나 먼지, 말라
카에 오기까지 얼마나 걸리는지, 얼마 만에 한 번씩 교역하러 오는지,
어떤 상품을 취급하는지, 매년 몇 척의 선박이 오는지, 선박의 형태는
어떤지, 다음 해에 올 때 선박의 형태가 변하는지, 말라카나 다른 지
방에 상인 단체나 회사를 두고 있는지, 중국 상인들의 재력은 얼마나
되는지, 그들의 성품은 어떤지, 무기 또는 대포를 갖고 있는지, 복장
은 어떤지, 키가 큰지 등등을 확인할 것."

말라카까지 왔다면 모든 것이 그리 멀지 않을 것이다. 중국인들은 말라카 성 안에 거주했다. 그들의 선박은 봄과 가을에 왕래했고 부두에는 곳곳에 중국 상품이 쌓여 있었다. 남은 문제는 어떻게 중국에 가느냐 하는 것이었다. 동방 모험의 마지막 단계가 시작되었다. 1513년, 포르투갈 선원 알바레스(N. Alvarez)가 중국식 범선을 타고 와 광동 항 앞의 상천도(上川島)에 상륙했다. 모든 항해 탐험가들이 그랬듯이 그는 자신이 '발견'한 이 황량한 섬의 바닷가에 포르투갈 영토임을 표시하는 다섯 개의 방패가 새겨진 돌기둥을 세웠다. 그는 20년 후에 사고를 당해 임종을 앞두고 동료들에게 상천도에 자신이 세운 돌기둥 곁으로 데려다 달라고 부탁했다. 그는 '내 나라 땅에서' 숨을 거두고 싶다고 말했다.

포르투갈인이 마침내 중국 땅—2세기 동안 전설처럼 전해지던 대 칸의 땅—에 발을 디뎠다.

제2장

# 서방 확장의 첫 번째 물결:
## 중국 해안의 이베리아인

# 세계에서 가장 먼 해안

포르투갈은 아프리카 서해안에서 인도양에 이르는 무역과 식민체계를 건설하고 해상 제국의 경계를 중국 해안까지 확대했다. 스페인도 중남미와 필리핀을 정복하고 유럽·아메리카·아시아 세 대륙에 걸친 식민 제국을 건설하여 중국에 영향을 미쳤다. 이베리아 반도를 출발하여 대서양과 태평양을 건너는 새로운 항로를 따라가든, 대서양을 건너 희망봉을 돌아 인도양으로 가는 항로를 따라가든 서방으로서는 중국은 세계에서 가장 먼 곳이었다.

## 한 발 앞선 포르투갈

토스카넬리가 보내온 지도와 『마르코 폴로 여행기』를 통해 콜럼버스는 대 칸의 나라 남쪽 큰 바다에 7,448개의 섬이 있고 그곳에는 황금과 향료가 많이 난다는 사실을 알게 되었다. 콜럼버스는 스페인 국왕이 대 칸에게 보내는 서신을 가지고 세상을 놀라게 할 항해를 시작했다. 전설을 현실 속에서 확인하자면 항해 밖에 방법이 없었다.

대 칸의 나라는 인간 세상에서 가장 부유한 곳이며 대 칸은 인간 세상에서 가장 강력한 군주라고 하였다. 콜럼버스는 사람들이 믿지 않는 나라의 실재뿐만 아니라 해로를 통해서 그곳으로 갈 수 있다는 것도 증명하고자 했다. 1492년, 그는 부서진 배 세 척과 수십 명의 지친 선원과 함께 카리브 해안에 닿았다. 그곳의 풍광은 신비로운 여행기에 묘사된 것과는 달랐지만 그가 그 자리에 섰기 때문에 전설이 현실로 변했다.

1502년 2월, 다 가마가 다시 명령을 받고 리스본을 출발하여 칼리컷 원정에 나섰다. 두 달 뒤인 1502년 4월 3일, 콜럼버스는 카스티야 국왕이 다 가마에게 보내는 서신을 가지고 세비야를 출발해 마지막 항해를 시작했다. 그는 인도에서 다 가마와 만나기를 바랐다. 이때 두 사람 모두 신대륙과 구대륙 사이에는 그들이 상상했던 것보다 더 광활한 바다가 있다는 사실을 알지 못했다. 신대륙은 마르코 폴로가 묘사했던 것과는 달랐다. 콜럼버스는 인정하지 않았지만 마음속으로는 그곳이 키타이와 만자가 아닐지도 모른다는 생각을 하고 있었을 것이다. 황금과 보석은 너무나 빈약했고 향료는 아예 찾아볼 수가 없었다. 문명인이라고는 한 사람도 없는데 대 칸의 웅장한 궁전은 말할 필요조차 없었다. 그와 같은 이탈리아인이던 허풍 심한 마르코 폴로와 편집광증 환자 토스카넬리가 그를 곤경에 빠트렸다. 동방에서 황금과 향료를 찾지 못해 절망에 빠진 이 돈키호테는 생의 마지막에 가서는 5만 명의 병사와 5천 필의 말로 십자군을 조직해 예루살렘을 정복할 계획을 세웠다. 그는 실망했고, 머나먼 곳의 전설 같은 땅을 잊어버리려 했다. 다 가마가 발견한 인도는 그가 발견한 '인도'와는 비교도 할 수 없을 만큼 많은 부를 가져다주었다.

콜럼버스가 발견한 '대 칸의 나라'에서 진정한 중국까지는 중간에 광활한 태평양이 놓여 있었다. 1513년, 스페인인 발보아(V. N. de Balvoa)가 파나마 지협(地峽)의 높은 산 위에 서서 처음으로 태평양을 바라보았다. 그때는 이미 포르투갈인 알바레즈가 광동(廣東)의 주강(珠江) 하구 밖 상천도에서 배에 실을 화물을 사들이고 포르투갈 식의 탐험 기념 돌기둥을 세운 뒤였다. 어떤 시각에서 보면 콜럼버스의 발견은 다 가마의 발견에 비해 수확이 보잘 것 없었으나 서쪽으로 계속 항해하면 대 칸의 나라와 향료와 황금이 많이 나는 남방의 섬에 닿을 수 있다는 그의 신념은 틀린 것이 아니었다. 콜럼버스가 생의 마지막에 '천국으로 가는 항해' ─ 그는 1506년 5월 20일에 세상을 떠났다 ─ 를 시작했을 때 마젤란(Magellan)은 포르투갈 함대를 따라 인도 원정에 나서고 있었다. 마젤란은 콜럼버스의 진정한 후계자였다. 그도 포르투갈에서 스페인으로 달려갔고, 세비야에서 지구를 한 바퀴 도는 항해를 시작했다. 1520년 11월, 마젤란은 훗날 그의 이름을 붙인 해협을 지나 그때까지 서방의 어떤 배도 항해해본 적이 없는 큰 바다로 들어갔다. 그는 그 광활한 바다에 태평양이란 이름을 붙였다. 마젤란은 서쪽 항로를 따라 향료 군도에 다다랐다. 향료 군도는 대 칸의 나라 남쪽 바다에 흩어져 있다던 7,448개 보물섬의 일부였다. 마젤란의 항로는 지구를 두른 허리띠 같은 모양이었다. 그는 인류가 지구상에서 교통로를 개척한 역사에서 가장 찬란한 업적을 세웠다. 그의 항해는 세계는 어디로 가든 막힘이 없는 구형임을 증명해보였다. 그 시대 용감한 사람들의 항해가 동반구와 서반구를 하나로 연결시켰다. 그런데 그들이 동, 서 어느 쪽 항로를 택했든 최종 목적지는 중국이었다.

마젤란은 필리핀 군도에서 원주민들과의 충돌 때문에 목숨을 잃었기 때문에 그도 결국은 대 칸의 나라에는 이르지 못했다. 이 무렵 피레스(Tome Pires) 사절단이 북경에 도착했다.

포르투갈 사절 피레스는 페르난(Fernao Pares de Andrade) 선단을 따라 중국으로 향했다. 그는 1518년 정월 대보름날 광주(廣州)에 도착했다. 일행은 싣고 온 향료와 오목(烏木)을 팔고 자기와 비단 제품을 사들였다. 페르난 선단은 말라카로 돌아가고 피레스 일행은 광주에 남았다. 귀로에 오른 페르난 선단은 뜻밖의 수확을 만났다. 원래는 유구 군도(琉球 群島)로 갈 계획이었던 선단은 계절풍을 놓쳐 천주(泉州)에 머물게 되었다. 그들은 천주가 무역항으로서 광주에 조금도 뒤지지 않는다는 사실을 알게 되었

●항해가 마젤란(1584년 파리에서 출판된 『명인초상화집』에 수록)

다. 이 포르투갈인들은 『성경』 말고는 어떤 책도 읽지 않았던 것 같다. 그렇지 않다면 일찍이 마르코 폴로나 오도릭이 천주를 소개한 내용을 모르지는 않았을 것이다. 광주에 남은 피레스 일행은 운이 별로 좋지 않았다. 그들은 회원 역(懷遠 驛)에서 붙잡혀 2년을 보낸 뒤(1520년 1월)에야 북경으로 가 황제를 알현할 허락을 받았다. 그들은 처음으로 제국의 넓은 땅과 하천 사이를 여행했다. 그들은 먼저 제2의 수도인 남경에서 그곳에 머물고 있던 무종(武宗) 황제를 알현한 뒤 황제를 따라 북경으로 갔다. 북경에서는 외국 조공사절이 머무는 회동관(會同館)에 머물렀다. 이때 그의 동포 포르투갈 상인들이 남해에서 중국 관리들과 충돌하기 시작했다. 이 때문에 조정에서는 이들 '불랑기(佛郞機)'[13]를 죽이자는 논의가 있었으나 새로 등극한 세종(世宗) 황제가 관용을 베풀어 광주로 돌려보내라는 명령을 내렸다. 피레스는 중형을 받아 1524년 5월에 광주의 감옥에서 죽었다. 그런데, 중국 황제를 만난 적이 있는 이 포르투갈인은 그의 수행원들과 함께 중국 북부로 유배되었다는 얘기도 있다. 20년 뒤에 중국에 온 포르투갈인 핀토(Mendez Pinto)는 이들의 후손을 만났다고 주장했다. 그들은 현지 여자들과 결혼하였고 태어난 자녀들은 모두가 기독교도로 살고 있다고 하였다.

피레스 사절단 가운데서 끝까지 살아남아 중국을 탈출한 사람이 있었던 것 같다. 1527년, 피레스 사절단의 일원이었던 비에이라(Cristovao Vieira)와 칼보(Vasco Calvo)가 중국에서 보낸 편지가 리스본에 알

---

13  무슬림은 유럽인을 프랑크라고 불렀다. 중국인도 아랍 상인들을 따라 포르투갈인과 스페인인을 프랑크라 불렀다. 불랑기는 프랑크의 중국어 음역이다.

●광주(廣州)에 상륙한 포르투갈 사절단(『안드라데 중국여행기』네덜란드어 판 삽화)

려졌다. 두 통의 편지는 운이 나빴던 사절단이 중국에서 당한 일을
알려주었다. "북경은 외국 사절을 높은 담장이 둘러쳐진 집에 묵게 한
다. 매월 첫째 날에 사절들을 가두고 15일에 황궁으로 데리고 간다.
걸어서 가는 때도 있고 말을 타고 가는 때도 있다. 황궁 밖에서는 두
무릎을 꿇고 이마와 얼굴을 땅에 닿게 한 채로 명령을 들어야 한다.
이런 모양으로 황궁의 담장을 바라보며 다섯 차례 무릎을 꿇은 뒤에
숙소로 돌아오면 다시 문이 닫힌다."[14] 포르투갈 국왕 마누엘이 대

---

14  *Asia: In the Making of Europe,* Donald F. Lach, University of Chicago Press,
    1955, V. 1, p. 735.

칸에게 보낸 국서는 불성실과 속임수가 몸에 밴 광주 현지의 관리가 조공을 올리는 표문으로 '둔갑'시켰다. 두 문건의 내용이 얼마나 차이가 나는지 곧 밝혀졌고, 그러자 포르투갈 사절은 다시는 황궁으로 가 머리를 조아릴 수가 없게 되었다. 포르투갈 사절은 중국의 조공 외교가 어떤 것인지를 알게 되었다. 그들은 중국 땅에 발을 딛자마자 노예나 죄수가 되었다. 천조(天朝)는 어떤 이민족 국가도 동등하게 대우할 줄 몰랐다.

포르투갈인들은 무역과 해적행위를 겸하면서 대서양, 인도양, 태평양을 순조롭게 장악했지만 중국의 해안에 이르러서는 여러 차례 좌절을 겪게 되었다. 1524년에 포르투갈 함대와 중국 함대가 남해에서 충돌하였고 이때 포르투갈인들은 뼈아픈 대가를 치러야 했다. 중국 황제는 아프리카 해안이나 동남아의 추장, 또는 아라비아와 인도의 술탄과는 비교될 대상이 아니었다. 포르투갈인들은 중국의 해안에서 움츠린다는 것이 무엇인지를 배웠다. 1524년에서 1548년 사이에 포르투갈인들은 중국의 동남 연해에서 매우 평화로운 날들을 보냈다. 그들은 아주 조심스럽게 영파(寧波)의 쌍서(雙嶼) 항에 자그마한 거류지를 마련했다. 20여 년이 지나자 그곳에는 포르투갈인들의 행정 관서와 병원, 자선 기관, 행정 장관과 서기, 공증인과 경찰이 생겼고 간 큰 도적도 생겼다. 그들은 교역과 선교를 하고, 때로는 시주도 했으며, 약탈과 살인, 아동 납치와 매매도 했다. 주환(朱紈)이 해적을 소탕할 때 그들이 쌍서 항에 세운 작은 식민 도시도 소멸되었다.

포르투갈인들은 남중국 해안에서 중국 상인은 물론 중국 해적과도 거래했고, 중국 관원들에게 때로는 뇌물도 주고 충돌하기도 했다.

주환이 해적을 소탕할 때 포르투갈인들은 다시 광주 앞바다로 돌아왔다. 그들은 광해(廣海), 망동(望峒), 낭백(浪白), 십자문(十字門), 호도문(虎跳門), 둔문(屯門) 등 해안 지역에 이제는 안남(지금의 월남)과 샴(지금의 태국)의 상선이 드나들며 활발하게 교역하고 있는 모습을 목격했고, 또한 해안을 지키는 관리가 모든 것을 결정할 권한을 갖고 있다는 점도 간파했다. 포르투갈인들은 재빠르게 낭백과 상천도에 닻을 내렸다. 1555년 무렵에 낭백에 거주하는 포르투갈인들은 4백여 명에 이르렀다. 그러나 낭백과 상천도는 이상적인 교역기지가 아니었다. 상천도는 본토와 너무 멀리 떨어졌고 낭백은 너무 위험했다. 그들은 마카우(오문澳門)로 들어갈 기회를 노렸다. 그곳은 중국 대륙과 가까웠고 항만 조건은 우수했으며 기후도 좋았다. 1556년 해도부사(海道副

●16세기의 포르투갈 전함(1560년에 제작된 브뤼겔 목판화)

使) 왕백(汪柏)이 포르투갈 선박이 젖은 화물을 말리기 위해 마카우에 들어오는데 동의했다. 포르투갈인들은 지체 없이 마카우에 상륙하여 임시로 비바람을 피할 정도의 초가집을 지었다가 머지않아 영구적으로 거주할 벽돌집을 짓기 시작했다. 포르투갈인 선장 레옹 데 수사 (Leon de Sousa)는 루이 친왕(親王, Don Louiz)에게 보낸 편지에서 그와 중국 관원이 다음과 같은 내용의 합의에 성공했다고 말했다. 첫째, 중국 해도(海道)는 포르투갈 상선이 해안 지역에서 교역하는 것을 허락한다. 단, 포르투갈인들의 평판이 좋지 않으므로 말라카에서 온 조공 사절의 이름으로 해야 한다. 둘째, 상선은 20%의 세금을 내되 화물 가격의 절반을 기준으로 한다. 중국 측에서는 이를 '추분(抽分)'이라 불렀다.

수사 선장이 합의에 이른 과정을 상세히 설명하지 않았지만 합의 내용의 불합리한 부분이 중국 측의 음모를 암시했다. 왜 중국 해도는 포르투갈 상선이 말라카인으로 위장하도록 요구했을까? 또한 왜 표면 관세율을 20%로 했을까? 화물 가격의 절반을 기준으로 한다면 결국 관세율은 10%가 아닌가? 누가 누구를 도와주고 누가 누구를 속이는 것일까? 누가 손해보고 누가 이익을 보는가? 결국 해도부사 왕백이 뇌물을 받은 것 같다. 수사 본인은 시마오 데 알메이다(Simao de Almeida)란 포르투갈 상인을 통해 중국 관원에게 예물을 보냈다고 솔직하게 얘기했다. "내 말을 믿으십시오. 뇌물로 사람을 움직일 수 있고 뇌물이라면 하느님도 움직일 수 있습니다."

# 반세기 늦은 스페인

포르투갈인들이 중화제국의 변경에 '외국인의 도시'를 세우고 있을 때 스페인인은 대 칸의 나라와는 광활한 바다를 두고 멀리 떨어진 아메리카에서 은광을 개발하고 있었다. 한 세기 전에 교황 니콜라스 5세(Nocolas V)가 이미 알려졌거나 미지의 동방 세계를 모두 포르투갈 국왕에게 준다는 칙령을 발표했다.[15] 포르투갈의 해양 기사들이 재빨리 희망봉을 돌아 인도에 도착했다. 기니의 황금, 상아, 흑인 노예와 인도의 후추와 두구(荳蔲)를 가득 실은 배가 한 척씩 리스본으로 돌아올 때마다 포르투갈인은 유럽의 벼락부자가 되었다. 마누엘 국왕에게는 콜럼버스의 미친 계획이 귀에 들어오지 않았고, 결국 포르투갈이 스페인에게 한 차례의 기회를 준 셈이 되었다. 콜럼버스가 '인도'를 발견했다! 카스티야 국왕은 서둘러 교황에게 세계를 다시 분할해

---

**15** 『전구통사(全球通史): 1500년 이전의 세계사』, 스타브리아노스 저, 상해사회과학원출판사, 1988년 판, p. 139에 인용된 전문은 다음과 같다. "세밀한 심의를 거치고 또 우리가 한 심의를 다시 고려한 끝에 우리는 교황의 허가증을 발급한다. 침입, 정복 또는 통치를 통해 기독교의 적인 사라센인 또는 이교도의 지배 하에 있는 모든 국가에 대한 권리를 알폰소 국왕에게 준다. 이 권리는 완전하고도 절대적인 것이다. 교황이 반포한 허가증은 알폰소 국왕과 왕자, 그리고 그 계승인이 상술한 도서와 항구 및 아래에 기술하는 해양을 점령하고 점유하는 독점적 권리라는 교황의 희망을 표시하고 있으며, 따라서 경건한 기독교도는 알폰소 국왕과 그 계승인의 허락 없이 이들의 독점권을 절대로 침범해서는 안 된다. 이미 획득했거나 획들을 기다리는 정복지 가운데서 보자도르 곶과 기니 해안의 노스 곶에 이르는 동방 전체는 지금부터 영원히 알폰소 국왕의 독점 소유로 귀속된다."

달라고 청원했다. 알렉산더 교황은 아조레스(Azores) 군도 베르데 곶에서 100리그 되는 곳을 경계선으로 서쪽은 스페인에게, 동쪽은 포르투갈에게 귀속시킨다는 칙령을 반포했다. 이듬해, 스페인과 포르투갈은 토르데시야스 조약(Treaty of Tordesillas)을 체결하고 경계선을 서쪽으로 270리그 옮겼다. 양쪽 모두 스스로 총명하다고 생각했다. 포르투갈은 새로운 경계선에 따르면 브라질이 포르투갈 왕실 소유가 된다고 속으로 좋아했고 스페인은 막 발견한 인도를 차지할 가능성이 높아졌다고 생각했다. 이제는 누구도 서쪽으로 항해하면 동쪽에 닿는다는 콜럼버스의 주장을 의심하지 않게 되었다. 그러나 쌍방은, 사람이 살고 있는 세계는 바다이든 육지이든 구형이기 때문에 동쪽을 향하든 서쪽을 향하든 어느 땐가는 만나게 된다는 점에는 생각이 미치지 못했다. 마젤란의 항해로 풍요로운 향료 군도가 교황이 스페인에게 준 절반의 세계에 속한다는 사실이 증명되자 충돌의 씨앗은 이미 뿌려졌다.

스페인은 늦게 도착했다. 중국으로 가겠다는 계획을 가장 먼저 세운 사람이 스페인의 항해가였고 또 실제 행동도 먼저 했지만 스페인은 반세기나 늦게 도착했다. 포르투갈은 운이 좋아 희망봉을 돌아가는 훨씬 짧은 항로를 찾아냈다. 기막힌 행운의 폭풍우를 통과한 뒤로 인도에서 동인도 군도까지, 다시 말라카에서 중국까지 가는 길은 그냥 자연스러운 흐름이었다. 희망봉 발견의 중요성은 고아를 점령한 뒤에 밝혀졌고 말라카 점령의 의의는 마카우(마카우)에 식민 거점을 건설하고 나서야 알게 되었다. 포르투갈의 '해상제국'은 실제로는 하나의 방대한 해상 무역망이었다. 동아프리카 해안에서 말라바르 해안까지, 말라카에서 마카우와 나가사키까지 50여 곳의 요새와 무역 거점이 있었고 16,000명가량의 포르투갈인(거의 대부분이 남성)이 그곳에 나가 있었다. 이 무역망은 두 가지 기능을 하고 있었다. 첫째, 유럽-아시아 무역. 아시아의 향료를 유럽으로 실어 날랐고 한편으로는 향료의 지중해 지역 유입을 저지함으로써 포르투갈의 유럽 향료시장 독점을 보장했다. 16세기 유럽 시장의 향료는 최소한 70%가 포르투갈 상선에서 하역된 것이었다. 둘째, 아시아에서의 지역 무역. 포르트갈인들이 인도양에 들어와 무슬림 상인들이 수 세기 동안 경영해왔던 무역망을 차지했다. 포르투갈인들은 무역은 물론 약탈과 밀수, 납치와 노예 매매를 했고 항해하는 선박으로부터 통행료를 걷었다. 포르투갈인들은 중국을 정복할 생각은 하지 않았다. "향료를 중국으로 가져가 팔아도 포르투갈로 가져가 파는 것만큼 이익을 남길 수 있었다." 중국은 해금(海禁)을 실시하고 있었고 포르투갈인들은 자유롭게 남양 또는 인도양의 향료와 보석을 중국으로 가져가 팔고 비단과 자기를 사들이고 싶었다. 그들은 평화로운 방식으로, 때로는 굴종적인 방식으로 무역 거점을 확보하려고 했다. 그들은 성공했고, 마카우를 점거했다. 마카우는 포르투갈의 무역망 가운데서 매우 중요한 의의를 갖고 있었다. 마카우는 명 왕조의 해금 체계 안으로 돌출된 송곳이었다. 마카우를 거점으로 한 포르투갈 무역망은 중국의 동남아 불법 민간 무역망 속으로 파고들어 부분적으로 중국 선박의 역할을 대체했다. 마카우는 일본을 상대로 백은(白銀) 무역을 개척하고 나가사키의 은으로 광동의 상품을 사들였다. 마카우는 진정한 '하느님의 성'[16]으로 예수회의 극동 거점이 되었다. 마카우 식민거점의 건설은 포르투갈 해상무역 체계의 완성을 의미했다.

마젤란 함대가 떠나고 나서 반세기 뒤에 레가스피가 이끄는 스페인 함대가 필리핀을 점령했다. 이때 포르투갈의 마카우 식민지는 이미 향산현(香山縣) 관부에 '토지세(地租)'를 납부하고 있었고 포르투갈 상선은 말라카, 고아, 일본을 정기적으로 왕래하고 있었다. 1565년 봄, 레가스피(Miguel Lopez de Legazpi) ─ 바스크 출신 귀족으로서 멕시코에 정착하고 있던 ─가 지휘하는 스페인 함대가 멕시코를 떠나 필리핀 원정에 나섰다. 이 함대가 세부를 점령한 4월은 마젤란 사망 44주기가 되는 때였다. 레가스피는 스페인 국왕 필립 2세에게 보낸 보고서에 다음과 같이 썼다. "우리의 식민지 북쪽, 이곳에서 멀지 않은 곳에 루손과 민도로란 큰 섬이 있습니다. 중국인과 일본인이 해마다 그곳으로 와 무역합니다. 그들은 비단, 거울, 자기, 향료, 철기, 주석 그릇과 그 밖의 작은 그릇들을 가져오고 돌아갈 때는 황금과 밀랍을 싣고 갑니다." 세부를 점령한 뒤 레가스피는 고이테(Matin Goite)가 지휘하는 함대를 파견해 루손을 공격했다. 마닐라가 함락되고 추장 솔리만(Soliman)의 궁전은 잿더미가 되었다. 그곳에는 스페인 식 요새와 천주교 교회가 세워졌다.

스페인은 필리핀 군도를 점령하고 나서야 중국과의 교역을 시작했다. 포르투갈과 비교하자면 반세기나 늦은 일이었다. 스페인은 16세기 유럽에서 야심과 패기가 넘치는 나라였다. 그들은 순식간에 남

---

**16** 포르투갈에서 마카우의 정식 명칭은 '하느님의 거룩한 이름의 도시 마카우'(Cidade do Nome de Deus de Macau)였다.

●유럽 최초의 마카오 전경도(1598년)

미를 정복하고 다시 대서양을 가로질러 태평양에 이르는 방대한 세계
무역망을 건설했다. 1570년 루손 점령은 전 세계에 걸친 백은 제국의
경계가 남중국해까지 확장되었음을 의미했다. 스페인의 마지막이자
가장 중요한 과제는 중국과의 무역을 시작하거나 나아가 중국에 침입
하여 중국을 세비야를 중심으로 하는 세계 경제체제 속에 편입시키
는 일이었다. 필리핀은 중요하지 않았다. 당시 스페인 식민주의자들의
머릿속에서 필리핀은 중국에 원정하기 위한 기지에 지나지 않았다.
그러나 지구의 절반을 건너서 필리핀에 도달한 스페인의 확장 에너지
는 별로 남아 있지 않았다. 스페인의 화살이 스페인에서 멕시코까지,

멕시코에서 필리핀, 다시 필리핀에서 중국까지 미치기에는 활시위의 탄력이 모자랐다. 마닐라를 점령한 얼마 뒤에 아르티에다(Diego de Artieda) 중위가 스페인 국왕 필립 2세에게 올린 보고서는 다음과 같이 기록하고 있다. "북쪽이 바로 중국이라 부르는 대륙입니다. 중국은 매우 큰 나라입니다. 지금까지 확인된 바로는 타타르와 경계를 맞대고 있을 만큼 큰 나라입니다. 중국과 무역하는 상인들의 말에 따르면 중국과 타타르는 현재 교전 중이라고 합니다. 중국인은 높은 수준의 문화를 갖고 있습니다. 그들은 철을 제련하는 기술을 갖고 있습니다. 본관은 금은을 상감한 철제 그릇을 본 적이 있는데, 세계 어떤 곳의 같은 모양의 그릇과 비교해도 뒤지지 않는 정교한 기술이었습니다. 그들은 목재와 기타 재료도 그처럼 정교하게 다룰 줄 압니다."[17]

---

**17** 『중—필리핀 관계와 필리핀의 화교(中非關係與菲律賓華僑)』, 진태민(陳台民) 저, 필리핀 이동(以同)출판사, 1961년 판, p. 84.

# 열기의 퇴조

　필리핀 식민지의 스페인인 대표대회가 전원 연명으로 국왕에게 중국 원정을 청원했다. 이것은 돈키호테 식의 망상이었다. 1588년 이전일지라도 스페인이 중국에 침입한다는 것은 망상이었겠지만 무적함대가 영국에게 참패한 1588년이라면 망상조차도 못되는 일이었다. 서방의 동방확장의 첫 번째 물결인 이베리아 반도의 확장은 16세기 말에 이르자 이미 퇴조를 보이기 시작했다.

## 중국 원정의 망상

　포르투갈은 서아프리카 해안에서 인도양까지 무역과 식민 체계를 건설하고 해상 제국의 경계를 중국의 해안까지 늘렸다. 스페인도 중남미와 필리핀을 정복하고 유럽·중남미·아시아 세 대륙에 걸친 식민제국을 건설하고 중국에 영향을 미쳤다. 이베리아 반도를 출발하여 대서양과 태평양을 건너는 새로운 항로를 따라가든, 대서양을 건너 희망봉을 돌아 인도양으로 들어가는 항로를 따라가든 서방에게 중국은 세계에서 가장 먼 곳이었다.

●16세기 스페인 전함

    스페인인들은 필리핀에서 중국을 이해했다. 해마다 대규모의 중
국 상선이 몰려와 교역했고, 마닐라의 일용품은 거의 대부분을 중국
상선이 공급했다. 마닐라에는 중국인의 거류지까지 있었다. 그들이
처음에 중국인으로부터 받은 인상은 나쁘지 않았다. 중국인은 교양
있고 영리하며 청결했다. 그런데 이런 인상은 오래가지 못했다. 1576
년, 필리핀 총독 손디(Sondi) 박사가 본국에 보낸 보고서에서 중국에
관한 묘사는 악의로 가득 찼다. "그들은 비천하고 부끄러움을 모르는
종족," "동성애자," "폭군"이며 중국의 국왕과 관리는 "가난한 사람들
을 학대하고 약탈하며, 마음속에 탐욕과 시기가 가득하고," "일찍이
들어본 적이 없는 폭정"으로 인민을 대하므로 인민 가운데 "국왕에게
충성을 다하는 사람은 하나도 없다." "그들은 하나 같이 이웃에 대한

험담만 한다. 그들은 거의 모두가 해적이고," 각종 나쁜 짓을 저지를 뿐만 아니라 중국인과 교제하고 보면 매일 "그들과 정의의 전쟁을 벌여야 할 천 가지의 이유"를 찾을 수 있다. 손디 총독은 개인 재산으로 중국 원정 비용을 댈 뜻이 있다고 밝혔다. 그는 스페인 국왕 필립 2세에게 자신의 계획을 말했다. 4천에서 6천의 병력, 긴 창과 화승총, 함선, 대포와 탄약이면 충분"하고 "2천에서 3천 명의 병사면 원하는 성(省)을 점령하기에 충분하다……한 성을 정복하고 나서 전국을 점령"할 수 있다고 말하였다.

중국 정복은 손디 등 몇몇 호전 분자의 일시적이고 우연한 발상이 아니었다. 세부 섬을 점령한 얼마 뒤부터 스페인 식민자들은 중국 원정을 고려하기 시작했다. 1569년, 한 스페인 군인(미란돌라Andres de Mirandola)은 필립 2세에게 올린 보고서에 다음과 같이 썼다. "국왕 폐하의 노예이자 신하인 우리 모두는 폐하가 재위하고 있는 동안에 중국을 폐하에게 예속시킬 수 있다고 확신합니다. 기독교는 그 지역에서 전파되고 추앙받을 것이며 폐하의 영토는 확장될 것입니다. 이 모든 일은 매우 짧은 시간 안에 실현될 수 있습니다." 군인은 국왕을 위해 영토를 확장하고 성직자는 하느님을 위해 영혼을 구제해야 한다는 이야기다. 그런데 전쟁을 일으켜야 그럴 기회가 온다는 것이다. 중국을 침략하자는 점에서 그들의 발상은 일치했다. 그들은 중국의 상황에 관한 정보를 모으고 필리핀 식민 지배를 확고히 하면서 전쟁을 일으킬 여러 이유를 찾고 있었다. 1584년, 필리핀 식민지의 스페인인 대표 전체가 연명으로 국왕에게 중국 원정을 청원했다. 청원서에 첨부된 상세한 전쟁 계획은 2만 단어에 달했는데 주요 제목만 간추리면 아래와 같다.

"점령의 합리적 근거.
침입에 필요한 조건: 인재와 군대.
필요한 무기와 보급품.
본 섬에서 제공 가능한 보급품.
함대가 가야할 항로.
포르투갈인들을 합류시킬 방안.
원정이 가져올 이익.
기타 특별 이익.
제시된 이외의 이익."

대담한 발상과 정교한 계획이다. 특히 눈에 띠는 것은 여러 유형의 '이익'이다. 그러나 중국 원정을 준비하던 스페인의 무사와 성직자들은 결국 필리핀 항구를 떠나지 못했다. 국왕은 이지적이었고 그의 참모들 중에도 올바른 정신을 가진 사람들이 있었다. 국왕은 자기 왕국의 실력과 눈앞에 닥친 곤경을 이해하고 있었다. 오랜 기간 동안 그의 왕국은 처음에는 무어인들을 몰아내고, 다음으로 유태인들을 몰아내기 위해서 방대한 군대를 유지해왔고, 그리고 당시에는 프랑스와 국경에서 전투를 벌이고 있었고 영국과는 머지않아 해상에서 충돌이 예상되고 있었다. 비록 식민지의 부가 강물처럼 이베리아로 흘러들어왔으나 또한 강물처럼 빠져나갔다. 스페인은 아직 자립적인 산업의 기초를 세우지 못했고 해마다 이어지는 전쟁과 확장 사업 때문에 국왕은 늘 힘에 부쳤다. 그는 두 개의 대양을 사이에 두고 떨어져 있기는 해도 중국의 실력은 신하들의 황당한 평론과는 다르다는 점을 알고 있었다. 중국은 궁극적으로 멕시코와 잉카 제국과는 다른 나라였다. 1519년 코르테스(Cortez)가 멕시코에 도착했던 때부터 1535년에 피사로(Pissaro)가 잉카 제국을 정복했던 때까지 스페인은 중남미에서 순식간에 식민제국을 건설했다. 그러나 중국은 두텁고 깊은 문명 전통을 가진 나라이고 인구, 문화, 경제와 정치적 역량은 결코 가볍게 볼 나라가 아니었다. 중국의 방대한 국가기구와 군대는 중국의 광대한 영토만큼이나 파악하기 어려웠다. 여기에 더하여 중국은 너무 멀리 떨어져 있었고 스페인은 멕시코 식민지를 통해 필리핀을 지배하고 있었다. 필리핀은 식민지의 식민지였다.

열광적인 스페인 기사들에게 필리핀 식민지 경영은 중국 정복을 위한 기지로서 의미가 있었다. 그러나 필립 2세는 냉철한 이성을 가진 인물이라 중국과 우호관계를 유지하는 것이 필리핀 식민지 경영을 위해 더 중요하다는 점을 분명하게 인식하고 있었다. 비싼 대가를 치르고 있기는 하지만 필리핀은 중국 상품의 공급 없이는 생존할 수 없었다. 멕시코에서 캐낸 황금과 은은 필리핀으로 운반되었고 필리핀에서 다시 중국으로 흘러들어 갔다. 국왕은 충성스럽지만 미친 기사들에게 찬물을 끼얹지 않을 수 없었다. "그대들이 주장하는 중국에 관한 일에 대해 짐은 포기하는 것이 맞는다고 본다. 오히려 중국인과는 우의를 유지해야 한다. 그대들은 어떤 행동도 취하지 말 것이며 이른바 중국인 해적이라는 자들과도 협력하지 말라. 나아가 그들에게 우리 민족의 정당한 불만에 반대할 어떤 핑계도 제공하지 말라."[18]

스페인은 중국을 침범하지 않았다. 중국 조야도 스페인인들의 음모에 대해 들어본 적이 없었고 생각도 하지 못했다. 대형 범선은 여전히 중국과 필리핀 사이를 오갔고 교역은 끊어지지 않았다. 중국 상품과 이민이 필리핀으로 흘러들었고 멕시코에서 필리핀으로 실어온 은은 끊이지 않고 중국으로 흘러들었다. 스페인은 포르투갈보다 반세기 늦었고 포르투갈은 아시아—유럽 무역의 이익을 독점했다. 중국 무역선의 필리핀 무역 독점을 타파하기 위해서건, 포르투갈의 아시아—유럽 무역 독점을 타파하기 위해서건 역시 마카우가 관건이었다. 1580년에 포르투갈이 스페인 카스티야 왕조에 합병된 뒤에도 마카우는 필립 2세의 통치를 인정하지 않았기 때문에 스페인은 필리핀의 병력을 동원해 마카우를 점령할 계획을 세운 적도 있었다. 1598년, 두 척의 전함이 스페인 국왕 필립 2세의 편지와 신임장을 가지고 마카우에 도착했으나 마카우의 포르투갈 총독이 받아들이지 않아 전함은 호도문으로 옮겨 정박해야 했다. 중국 정복은 돈키호테 식의 망상이었다. 마닐라의 전쟁광들이 침입 계획을 세우고 있을 때는 스페인 확장의 정점은 이미 지나간 뒤였다. 1588년 이전에 스페인이 중국을 침입할 생각을 갖고 있었더라면 그나마 계획이라도 세울 수는 있었겠지만 1588년 이후라면 공론에 지나지 않을 수밖에 없었고 그런 공론조차도 내놓을 상황이 아니었다.

---

18  국왕 필립 2세가 필리핀 총독인 손디 박사에게 보낸 (1577년 4월 9일자) 서신. 『16세기 중국 남부 여행기』, (영) C. R. Boxer 편주, 중화서국, 1990년 판, "서문", p. 26.

## 과도한 확장, 그리고 고갈

1588년 무적함대가 영국 해협에서 참패하자 스페인의 국력은 급격하게 떨어졌다. 수축과 쇠락이 시작되었다. 그런데 스페인보다 앞서서 포르투갈의 해상제국도 이미 쇠락하기 시작했다.

1572년, 세계를 유람하다 마카우를 들른 적이 있는 포르투갈 시인 카몽스(Luís Vaz de Camões)가 리스본에서 『포르투갈의 혼』('루시타니아인의 노래'라고도 번역한다)이란 장편 서사시집을 출판했다. 그는 포르투갈의 확장을 『일리아드』나 알렉산더의 동방 원정보다 "더 위대한 서사시"였다고 찬양하면서 동시에 그의 조국이 "알 수 없는 악운의 그림자에 덮여 활기와 자신감을 빼앗겼다"고 한탄했다. 그는 "포르투갈은 오직 탐욕에 빠져있고 야만과 무지, 무기력에서 헤어나지 못하고 있다"고 읊조렸다. 포르투갈은 반세기 만에 이름 없던 작은 나라에서 갑자기 '지브롤터에서 중국까지' 펼쳐진 세계 제국이 되었다. 정점은 쇠락의 시작이기도 하다. 포르투갈은 과도한 확장 때문에 고갈되었다. 유럽 시장에서 후추의 가격은 폭락했으나 동방 무역의 원가는 내려갈 줄 몰랐다. 돛이 세 개인 범선이 테주(Tejo) 강 하구를 출발할 때에 배는 포르투갈 남아들로 북적였으나 일 년 뒤 인도에서 돌아올 때는 모험가의 시체는 모두 바다에 버리고 배는 후추만 싣고 왔다. 당시에 프랑스인 라바르(P. de Lavar)가 추산한 바에 따르면 포르투갈을 떠나 살아서 고아에 도착한 사람은 천 명 가운데 2백 명이 안 되었다고 한다. 16세기에 동방의 기나긴 해안선에 포르투갈인이 가장 많았을 때에도 2만 명을 넘지 않았다. 세계는 너무 컸고 포르투갈은

너무 작았다. 모험가들은 해
상 제국을 개척하였으나 자
신이 개척한 제국을 지배할
수 없었다.

카몽스가 이 시를 쓰고
있을 때 포르투갈의 쇠락은
이미 시작되었다. 확장 시대
에 포르투갈이 아시아에 건
설한 단기간의 세력은 전통
적인 국가의 모습을 갖춘 게
아니었다. 그들의 우위는 해
상 항운과 무역의 독점에 한

●카몽스 생전의 초상

정되었다. 그들은 해상에서 상인을 대표하는 국가 세력으로서 인도양
과 태평양의 자생적인 무슬림 무역상을 격파하고 무슬림이 독점하던
남방 해역의 전통적인 무역망을 차지했다. 아시아에 진입한 처음 반세
기 동안 그들은 대포를 앞세워 아시아 대륙 통치에 도전했다. 그들은
인도양 가장자리와 동남아에서 일부 항구를 점령하고 이를 해상 확
장의 상업적 거점과 군사적 요새로 만들었다. 5백 년 전 십자군이 지
중해 해안에 세운 기독교 거점이 그랬듯이 포르투갈의 거점도 모험적
이지만 안정되지 못했다. 유감스럽게도 변경 지역에서 순풍에 돛 단
듯했던 포함 정책은 중국과 마주치자 아무런 효과도 내지 못했다. 동
방의 대국은 도발할 만한 상대가 아니었다. 중국 해안에서 여러 차례
좌절한 포르투갈인들은 폭력을 포기했다. 그들은 중국 정부의 해금

정책을 이해하지 못했지만 그 정책이 어떻게 운용되는 지는 알아차렸다. 그들은 중국 관리들의 탐욕스럽고 교활한 눈빛에서 기회를 찾아냈다. 그들은 정치적인 요구는 잠시 접어두고 중국의 법률과 풍습에 순종하려고 노력했으며 아울러 중국 정부의 통제도 받아들였다.

포르투갈 모험가들은 최초의 반세기 동안에는 해적 노릇을 했으나 이제는 세계의 짐꾼으로 변신했다. 그들은 유럽의 일용품을 인도로, 아프리카의 상아와 황금을 유럽과 아시아로 실어 날랐다. 인도와 동남아의 향료를 중국으로 실어가면 유럽으로 싣고 가는 것만큼 큰 돈을 벌 수 있다는 사실을 알고 나서부터 그들은 포르투갈로 돌아가지 않았다. 또한 포르투갈 당국의 간섭과 통제가 심한 고아와 코친보다는 차라리 마카우에 머무는 게 더 나았다. 1582년, 마카우에 온 예수회 소속의 수도사 알폰소 산체스(Alfonso Sanchez)는 그곳에 사는 포르투갈인들에게는 무기를 소지하는 일이 불가능하다는 사실을 알게 되었다. 중국의 관원들이 수시로 그들의 주택을 수색했기 때문이다. 1670년에 또 다른 스페인인 도미니크회 소속의 수도사 나바레테(Domingo Navarrete, 중국명 민명아閔明我)가 묘사한 마카우에 거류하는 포르투갈인들의 생활상은 처참한 것이었다. "마카우 성을 나가 반 리그쯤 되는 곳은 대륙과 연결되는 통로이다. 중국인은 그곳에 성벽을 쌓아 놓았는데 성문이 하나 뚫려 있고 감시하는 성루가 있어서 중국 병사들이 지키고 있다. 마카우의 포르투갈인들이 대륙 쪽으로 출입하는 것은 금지되어 있고 대륙 쪽에서 중국인이 들어오는 것도 금지된다. 중국인들의 출입에 대한 통제는 좀 느슨한 편이지만 포르투갈인은 절대로 마음대로 통행할 수 없다. 성문은 처음에는 닷새마다 한 번씩 개방되어서 포르투갈인들이 생필품을 사러 나갈 수 있었으나 나중에 가서는 관리가 엄격해져 두 달에 한 번씩 개방된다. 게다가 최근에 와서는 일 년 내내 성문을 열지 않는다. 소수의 재력이 있는 포르투갈인을 제외하고는 절대 다수의 포르투갈인은 굶주리고 있다."[19]

스페인의 쇠락도 뒤따랐다. 필립 2세 치하의 합스부르크 왕조는 서방 역사상 가장 강대한 제국이었다. 그 영토는 동반구의 이베리아 반도에서 서반구의 멕시코와 필리핀까지 뻗쳤다. 필립 2세는 서방에서 가장 강력한 군주였다. 넓은 영토와 거대한 부가 가져다 준 위력과 야심 때문에 그는 폭군이 되었고 종교와 정치 방면에서 개입하지 않는 곳이 없었다. 멕시코에서 세비야로 이전된 부는 프랑스 국왕에게 타격을 주고 네덜란드의 반란을 진압하는 군비로 소모되었다. 영국 해협에서 '무적함대'의 대패는 스페인의 확장이 쇠퇴기로 접어드는 시발점이었다. 스타브리아노스는 『전구통사(全球通史): 1500년 이전의 세계사』에서 스페인 쇠락의 원인을 상세하게 분석하였다. 그의 분석에 따르면 스페인은 외적으로는 과도한 확장, 내적으로는 불합리한 경제구조와 북서 유럽 세력과의 경쟁 때문에 몰락했다. 이베리아 반도가 서방의 확장을 주도하는 시대가 저물고 북서 유럽이 확장을 주도하는 시대가 열릴 참이었다. 1596년, 네덜란드의 원양무역회사 (Compagnie van Verre)가 파견한 네 척의 배가 자바 서쪽의 반텐 항으로

---

**19** *The Travel and Controversies of Friar Domingo Navarrete, 1619-1686*, V. 2, pp. 269-270, ed. by J. S. Cummins, Cambridge, 1962.

가 향료를 사들였다. 1600년에는 반 네크(J. van Neck) 함대가 주강 하구에 진입했고 1622년에는 열한 척의 네덜란드 포함이 마카우의 포르투갈 요새를 포격했다.

제3장
# '복음, 중국에 들어가다'

# '하늘에 오르기보다 힘든 중국 진입'

원양 항해는 향료만을 위한 것이 아니라 기독교를 위한 것이기도 했다. 이베리아 반도가 주도하던 유럽의 확장 과정에서 종교적 열정은 세속적 열정에 결코 뒤지지 않았다. 복음이 세 번째로 중국에 들어갔다. 유구한 문화전통을 가진 민족 앞에서 선교 사업은 다시 한 번 시련을 겪게 된다.

## "우리는 기독교도와 향료를 찾으러 왔다"

다 가마가 인도 부왕이 파견한 사절에게 한 말이다. 이 말은 몽고의 세기에 부와 영혼을 수확하기 위해 동방으로 간 모험가들을 생각나게 한다. 원양 항해는 향료만을 위한 것이 아니라 기독교를 위한 것이기도 했다. 15세기의 마지막 10년 동안에 콜럼버스는 서쪽을 향해 나아갔고 다 가마는 동쪽을 향해 나아갔다. 이들의 전설적인 항해의 동력은 십자군 시대 때부터 이어져온 부에 대한 갈망과 종교적 이상이었다.

이베리아 반도가 주도하던 유럽의 확장 과정에서 종교적 열정은 세속적 열정에 결코 뒤지지 않았다. 선교사와 상인, 선원과 모험가가 한 배를 타고 출발했다. 그들은 각자가 강인한 의지와 신념을 품고 있었다. 선교사들은 광활한 동방에서 기독교도를 찾으면 그들과 함께 생활할 것이고 기독교도가 없다면 이교의 어둠 속에 파묻힌 영혼을 기독교로 개종시킬 작정을 하고 있었다. 1498년, 삼위일체회 소속의 신부 코빌함(Pedro de Covilham)은 다 가마와 함께 칼리컷에서 상륙했다. 8명의 신부와 8명의 프란치스코회 수도사가 그를 수행했다. 동방

●고아의 주교좌 성당 유적

항로가 열리자 유럽 각국의 신부들이 리스본으로 몰려와 포르투갈 배를 타고 동방으로 선교여행을 떠날 준비를 했다. 1512년, 프란치스코 수도회는 수도사들에게 인도에서 첫 번째의 기독교 교회당을 코친에 지으라는 지시를 내렸다. 이때부터 고아는 동방 선교의 중심지가 되었다. 해마다 유럽에서 온 선교사들이 이곳에서 단기간의 훈련을 받고 아시아 각지로 흩어졌다. 이베리아 반도의 확장 시대에 교회와 식민 정부는 시종 긴밀하게 결합했다.

최초의 선교 사업은 낭만과 무지에 도취되었다. 그들은 해안에서 내륙 깊은 곳으로 들어가면 지금까지 알려지지 않은 기독교 왕국과 숱한 성 토마스 기독교 신도들을 발견하게 되리라고 믿었다. 그들은 진리와 사랑의 교향에서 온 사람들을 반가이 맞을 것이다. 흥분으로 들뜬 선교사들은 인도 남부의 해안 지대에서 기독교가 무엇인지 잘 알지도 못하는 하층 백성들에게 세례를 주고, 선물도 주고, 교회당과 병원을 지었다. 이렇게 해서 한 번에 세례를 받은 원주민이 천 명을 넘었다. 고아에 지은 주교좌 교회당과 성신학원(聖信學院)에서는 동방과 서방에서 온 선교사들이 훈련을 받았다. 그들은 머지않은 장래에 무갈 왕조의 왕 아크바르(Akbar), 도요토미 히데요시(豊臣秀吉), 북경의 만력(萬曆) 황제에게 세례를 주고 그들의 궁전 안에 교회를 세울 수 있다고 굳게 믿었다.

현실은 그들의 생각만큼 낙관적이지 않았다. 신비한 인도는 갈수록 위험해졌고 동아프리카 해안에서 향료군도에 이르기까지 적대감이 넓게 퍼졌다. 낯선 동방으로 깊이 들어가 원주민들에게 선교하다 순교하겠다는 뜻을 이뤄주는 무서운 사건들이 끊임없이 일어났다. 침

통하고도 장렬한 순교 소식이 사방에서 들려와 동방 기독교의 오아시스인 고아는 수시로 공황에 빠졌다. 그 시대의 선교사들은 대부분이 열광에 사로잡힌 위험한 돈키호테였다. 그들은 경건한 신앙과 두려움을 모르는 용기와 강인한 의지를 갖고 있었지만 이성이 부족했다. 그들은 자신을 이해하지 못했고 상대와 환경도 이해하지 못했다. 복음이 들어가야 할 동방은 정신적인 광야가 아니었다. 힌두교의 『베다』는 심오했고 불법 또한 심오했다. 동방의 깊고 두터운 문화는 근본적으로 기독교와 어울리지 않았다. 뚜렷한 방법을 찾지 못한 선교사들은 포르투갈 식민정부의 무력에 기댔다. 선교사의 안내를 받아 포르투갈 병사들이 회교 사원을 부수었고 힌두교에서 숭배하는 소를 도살했다. 적대감은 더욱 깊어졌다. 1540년, 예수회의 설립자 가운데 한 사람인 프란치스코 하비에르(Frnacisco Xavier, 1506~1552)가 리스본에 와 동방으로 갈 배를 기다렸다.

1541년 봄, 하비에르는 테주 강 하구에서 포르투갈 왕실의 깃발을 건 대형 범선을 타고 동방 선교에 나섰다. 포르투갈령 인도의 총독으로 부임하는 마르틴 아폰소 데 수사(Martin Afonso de Sousa)가 같은 배에 탔다. 항해하는 동안 총독은 내내 인도 선교의 전망이 얼마나 좋은지 강조했다. 고아에 도착하고 얼마 안 되어 하비에르는 모든 낙관을 버렸다. 유럽에서는 동방을 이해할 수 없었다. 모든 것은 상상보다 훨씬 복잡했다.

인도인과 인도라는 나라는 혼란스럽고 파악하기 어려웠다. 하층 백성들은 조그마한 이익이라도 있으면 세례를 받았다가 마음 내키는 대로 교회를 떠났다. 힌두교가 그들의 신비롭고도 방탕한 생활을 시

시각각으로 지배했고 이슬람교는 가는 곳마다 기독교도를 곤경에 빠트렸다. 그들의 다양한 종족과 언어는 파악하기 어려웠고 현묘한 산스크리트어 경전의 해석은 소수의 바라문이 독점하고 있었다. 인도 전체가 헤아리기 어려운 신비감과 부패와 타락이 뒤섞인 이교 정신에 잠겨있었다.

상상하기조차 어려운 것은, 고아의 포르투갈 이민들도 우매하고 무지하다는 점이었다. 그들은 기독교 도덕을 제대로 지키지 않을 뿐만 아니라 복음 전파에도 관심이 없었다. 그들은 기독교를 이해하지도 못하고 동방도 이해하지 못했다.

식민자와 현지인의 잔혹한 충돌을 지켜본 하비에르는 영혼을 수확하는 일은 길고도 험난한 사업이며, 헌신적인 열정을 요하며, 정교한 방법을 동원해야 한다는 점을 점차 깨닫게 되었다. 기독교는 동방에서 자신보다 더 오래되고 더 심오한 문화와 마주쳤다. 그 문화의 응집력과 배타성은 결코 낮게 평가할 수 없었다. 하비에르는 선교할 때 할 수 있는 대로 현지어를 많이 사용했고 교리 문답서를 타밀어로 번역했다. 하비에르는 현지화 되고 온건한 선교 방식을 모색하기 시작했다.

1545년, 하비에르는 혼란스러운 인도를 떠나 말라카와 향료군도로 향했다. 그의 마음은 무거웠다. 반세기 가까운 동방 선교의 성과는 보잘 것 없었다. 금빛 찬란한 고아에는 5만여 명의 주민이 살고 있었는데 그 가운데서 기독교도는 7천 명에 지나지 않았다. 예수회 선교사들이 자신을 잊을 만큼 열심히 선교해도 한 해에 많아야 열 명 정도의 동기가 불분명한 사람들이 세례를 받았다. 그나마 세례명과 복장만 기독교도를 닮았을 뿐 마음은 완벽한 이교도였다. 그렇게 인도에서 교회당과 병원과 학교를 짓고 다시 향료군도를 향해 나아갔다. 그들의 노력에 대한 보상은 너무도 미미했다. 현지인들은 아무렇지도 않다는 듯이 세례를 받았다. 세례를 받는 목적은 포르투갈인들의 보호와 모종의 물질적 혜택을 받기 위해서였다. 그러다가 포르투갈인들이 대포와 화승총을 한 번 쏘기만 하면 모든 노력이 물거품이 되었다. 동방인의 믿는 듯 마는 듯한 태도는 쉽게 적대감으로 변했고 새로운 교구를 개척하기 위해 파견된 선교사는 끊임없이 숲속에서 사라졌다. 인도에서의 선교 전망은 갈수록 암담해졌고 남은 길은 계속 동쪽으로 가는 것뿐이었다. 일본은 중국처럼 보다 통일된, 달리 말하자면 보다 질서 있는 곳이니까 희망이 있을지도 몰랐다. 예수회의 동방순시원 신분이었던 하비에르는 향료 군도로 갔다. 그는 말라카에서 고아 주교에게 선교사를 더 파견해달라는 편지를 썼다.

향료 군도에서의 복음 사업은 인도와 마찬가지로 암담했다. 선교란 일방적인 주입이 아니라 정신적인 대화라고 한다면 복음은 '문명'의 기초 위에서 자라날 것이다. 1549년 봄, 주마계 전투(走馬溪之役)[20]가 벌어지던 무렵에 하비에르는 자바를 떠나 일본으로 갔다. 그는 일본은 중간 기지일 뿐 동방 복음 사업의 핵심은 중국임을 명심하고 있었다. 하비에르는 일본 우상숭배자들이 "중국인의 지혜에 매달리고 있다"는 점을 간파했다. 일본인을 개종시키려면 그들이 맹신하는 중

---

**20** [역주] 절강순무 겸 복건군무 주환(朱紈)이 포르트갈인이 주축이 된 해적행위를 근절하기 위해 벌인 전투.

국인을 먼저 개종시켜야만 했다.

"중국은 일본의 맞은편에 있는 방대한 제국이다. 중국은 평화롭고 안정되어 있다. 포르투갈 상인들이 내게 알려주기로는, 이 나라의 사법은 공정하고 사람마다 평등하며 어떤 기독교 국가보다도 우수하다고 한다. 나는 일본과 기타 일부 지역에서 중국인을 본 적이 있는데, 일본인처럼 피부색은 희고 머리는 총명하며 학문을 좋아한다. 지식으로 말하자면 중국인이 일본인보다 한 수 위이다······ 중국인을 관찰하는 과정에서 중국에는 여러 나라 사람들, 여러 가지 종교를 믿는 사람들이 살고 있다는 것을 알게 되었다. 추측컨대 유태인과 이슬람교도 분명히 있는 것 같다. 기독교도가 있다고 믿을 만한 증거는 아직 찾지 못했다."[21]

## 중국에 가기를 갈망한 하비에르

몬테 코르비노(Monte Corvino)[22]의 사업이 다시 이어졌다. 대 칸의 나라는 향료 때문만이 아니라 기독교 때문에도 잊힐 수 없는 나라였다. 대 칸은 직접 십자가에 입을 맞추었고, 폴로 형제에게 백 명의 선교사를 보내달라는 요청을 교황에게 전해달라고 부탁했다. 이 일화는 중국 신화의 일부가 되었다. 동방에 온 뒤로도 감동적인 전설은 더

---

**21** *Asia: In the Making of Europe,* V. 1, p. 794.

**22** 교황이 임명한 칸발릭 대주교, 1294-1328년 동안 북경에서 선교했다. 본 총서 『키타이의 전설』의 서문을 보라.

많았다. 동방 선교 사업이 곤경에 빠지자 중국 복음화가 갑자기 유일한 희망으로 떠올랐다. 인도에서 중국에 관한 얘기를 들은 사람은 하비에르 한 사람만이 아니었다. 말라바르의 성 토마스 교회당에 시리아어로 된 『성무일과(聖務日課)』가 있었는데, 그 가운데에 성 토마스[23]가 중국에 복음을 전했다는 기록이 있었다. 말라바르 산간 지역 성 토마스 교회의 제임스(Don James)가 직접 서명한 직함이 '인도와 중국의 대주교'였다. 전하는 얘기에 따르면 포르투갈인들이 코친에 도착했을 때 "이 책은 인도와 중국의 대주교 제임스가 썼다"고 적힌 필사본 『신약』을 본적이 있다고 했다. 1546년에 하비에르가 인도에서 쓴 편지에 다음과 같은 구절이 있었다. "많은 사람들이 말하기를, 사도 성 토마스가 중국으로 가 많은 사람들을 기독교를 믿게 만들었다고 한다. 포르투갈인들이 인도를 지배하기 전에, 그리스 교회가 성 토마스와 그의 제자들이 기독교로 인도한 사람들에게 설교하고 세례를 주기 위해 몇 명의 주교를 파견했다. 포르투갈인들이 왔을 때 그 중의 한 주교가 본국에서 인도로 왔을 때 인도에 주재하던 주교들이 성 토마스가 중국으로 가서 기독교도를 늘렸다고 말하는 것을 들었다고 하였다."[24]

기이한 것은, 250년 전에 몬테 코르비노가 중국에 와서 선교한 분명한 사실이 있는데도 이 점에 관해서는 아무도 아는 사람이 없고

---

23  예수 열두 사도 가운데 한 사람. 예수 수난 후에 인도로 가 선교했다.
24  『1550년 이전의 중국기독교사』, (영) A. C. Moule 저, 학진화(郝鎭華) 역, 중화서국, 1984년 판, p. 14를 보라.

1,500년 전의 확실치도 않은 전설은 갈수록 믿는 사람이 많아졌다는 점이다. 1552년 4월, 하비에르는 고아를 떠나 중국으로 향했다. 그는 이그나티우스 로욜라(Ignatius Loyola)에게 보낸 편지에 다음과 같이 썼다. "금년에 중국에 가고자 합니다. 그렇게 해야 중국은 물론 일본에서도 우리 주 하느님을 위해 더 큰 충성을 바칠 수 있다고 생각합니다. 일본인들은 중국인이 하느님의 가르침을 받아들인 것을 보게 되면 빠르게 자기들의 신앙을 버릴 것입니다."[25] 선교의 열망 때문에 그는 한시도 지체할 수가 없었다. 하비에르가 말라카에 도착하자 말라카의 포르투갈 총독 프란치스코 알바레즈(Francisco Alvarez)가 그의 선교여행을 적극 만류했다. 총독의 만류는, 주마계 전투가 막 끝난 시점에 중국에 들어가는 것은 누구에게나 위험한 일이라고 판단한 호의에서 나온 것일 수도 있고, 주환이 해적을 소탕한 후 단속이 완화되어 가고 있던 포르투갈-중국 무역을 다시 위험에 빠트릴 지도 모른다는 우려에서 나온 것일 수도 있었다. 화가 난 하비에르는 교회에 알바레즈와 그 부하들을 교적(敎籍)에서 지워버리라고 통고하고 자신은 낡은 배 한 척을 빌려 상천도로 향했다. "중국인을 구원하기 위해서 기꺼이 한 목숨을 바치겠다"는 그의 결심은 흔들림이 없었다.

상천도는 광주 항 바깥 바다에 있는 버려진 섬이었다. 1513년에 포르투갈 상인 알바레스가 온 뒤로 이 섬은 무역 거점으로 발전했다.

---

25 『명·청 시기 중국에 온 예수회 선교사와 중-서방 문화교류사』(明淸間入華耶蘇會士和中西文化交流史), (프) Rene Etiemble, Jacques Gerne 등 저, 파촉서사(巴蜀書社), 1993년 판, p. 29.

하비에르는 매우 좋지 않은 시기를 골라 상천도에 왔다. 주환의 해적 소탕작전이 막 끝난 뒤라 상천도에 몰려 있던 포르투갈 상인들은 매우 조심스럽게 행동했다. 그들의 활동은 밀수와 해적 행위가 혼합된 것이었다. 하비에르는 중국 해안 전체가 포르투갈인을 막기 위해 무장하고 있다는 사실을 알게 되었다. 말라카에서 빌린 낡은 배는 하비에르를 상천도에 내려놓자마자 달아났다. 한 중국 상인이 광주로 몰래 데려다주는데 금화 2백 냥을 요구하자 하비에르는 자신이 바다 한가운데서 빠트려지거나 불모의 섬에 버려질 지도 모르며, 광주에 들어간다 해도 30년 전에 피레스가 그랬던 것처럼 감옥에 갇힐 수도 있음을 깨달았다. 중국에는 금령이 많았다. 하비에르는 열병을 앓았다. 반 달 가까이 고열이 계속되었다. 병중에도 그는 "신체의 위험은 영혼의 위험에 비하면 아무것도 아니다"라는 생각을 버리지 않았다.

황량한 상천도에는 말라카에서 온 포르투갈 상인과 타일랜드 빠따니에서 온 중국 상인이 섞여서 머물고 있었다. 하비에르는 매일 그들을 찾아가 병든 자를 보살피고 복음을 전하면서 중국으로 들어갈 기회를 찾았다. 하비에르는 상천도에서 이승에서의 마지막 석 달을 보냈다. "우리는 무슨 수를 쓰더라도 중국으로 들어갈 길을 찾기로 결정했다. 우리가 어떤 일을 당하든 결과는 하느님께 맡기기로 했다. 적과 그들의 사자(使者)가 우리를 아무리 박해하더라도 하느님은 우리의 신앙을 더 강하게 해주실 것이다. 하느님이 우리를 지켜주신다면 누가 우리를 이길 것인가?"[26] 그는 다시 병으로 쓰러졌다. 승천하는 한 영혼을 위한 미사를 집전한 후 그는 거친 바닷바람이 부는 해변에 누워 영원히 눈을 감았다.

●상천도에서 숨을 거두는 하비에르

　　1552년 11월 17일 그날은 일요일이었다. '행복한 하비에르'의 곁에는 최근 입교한 중국인 신도 한 사람뿐이었다. 한 주일 내내 혼미한 명상과 헛소리 같은 기도에 빠져있던 그는 마지막 경련을 일으킨 뒤 숨을 거두었다. 몇 년 동안 중국을 향한 희망을 버리지 않았던 그는 겹겹으로 밀려오는 푸른 파도를 바라보며 절망 가운데서 눈을 감았다.

　　하비에르는 중국으로 갔다. 선구자의 발걸음을 따라 더 강한 헌신의 열정으로 무장한 후배들이 갔다. 그들은 적의로 가득 찬 머나먼 이교도의 세계에 혼자서 복음을 전하기 위해 모국과 친구를 이별하고 떠날 준비를 했다. 그들은 스스로 선택한 유배 생활 가운데서 너

---

26　『명·청 시기 중국에 온 예수회 선교사와 중–서방 문화교류사』, p. 29에서 인용.

무 빨리 노쇠하거나 죽어갔다. 그들에게 삶의 의미는 장렬한 순교의 기회를 찾는 것이었다. 그들은 용기와 의지, 열광적인 충동과 끈질긴 신념, 편집증과 자비심이 하나로 뭉쳐진 비범한 인격체였다. 시간이 그들의 사업을 황당하고 가소로운 것, 더 나아가 무가치한 죄악으로 변질시켰는지 모르나 그들의 인격만은 존경받아야 마땅할 것이다. 그들은 인간 생명의 진정한 에너지와 창조력을 보여준 숭고하고도 이상적인 영웅의 표본이었다.

경건은 필요한 것이며 용기와 신앙은 어떤 경우에도 기적을 만들어 낼 수 있다. 하비에르의 뒤를 이어 갈수록 더 많은 예수회 선교사들이 동방으로 왔고 이들은 짧은 시간 안에 동방 선교의 주력이 되었다.

# 중국 진출은 중국적 방식으로

먼저 '중국화'되어야 중국의 기독교화가 가능하다. 발리냐노
(Alessandro Valignano, 중국명 범예안范禮安) 신부는 중국은 독특한
동방 국가이므로 중국 선교에는 기독교 역사상 사용되었던 것과는
다른 선교 방식이 적용되어야 할 뿐만 아니라 아시아 기타 국가에
서 사용되고 있는 것과도 다른 선교 방식이 적용되어야 한다고 생
각했다. 지금 기독교가 복음을 전파하려는 나라는 고도의 문명국
가이므로 선교는 문화적 대화로 변하지 않으면 안 된다. 기독교는
도전에 마주쳤다. 선교사들이 먼저 고려해야 할 과제는 어떻게 중
국을 개종시키느냐가 아니라 그들 자신이 중국인들에게 받아들여
질 수 있는 방도를 찾는 일이었다.

## 중국화 먼저, 중국의 기독교화는 다음

하비에르의 순교 소식은 3년이 지나서야 로마에 알려졌다. 이 무
렵 캄보디아에서 선교활동을 하고 있던 크루스(Gaspar da Cruz)가 광주
로 갈 준비를 했다. 1563년, 세 명의 예수회 수도사가 포르투갈 사절

단을 따라 고아를 출발하여 북경으로 가다가 마카우에서 중국 당국의 저지를 받았다. 사절단이 돌아가고 나서 얼마 뒤에 두 명의 예수회 선교사 — 페레스(Francisco Peres), 테이세이라(Emmanuel Teixeira) — 가 광주에 숨어들었다가 당국에 발각되었다. 두 사람은 머물 수 있게 해 달라고 사정했다. 광주 포정사(布政司)가 무슨 일을 하는 사람인지 물었다. 두 사람은 하느님의 도를 가르치는 학자라고 답했다. 포정사가 다시 중국어를 할 줄 아는지 물었고 두 사람은 할 줄 모른다고 답했다. 중국어를 할 줄 모른다면 "통역을 데리고 다니면서 어떻게 중국인에게 선교하겠다는 것인가?" 두 사람은 할 말이 없었다.

마카우는 선교사가 중국으로 들어가는 교두보의 역할을 했다. 이곳에서 방법을 찾아내 출발했던 선교사들은 기가 꺾인 채로 다시 이곳으로 돌아왔다. 곤욕을 치루고 돌아온 바레토(M. Barreto)는 마카우에서 예수회 본부에 보낸 보고서에서 불평을 늘어놓았다. "유럽의 왕공들이 쓸 데 없는 다툼을 멈추고 기독교 왕국 전체가 힘을 합해 일어난다면 중국 당국으로 하여금 선교를 허용하도록 강제할 수 있을 것이다. 우리의 도덕과 종교는 중국인에게도 유익한 것이므로 중국의 백성은 복음을 듣고 기독교에 귀의할 것이다."[27] 물론 일시적으로 화가 나서 내뱉게 된 허황한 얘기임을 바레토 자신도 알고 있었다. 냉정을 되찾은 뒤에는 그도 온건파였다. 그는 교황이 정식 사절단을 북경으로 파견해 중국 황제를 알현하고 공개적인 선교를 허락해주도

---

**27** *Asia: In the Making of Europe*, V. 1, p. 297.

록 부탁해야 한다고 주장했다. 그러자면 선교사는 중국어를 할 줄 알아야 하고 중국의 지식 계층과 교류할 수 있어야 했다. 바레토는 결국 중국 선교의 기회를 잡지 못한 채 얼마 뒤 순교했다.

하비에르가 죽고 오랜 시간이 흐른 뒤에도 중국 복음 사업은 아무런 진전이 없었다. 로마 교황청 내부에서는 포르투갈인들에게 부여된 '기독교 보호' 사명에 대해 회의를 나타내는 사람이 나타나기 시작했다. 1567년, 스페인 예수회의 수도사 리베라(Juan Bautista Ribera)가 마카우에 왔다. 그는 여러 차례 중국 진입을 시도했으나 실패했다. 수치심과 분노에 사로잡히게 된 스페인 신부가 내린 결론은 다음과 같았다. 중국에 복음이 들어가게 하려면 무력을 사용하는 방법밖에는 없다. 3년 뒤 유럽으로 소환된 그는 곳곳을 돌아다니며 중국을 무력으로 정복해야 한다고 선전했으나 귀 기울이는 사람은 별로 없었다. 유럽은 아직 정신적인 준비가 되어 있지 않았다. 마르코 폴로 이후로 끊임없이 증폭되어온 중국 신화는 강대한 동방제국에 대한 무력 정복을 상상도 할 수 없게 만들었다.

가장 희망적인 사업은 또한 가장 힘든 사업이기도 하다. 실망의 정서가 그들의 초기의 흥분을 서서히 잠식해갔다. 어떤 사람은 이렇게 말했다. "무력을 사용하든 안하든 중국에 들어가기란 하늘에 오르는 것보다 더 어렵다." 하비에르가 세상을 떠난 지 사반세기가 지났지만 중국의 복음사업은 전혀 진전이 없었다. 이때 그들이 직면한 선택은 세 가지였다. 1) 마카우에서 철수하고 다른 아시아 지역으로 가서 복음사업을 발전시킨다. 2) 무력 침범. 세속적인 폭력을 동원하여 선교의 자유를 확보한다. 3) 새로운 온건한 방법을 모색해 중국의 지식계층과 상류사회로부터 신임과 호감을 얻은 뒤에 선교의 기회를 찾아낸다. 1577년, 예수회의 동방 시찰원 발리냐노 신부가 마카우에 도착했다. 그는 도중에 모잠비크에서 우연히 리베라를 만나게 되었다. 리베라는 중국에 대해 환상을 갖지 말라고 경고했다. 그러나 마카우에 도착한 뒤 그는 상황이 그렇게 비관적이지 않으며 머리가 단순한 이베리아인 신부가 일을 그르쳐놓았을 뿐이라는 사실을 알게 되었다.

이베리아인들의 민족주의와 중상주의의 열정이 복음 사업을 위험에 빠뜨려 놓았다. 그들은 인내심이 부족했고 방법을 몰랐다. 그들의 거칠고 서툰 방식이 사랑의 복음을 마귀의 저주로 바꾸어 놓았다. 발리냐노는 중국은 독특한 동방 국가이므로 중국 선교에는 기독교 역사상 사용되었던 것과는 다른 선교 방식이 적용되어야 할 뿐만 아니라 아시아 다른 국가에서 사용되고 있는 것과도 다른 선교 방식이 적용되어야 한다고 생각했다. 지금 기독교가 복음을 전파하려는 나라는 고도의 문명국가이므로 선교는 문화적 대화로 변하지 않으면 안 된다. 기독교는 도전에 마주쳤다. 선교사들이 먼저 고려해야 할 과제는 어떻게 중국을 개종시키느냐가 아니라 그들 자신이 중국인들에게 받아들여질 수 있는 방도를 찾는 일이었다.

발리냐노 신부는 이베리아 돈키호테들의 위험성을 재빨리 알아차렸다. 이탈리아인인 발리냐노는 이탈리아인만이 중국을 이해하고 중국에 들어갈 수 있다고 생각했는지도 모른다. 이탈리아인은 중국인과 마찬가지로 세계 제국의 후예이다. 고대 로마로부터 이어져 내려온 안목과 기백이 그들을 서로 이해하게 만들었다.

뿐만 아니라 두 나라의 선조들은 안토니우스 황제 때부터 마르

●발리냐뇨 신부상(1601년)

코 폴로에 이르기까지 이미 여러 차례 교류한 경험이 있었다. 발리냐
노는 의도적으로 이탈리아 신부들을 파견하도록 요청했다. 루기에리
(Ruggieri, 중국명 나명견羅明堅), 파시오(Pasio, 중국명 파범제巴范濟), 마테오
리치(Matteo Ricci, 중국명 이마두利瑪竇) 등 최초로 중국에 온 선교사들
은 발리냐노와 같은 이탈리아인이었다. 그들은 신앙과 인생의 사명으
로 보자면 하느님의 심부름꾼이었지만 학식과 문화적 소양으로 보자
면 순수한 인문주의자였다. 그들은 문예부흥의 요람이자 유럽 중국
신화의 발원지인 이탈리아에서 나고 자랐다. 그들의 개방적이고 낭만
적인 정서는 이베리아의 시골 신사나 사그레스(Sagres) 출신의 선원들
로서는 상상도 할 수 없는 것이었다. 그들은 중국으로 갈 때 중국의

방식으로 등장할 준비를 하고 갔다. 그들은 유구한 역사를 가진 문화 속으로 투입된다는 점을 깨닫고 있었다. 이후의 긴 세월 동안 중국의 문화를 습득하고 이해하게 된 것은 그들의 업적이자 행복이면서 결국 에는 그들의 재난이기도 했다.

마르코 폴로의 후예였고, 문예부흥의 발상지에서 왔고, 진정한 인문주의자로서 소양을 갖추고 있었던 때문인지는 몰라도 그들은 중국적 가치와 문화의 의미를 잘 이해했다. 향료를 구하는 것이 유일한 목적이 아니라면 동방에서 중화제국 만큼 중요한 지역은 없었다. 발리냐노 신부는 『중국의 기적론』이란 소책자를 저술했다. 전란이 끊이지 않고 야만적인 인도와 동인도 군도를 거쳐 중국에 도착했을 때 도중에 들은 얘기도 그렇거니와 직접 목격한 바를 통해서도 그는 중화제국의 부유하고 평화로움으로부터 깊은 인상을 받았다.

"중국은 동방의 어떤 왕국과도 다를 뿐만 아니라 그 어떤 왕국도 초월한다. 중국은 동방에서 가장 중요한 나라이자 가장 풍요로운 나라이다. 어떤 분야에서는, 예컨대 부와 제도의 완비라는 면에서 보자면 중국은 유럽과 아주 비슷하며 많은 분야에서 유럽보다 우월하다."

그는 중국의 기적 일곱 가지를 열거했다.

1. 땅이 넓다. 중국은 세계에서 영토가 가장 광대한 나라이다. 타타르인들을 막기 위해 북방에 세운 장성은 그 규모가 믿기 어려울 정도다.

2. 인구가 많다. 납세자가 최소한 6천만 명이며 150여 개의 부(府), 150여 개의 주(州), 1,120여 개의 현(縣)이 있다. (포르투갈인들은 중국의 어머니는 한 달에 한 번씩, 매 번 다섯 명의 아이를 낳는다는 소문을 퍼뜨리

고 있다.)

3. 나라는 강대하고 백성은 부유하며 식품은 "무궁무진"하고 값도 싸다.

4. 물산이 풍부하다. 어디서나 귀금속과 진기한 보배가 나온다. 중국 황제의 연간 세입은 유럽의 모든 국왕과 영주의 세입을 다 합한 것보다 많다.

5. 산천이 아름답고 도시와 농촌이 번영했다. 진실로 "기적이나 같다."

6. 중국인은 부지런하다. 버려둔 땅이라고는 한 뼘도 없고 놀고먹는 자는 한 사람도 없다. 도시에서나 농촌에서나 거지가 보이지 않는다.

7. "지금까지 발견된 나라 가운데서" 중국이 "가장 평화롭고 가장 훌륭하게 통치되는 나라이다. 더 놀라운 것은 통치의 진정한 방법을 계시해주는 신성한 진리의 빛을 갖지 못한 이교도의 나라인데 그렇다는 점이다."

중국적인 방식을 사용해야만 중국에 들어갈 수 있었다. 발리냐노 신부가 하비에르의 후임자로서 동방을 순시하던 무렵에 기독교 선교 사업은 시련을 맞고 있었다. 인도에서는 선교의 가망이 없다는 점이 밝혀졌다. 무갈 왕국의 아크바르 왕은 현묘하고도 현묘한 기독교 교리를 이해하지 못했고 특히 일부일처제는 도저히 받아들이지 못했다. 인내심이 부족한 예수회 선교사는 실망하여 고아로 돌아왔다. 중국의 문은 굳게 닫혀있었고 북경은 머나먼 곳에 있었다. 동방은 거대한 신비의 늪이었다. 『성경』, 십자군 전설, 『마르코 폴로 여행기』 부류의 여행기에서 지식을 얻고 성장한 그 시대의 탐험가들에게 중국처럼 광대한 영토와 유구한 문화 역사를 가진 나라는 상상할 수가 없는 존재였다. 혼란스럽고도 우매하며 온갖 신이 지배하는 것처럼 보이는 인도 같은 나라에도 깊은 뜻을 담고 있는 『베다』가 있다는 사실은 서방인으로서는 상상할 수가 없는 일이었다. 자기중심적이고 자기과대적인 기독교 문명은 동방으로 깊이 들어가게 되자 자신보다 더 자기중심적이고 자기과대적인 중화 문명을 만나게 되리라고는 생각도 하지 못했다. 그런 문명에서는 복음이란 일고의 가치도 없는 것이었다. 불가사의한 일은 너무나 많았다. 하느님을 향한 신앙 말고도 유럽식의 스스로 대단하다고 생각하는 사고에 젖어있던 선교사들은 시련을 맞았다. 중화제국의 자기과대는 병적인 무지에서 나온 것이 아니었다. 이 특이한 문명은 최소한 외관상으로 볼 때는 위대한 그 무엇인가를 갖고 있었다. 그들의 뛰어난 덕행, 개명된 정치와 지식에 대한 숭배는 플라톤이 묘사한 이상 국가의 모습을 연상케 하였다. 그것은 지리대발견보다 더 중요하고 더 의미 깊은 문화대발견이었다.

## 세 번째 중국에 진입한 복음

발리냐노 신부는 마카우에 와서 하비에르의 사업을 이어받았다. 1579년 7월, 그는 선교사업의 현황을 살펴보기 위해 일본으로 떠나면서 두 달 후에 마카우에 도착하게 될 루기에리 신부에게 중국어를 힘써 배우라고 권하는 편지 한 통을 남겼다. 중국은 들어갈 수 있는 나라이지만 반드시 중국인의 방식으로 들어가야 했다. 3년 뒤인 1582

년 말에 초보적인 중국어를 습득한 루기에리 신부는 마침내 광주 총독으로부터 "조경(肇慶)에 교회당을 짓고 오래 거주해도 좋다"는 허가를 받았다.

이것은 기대하지도 않았던 호쾌한 선물이었다. 기적 같은 이 첫걸음은 그들 자신조차도 믿기 어려웠다.

"총독이 우리에게 뜻밖의 기쁨을 준 이런 결정을 한 목적이 무엇인지를 열심히 추측해 보았다…… 우리가 생각해낸 이유란 첫째, 루기에리 신부를 처음 만났을 때 호감을 갖게 되었다…… 루기에리 신부는 자명종 하나 말고도 모래시계 몇 개와 약간의 안경을 선물하였고…… 돈이나 그 밖의 어떤 답례도 바라지 않았다……. 특히 신부는 청원서에서…… 하느님을 모시며 각종 과학을 공부하는 것을 업으로 하는 사람으로서…… 중국인이 얼마나 선량하고 온순하며 평화를 사랑하는지 이미 목격하였고, 중국은 예의와 풍습이 우수하고, 여러 종류의 과학을 실천하고 있으며, 인정과 도리에 합당한 서적을 풍부하게 갖고 있으며 그것이 생활의 뿌리라는 점을 잘 알고 있다고 말했다(원문의 표현이 이렇다는 점을 명심하기 바란다–저자). 그래서 그는 일찍부터 이런 우수한 민족 가운데 생활하면서 중국의 위대함을 배우고 싶었다. 그가 모국을 떠나 3년이란 세월을 아까워하지 않고 온갖 위험을 무릅쓰고 먼 바다를 건너 중국을 찾아온 동기가 이것이지만 마카우에서는 이런 목적을 달성할 수가 없어서 내지에 머물 수 있게 해달라고 청원하기에 이르렀다. 살아도 이곳에서 살고 죽어도 이곳에서 죽고 싶다. 총독은 이런 식의 청원이 중국인의 체면을 크게 세워준다고 느꼈음이 분명하다…… 이런 서양인이라면 받아들여 그들을 짐승이나 야만인 상태에서 이성을 갖춘 문명인으로 변화시키는 것은 매우 좋은 일이었다. 그들은 실제로 포르투갈인들을 교육받지 못한, 예의와 염치도 모르는 야만인으로 대했다······ (총독이 우리의 청원을 받아들인) 두 번째 이유는······ 다른 관원들이 외국인과 교류하는데 서툴기는 하지만 예의를 갖추어 우리를 대우하는 모습을 보았기······ 때문이다. 세 번째 이유는 총독 밑에서 일하는 주부(主簿)[28]가 특별히 친절했기 때문이다. 예컨대, 마테오 리치 신부가 오는 문제에 대해 답변하면서······ 그의 어투로 보아 마카우에 와있는 신부는 누구라도 올수 있다는 느낌을 받았다."[29]

1582년, 예수회 선교사 루기에리와 파시오는 광주에서 중국의 첫 번째 성탄절을 보냈다. 새해를 눈앞에 두고 두 사람은 조경으로 갔다. 그들은 머리카락과 수염을 밀고 중국의 승려들이 입는 긴 도포를 걸쳤다. 그들은 중국인처럼 보이기 위해 여러 가지로 노력했다. 루기에리는 괴상한 발음의 중국어로 조경 지부(知府)에게 이렇게 말했다. "우리는 승려이며 천제(天帝)를 모십니다. 천축국에서 왔고, 9년 동안 배를 타고 왔으며, 중국의 밝은 정치를 흠모하기에 한 조각 깨끗한 땅을 얻어서 교당을 짓고 싶습니다. 마카우의 상업에 관련된 일에는 간여하지 않고 죽을 때까지 천재를 받들고 싶습니다. 스스로 마련한 돈이 있고 지부께는 조금도 누를 끼치지 않겠습니다. 간절히 허락을 바랍니다. 평생 은혜 잊지 않겠습니다."[30] 먼 길을 찾아온 복음이 이번

---

28  사무관.

29  『마테오 리치 신부전』, 배화행(裵化行) 저, 상무인서관, 1995년 판, pp. 81-82.

에는 중국에 자리를 잡을 수 있을까?

성 토마스가 인도에서 중국 배를 타고 칸발릭으로 가서 기독교를 전파했다는 얘기가 순전히 기상천외한 상상이라고 한다면 올로펜(Olopen) 신부가 정관(貞觀) 9년(서기 635년)에 경교를 중국에 전파한 것은 역사적 증거가 있는 사실이다. 당(唐) 무종(武宗) 때에 금교령이 내려지자 중국에서 2백여 년 동안 꽃피웠던 경교는 갑자기 명맥이 끊기게 되었다. 북송 때에 중국을 여행하며 선교한 경교도 나즈란(Najran)은 바그다드로 돌아가서 중국에는 기독교도가 단 한 사람, 자신밖에 없었다고 한탄했다. 기독교가 중국에 처음으로 들어온 것이 이때였다. 1294년, 중국에 와 선교한 로마 천주교회의 수도사 몬테 코르비노는 "사도나 사도의 어떤 제자도 중국에 온 적이 없다"는 사실을 알게 되었다. 원 나라 때에 천주교는 북경과 천주에 교회당을 세웠고 경교는 그보다 더 광범위한 지역에서 활동했다. 1368년, 원 나라가 멸망하면서 기독교의 성직자나 교도들은 몽고인과 함께 장성 밖으로 망명하거나 고향으로 돌아갔다. 이후 반세기 동안에는 교황이 파견한 선교사는 중간에 종적이 없어졌다. 이것이 기독교가 두 번째로 중국에 들어온 때였다. 1555년, 역시 2백 년이 지난 이때에 예수회 선교사 바레토는 마카우에서 다음과 같은 내용의 편지를 보냈다. "지금까지 중국은 복음이나 천주 강림의 얘기를 들어본 적이 없다." 루기에리와 파시오 신부가 조경에 교회당을 세웠다. 이것이 복음이 세 번째로 중

---

**30** 『중서문화교류선구(中西文化交流先驅)』, 허명룡(許明龍) 편저, 동방출판사, 1993년 판, p. 4.

국에 들어온 때였다.

복음이 세 번째로 중국에 들어왔다. 유장한 문화 전통을 가진 민족 앞에서 기독교는 다시 한 번 시험을 치르게 될 터였다. 고향을 떠나온 선교사들은 다마스커스에서 로마로 간 사도 바울처럼 숭고한 사명을 실천함으로써 후세의 존경과 칭송을 받게 될 것인가? 역사에 기적이 다시 한 번 일어날 것인가? 루기에리와 마테오 리치의 뒤를 이어 수많은 걸출한 예수회 선교사들이 중국에 왔다. 롱고바르디(N.

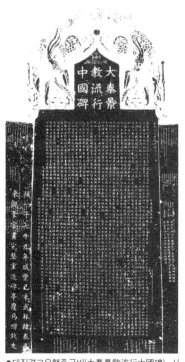

●대진경교유행중국비(大秦景敎流行中國碑), 서기 781년(당 건중[建中] 2년) 건립.

Longobardi, 중국명 용화민龍華民), 알레니(G. Aleni, 중국명 애유략艾儒略), 판토하(D. de Pantoja, 중국명 방적민龐迪民), 트리고(N. Trigault, 중국명 금니각金尼閣), 샬(Adam Schall 중국명 탕약망湯若望) 마르티니(M Martini, 중국명 위광국衛匡國), 페르비스트(F. Verbiest, 중국명 남회인南懷仁), 보임(M. Boym, 중국명 복미격卜彌格), 부베(J. Bouvet, 중국명 백진白晋), 제르비용(J. F. Gerbillon, 중국명 장성張誠), 푸케(J. F. Foucquet, 중국명 부성택(傅聖澤), 코글러(I. Kogler, 중국명 대진현戴進賢),

카스틸료네(Castiglione, 중국명 낭세녕郎世寧) …… 선교 거점도 조경과 소주(韶州)에서 남경과 북경 등으로 늘어났다. 명 황실이 만주족에게 쫓겨 화남으로 갈 때는 황실 가족 50여 명이 한꺼번에 세례를 받았다. 청 왕조가 들어선 뒤로 샬과 페르비스트는 순치제(順治帝)와 강희제(康熙帝)로부터도 총애를 받았다. 그들은 각자의 지식과 품행을 통해 중국과 서방 교류사에서 신화적인 밀월의 시기를 만들어 냈다. 그러나 그들의 공헌을 낮게 평가해서도 안 되지만 과장해서도 안 된다. 중국의 입장에서 볼 때 그들은 중국 문화에 어떤 영향을 얼마나 미쳤는지 생각해보아야 할 것이다. 대세에 순응하여 친선을 앞세운 그들의 태도가 중국의 자기과대란 병폐를 한 층 더 조장하지는 않았는가? 아니면 중국인에게 다른 문화에서도 배워야 한다는 점을 깨닫게 해주었는가? 서방의 입장에서 보자면 중국화된 행태와 유럽의 과학 기술을 앞세워 중국을 유인하고 은유의 방식으로 복음을 전파한 것이 진정으로 중국을 감화 개종시키는데 도움이 되었는가? 아니면 중국화된 방식 자체가 기독교 문화가 줄 수 있었던 충격을 약화시키지는 않았는가? 결국 '예의 논쟁'이 폭발하여 옹정제의 선교 금지령이 내려졌을 때 예수회 선교사들이 쏟은 한 세기 동안의 노력은 어떤 흔적을 남겼는가?

이런 토양에서 복음이 성장할 수 있는가?

# 선교의 행로: 해안에서 북경으로

상인, 사신, 병사들은 중국의 해안에서 발이 묶였다. 그들이 가지 못한 길을 선교사들이 뚫었다. 선교사들은 해안에서 북경으로 진출했다.

## 선교보다 중요한 거류 문제

루기에리는 조경에 도착하자마자 마카우에 남아있던 마테오 리치에게 편지를 보내 봄이 되면 몇 년 전에 고아에서 가져온 자명종을 가지고 광주로 가서 주부 대인에게 인사를 드리라고 당부했다. 마테오 리치가 기대에 부풀어 출발 준비를 하고 있을 때 루기에리와 파시오가 풀이 죽어 마카우로 돌아왔다. 조경의 관리가 다른 임지로 옮겨가자 두 사람은 쫓겨났다.

중국의 관리는 정말로 중요했다. 제도가 아니라 사람이 모든 것을 결정했다. 무엇이 중국적 방식인가? 최종적으로는 포르투갈 상인들이 걷어 준 돈이 중국의 관리로 하여금 하느님의 복음이 중국으로 들어가는 문을 열게 해주었다.

루기에리와 마테오 리치가 자명종 등의 예물을 가지고 다시 조경으로 간 때는 1583년 10월이었다. 2년 뒤에 조경에 천주교 교회가 세워졌는데 이름이 '선화사(仙花寺)'였다. 완전히 불교화된 이 이름은 조경의 지부 왕반(王泮)이 지어준 것이었다. 지부는 교회 대문에 걸 편액까지 써서 보내주었다. 그 이름은 '서래정토(西來淨土)'였다.

예수회 선교사들은 '대서양 화상(大西洋 和尙)'이 되었다. 그들은 중국 복장을 하고 자명종, 지구의, 프리즘을 중국 관리와 황제에게 예물로 바쳤다. 그들은 중국어를 유창하게 할 줄 알았고 사서오경을 독파했다. 그들은 처음에는 수염과 머리를 밀고 불교 승려처럼 꾸몄다가 승려의 사회적 지위가 그리 높지 않다는 점을 알고는 다시 머리와 수염을 기르고 선비들이 쓰는 방건(方巾)을 썼다. 중국인에게 그들은 중국 문화를 흠모하여 머나먼 길을 찾아온 외국인이었다. 그들은 중국인에게 서방의 지리학, 수학, 물리학을 소개했고 중국인이 과학 실험기구와 대포를 만들 때 도와주었으며 중국의 고관 명사들과 교류했다. 그들은 중국인으로부터 인내심, 평화, 겸손을 배웠다. 그들은 관리들 앞에서는 끓어앉아 꼼짝 말아야 하며 재난을 당하더라도 얼굴빛이 변해서는 안 된다는 법도를 배웠다. 이 모든 중국적인 방식은 기독교가 중국에 들어가기 위해 필요한 것이었다.

이토록 큰 중국과 천년을 이어온 중국 문명 속에 기독교의 복음이 흘러든 흔적은 전혀 없었다. 마테오 리치는 중국의 모든 산과 강에 넘쳐나는 이교의 귀신을 발견했다. 중국에는 유·불·도 세 종교가 있다고 했지만 진정한 의미의 종교가 없었다. 모든 중국인이 세 가지 종교를 동시에 믿었다. 중국인은 공자와 조상에게 제사 지내면서 연단술을 연마하고 부처 앞에 향불을 피워 올렸다. 유·불·도 세 종교는 각기 다른 종교의 교리와 의식을 수용했다. 한 사원 안에서 보살과 신선에게 동시에 절을 올릴 수 있었다. 이 불가사의한 일들이 너무도 당연하게 받아들여지고 있었다.

무엇이든 믿는다는 말은 아무것도 믿지 않는다는 얘기일 수 있다. 그것은 관용이기도 하지만 종교적 불성실이기도 하다. 선교사들은 중국에서 열광적이고 경건한 신도를 만나보지 못했다. 선교사들은 이것이 중국이 복음을 향해 열려있는 기회라고 판단했다. 그런데 이교에 대해 경건할 수 없는 사람은 기독교에 대해서도 경건할 수 없는 법이다. 중국인의 성격에서 결함이라고 한다면 연소점(燃燒点)이 없다는 것이다. 그들은 기독교도처럼 신앙에 열광할 줄 몰랐다. 그렇다고 해서 그들의 종교적 불성실이 성숙한 이성에서 나온 것은 아니었다. 중국 민족의 스승인 공자는 잡다한 귀신을 믿지 말라고 가르쳤다. 그런데도 모든 사람이 산신령과 물귀신이 악행하는 자를 늘 찾아온다거나 사람에게 불행을 가져다준다고 믿었고, 마술로 돌을 금으로 바꿀 수 있으며, 저주의 부적으로 다른 사람을 해칠 수 있다고 믿었다. 아무 것도 믿지 않는다는 말은 무엇이든 믿는다는 얘기일 수 있다.

중국인의 넓고 깊은 식견만큼이나 놀라운 것은 그들의 고루하고 좁은 식견이었다. 중국인의 예의바른 오만, 외부에서 들어온 사물에 대해 보여주는 냉담함과 호기심은 믿을 수 없을 정도였다. 선교사들은 중국인의 무관심한 것 같으나 빈틈없는 시선에서 두려움을 느꼈다. 더욱 두려운 것은 호기심으로 동그래진 눈동자 속에 감추어진 언제 폭발할지도 모를 위험이었다. 그들은 무슨 일이든 일어날 수 있다고 믿었다. 중국 속으로 더 깊이 들어 갈수록 그들은 무엇이라 이름 붙일 수도 없는 위협을 더 많이 느꼈다. 그들은 자신들의 존재가 중국인 사이에서 위험한 모습으로 비친다는 사실을 서서히 깨달아갔다.

1583년 여름부터 마테오 리치와 루기에리는 조경에서 선교를 시작했다. 두 사람은 수염과 머리를 깎고 불교 승려처럼 치장했다. 그러나 '선화사'나 '서래정토'로는 그들의 진정한 신분을 감출 수 없었다. "큰 키와 뾰족한 코, 고양이 눈에 매 입술"에다가 때때로 드러나는 곱슬머리와 붉은 수염이 수시로 그들의 본색을 드러나게 했다. 내륙 도시인 조경에서는 불랑기인은 나그네의 물건을 빼앗고 어린아이를 잡아먹는다는 소문이 퍼져있었다. 중국인들이 보기에 물귀신 같은 그들의 모습에다가 그들보다 먼저 와서 중국의 해안에서 살인과 방화를 저질렀던 해적 상인들의 행적이 나쁜 인상을 덧칠해놓았다. 소문은 위력을 갖고 있다. 선화사가 준공되고 나서 얼마 되지 않았을 때부터 불만을 가진 백성들이 돌을 던지기 시작했다. 염려스러운 일들이 잇달아 일어났다. 선교사가 고용한 일꾼들이 교회에 돌을 던진 아이를 붙들자 주위의 백성들이 들고 일어났다. 그들은 사람 잡아먹는 오랑캐가 아이를 잡아갔다며 관부에 몰려와 악독한 서양인을 단속하라고 요구했다. 마테오 리치는 중국 백성들이 왜 이처럼 쉽게 적대감을 품고 흥분하는지 이해하지 못했다. 별것 아닌 일에 격분하는 군중의 배후에는 어린아이를 잡아먹는다는 전설이 있었다. 당시 민간에는 다음과 같은 전설이 퍼져 있었다. 불랑기 나라는 낭서귀(狼徐鬼) 나라 맞은편에 있으며 "낭서귀는 땅이 둘로 나뉘어 있는데 모두 사람을 먹는다." "가정(嘉靖) 초에 불랑기가 사신을 보내와 조공했는데 처음에는 모두 돈으로 바쳤다. 뒤에 가서야 그 뜻을 알게 되었다. 그 사람들은 아이를 먹기를 좋아한다. 그 나라에서는 구할 수가 없었던 것이다. 몰래 시장에 들어가 열 살 남짓한 아이를 먹었다. 아이 하나에 값이 백 문이었다. 이렇게 잡아먹은 아이가 몇인지 알 수가 없다." 뿐만 아니라 먹는 방법까지도 자세히 알려져 있었다. "큰 가마솥에 물을 끓인다. 쇠로 만든 통 속에 아이를 집어넣고 가마솥 위에 걸어둔다. 땀이 날 때까지 아이를 쪄서 쇠로 만든 솔로 피부를 벗긴다. 아이가 아직 살아 있으면 배를 갈라 창자를 꺼내서 삶아 먹는다. 2, 3년 동안에 잡혀간 아이들이 갈수록 늘어 멀고 가까운 곳이 모두 피해를 보았다."[31]

마테오 리치가 중국에 온 후 처음으로 겪은 험난한 일이 이것이었다. 그들은 조심스럽게 중국의 관원이나 백성들과 교섭해나갔지만 험난한 일은 계속 일어났다. 광주의 명망 있는 인사들이 그들을 불랑기의 스파이라며 관부에 고발했다. 고발자들은 그들이 중국의 정보를 탐지하는 한편 분수를 지키며 평온하게 살고 있는 백성들을 유혹하여 배를 타고 바다로 나가게 하는 등 나쁜 길로 들어서게 한다고 주장했다. 마테오 리치는 순안어사(巡按御使)[32]에게 다시 한 번 자신은 중국을 흠모하여 온 사람이며, 법을 어긴 적이 없고 열심히 경전을 읽는다는 등의 변명을 늘어놓아야 했다. 이번에는 변명이 통하지 않

---

**31** 『월산총담(月山叢談)』. 『명사구주사국전 주석(明史歐洲四國傳 注釋)』, 장유화(張維華) 저, 상해고적출판사, 1982년 판, p. 7에서 인용.
**32** 군현의 치안관.

앗다. 신임 광동 순무는 그들을 쫓아내기로 결정했다. 그들에게 적용된 죄명은 정보를 탐지하고 백성을 유혹했으며 자명종이나 프리즘 따위의 귀신 붙은 물건으로 민심을 교란했다는 것이었다.

마테오 리치는 참담한 심정으로 선화사의 세간을 챙겨 마카우로 돌아갈 준비를 했다. 조경에서 6년을 애써 쌓아올린 것들을 버려야했다. 그런데 가장 절망적인 순간에 기적 같은 일이 일어났다. 돛이 두 개인 범선 한 척이 강물 위에 나타나 속히 돌아오라고 통지했다. 순무[33] 대인은 광동성 내의 어느 곳이든 가도 좋으나 유독 조경만은 안 된다는 결정을 내렸다. 조경은 포정사(布政司)[34]가 있는 곳이었다. 마테오 리치는 소주(韶州)를 선택했다. 그가 출발하기 전에 순무 대인이 친절하게도 책을 한 권 보내주었다. 책의 내용은 그 대인과 중국의 수군이 해적을 소탕한 빛나는 업적이었다. 신부는 책을 보내온 의도가 무엇인지 모를 수가 없었다.

마테오 리치는 1589년 가을에 소주에 왔다. 이곳에서 그는 구태소(瞿太素)[35]라고 하는 기묘한 인물을 알게 되었다. 구태소는 마테오 리치를 깍듯이 스승으로 대하며 수학을 배웠지만 본뜻은 거기에 있지 않았다. 마테오 리치는 이내 사실을 알아차리고 쓴 웃음을 짓지 않을 수 없었다. 구태소는 연금술을 배우고자 했다. 그는 연금술에 미쳐 아버지가 남겨준 재산을 용광로 속에 남김없이 쏟아 넣어버리고

---

33  총독과 동급의 관리.

34  한 성의 최고 민정기관

35  강소성 상숙(常熟) 사람. 예부상서 구경순(瞿景淳)의 아들로서 당시의 명사였다.

이제는 식솔들을 데리고 사방으로 돌아다니며 아버지의 친구나 옛 부하들의 도움을 받아 살아가고 있었다. 『마테오 리치 중국찰기(札記)』는 다음과 같이 기록하고 있다. "서로 알게 된 초기에 구태소는 주 관심사가 연금술이란 점을 전혀 내비치지 않았다. 신부들이 이 방법을 이용해 은을 만들어 낸다는 소문은 끊임없이 나돌고 있다……."[36]

주변의 중국인들이 볼 때 오랑캐의 면모에다 이상한 행동을 하는 마테오 리치는 분명히 요술을 부릴 줄 아는 인물이었다. 대서양 나라 또는 불랑기란 나라는 그 시대의 절대다수 중국인에게는 현실에 존재하는 나라라고 하기 어려웠다. 현장(玄奘)은 불법을 구하기 위해 서역으로 갔고 정화(鄭和)는 일곱 차례 원정 항해를 했지만 중국인에게 중국 외부의 세계는 요괴가 사는 곳이었다. '태서(泰西)' 화상은 비바람을 불러오고 돌을 금으로 바꾸는 마법을 갖고 있지 않다고 설명해준들 누가 믿을 것인가? 무지는 세상을 끝없이 기묘한 곳으로 바꿀 수 있으며 상상도 할 수 없는 일을 가능케 하고 가능한 일은 환상으로 해석한다. 중국인들은 '오랑캐 승려'가 도술을 부린다고 믿었다. 마테오 리치는 다음과 같이 기록했다. "많은 중국인들이 연금술에 열중하고 있는데 거의 광적인 수준이다. 그들은 외국에서만 구할 수 있는 어떤 약초를 사용하면 수은을 은으로 바꿀 수 있다고 믿고 있다. 우리가 이곳에서 유일한 외국인이기 때문에 우리가 그 약초를 몸에

---

**36** 『마테오리치 중국찰기(利馬竇中國札記)』, 마테오 리치/트리고 저, 중화서국, 1983년 판, p. 264.

지니고 다닐 뿐만 아니라 사용 비법까지도 알고 있다는 소문이 돌고 있다. 그들은 이점을 증명해내려고 온갖 수를 다 쓴다. 그들의 말에 따르면 포르투갈인은 중국에서 대량의 수은을 사들여 일본으로 가져가는데 일본에서 본국으로 갈 때는 은을 가득 싣고 간다고 한다. 그래서 그들이 내린 결론은 우리 신부들도 같은 일을 해낼 수 있다는 것이다. 신부들은 생활이 검소하지만 탁발도 하지 않고 별다른 생계 수단도 없이 살아갈 수 있는 까닭은 신비한 약초를 갖고 있어서 대량의 은을 만들기 때문이다. 검소한 사람이 먼 곳에서부터 은을 가지고 중국으로 왔을 리는 없고, 보수도 받지 않고 다른 사람을 가르친다는 것은 그들로서는 상상할 수 없는 일이었다……."[37]

마테오 리치는 자신들이 중국에서 어떤 역할을 맡고 있는지 분명하게 알고 있었다. 누가 '서양 상제'의 말을 이해할 수 있을까? 중국은 완전히 다른 세계였다. 그들이 개종시킨 중국인 신도는 밖에 나가서는 연금술을 퍼뜨리고 있었고 결국에는 무슨 '보물'처럼 프리즘을 훔쳐가 광주에서 팔았다. 서양 승려들이 중국에서 겪은 수많은 황당한 일에는 모두 깊은 문화적 배경이 있었다. 선교사들은 중국적 방식을 이용해 중국에 들어왔고 중국인도 중국적 방식으로 선교사들을 받아들였다. 서방에서 온 선교사들은 오랑캐의 외모에다 이상한 언어를 사용하고 복장도 기괴하니 서역에서 온 승려들과 같은 취급을 받을 수밖에 없는데다 차림까지 승려처럼 하였다. 그들은 영문도 알 수 없

---

37 『마테오리치 중국찰기(利馬竇中國札記)』, p. 201.

●마테오 리치 신부상(1610년)

이 와서 이상한 '보물'을 보여주었다. 자명종, 천구의, 나침반, 해시계, 프리즘 등은 이들 서방 화상의 요술 상자라고 하기에 충분했다. 그들은 탁발도 하지 않으면서 오히려 통 크게 보시하였다. 돈이 어디서 날까? 정말 돌을 금으로 바꾸는 기술을 갖고 있는 게 아닐까? 교회당이 완공된 후 구경 온 중국인들은 의심에 가득 찬 눈길로 마술의 흔적을 찾으려고 했다. 하느님의 심부름꾼이 중국인의 눈에는 마술사이거나 거짓말쟁이로 밖에는 보이지 않았다.

마테오 리치가 조경에서 쫓겨나자 중국 밖에서 떠돌던 소문이 거의 사실인 것처럼 받아들여졌다. 바깥에서 떠돌던 소문에 따르면 총독이 신부를 불러 주사(朱砂)를 은으로 바꾸는 비방을 알려달라고 요구했다고 한다. 신부가 천기를 누설할 수는 없다고 하자 총독이 분노하여 선교사들을 조경에서 쫓아냈다. 마테오 리치가 소주로 옮기고 나서도 소문은 마귀처럼 따라다녔다. 어디를 가나 부닥치게 되는 의심스러운 눈초리는 견디기 힘들었다. 그 눈빛들은 이렇게 말하고 있는 것 같았다. "당신들이 인정하지 않아도 우리는 알고 있어." 선교사들은 새로운 교회당을 짓기 시작했다. 이번에는 필요 이상으로 눈길을 끌지 않기 위해 중국식 건물을 세웠다. 교회당 안에 들어와 향을 사르는 사람도 있었다. 그들은 벽에 걸린 성모 마리아 그림을 송자관음(送子觀音)[38]으로 생각했다. 밤이 되자 예전처럼 술 취한 자들이나 불량배들이 돌을 던졌고 결국은 좀도둑까지 방문해 주었다. 연금술을 할 줄 아는 서방 승려들이 있는 곳이라면 금은보배가 없을 수는 없을 터이니까.

서양 승려들의 처지는 매우 난처했다. 그들이 말하는 것을 중국인은 믿지 않았고 중국인이 믿는 것은 그들이 말하지 않았다. 그들의 마술이 비밀이라서 보여줄 수 없다면 중국인들이 화를 냈다. 더 나아가 서양 승려들은 중국 관리들과 한 패였으니 백성들의 혐오를 사기가 쉬웠다. 소주로 옮긴 뒤에도 그곳의 선비들과 불량배들이 문제를 일으켰고 어느 날 밤에는 취한 폭도가 교회당에 난입했다.

마테오 리치는 중국에서 복음이 자리를 잡으려면 북경을 움직여야 한다고 생각했다. 중국에는 오직 하나의 두뇌와 심장이 있었고 그것이 있는 곳이 바로 자금성이었다. 마테오 리치는 모래시계를 이용해 병부시랑 석성(石星)을 움직여 그를 따라 북경으로 가려 했다. 도중에 저지당하자 그는 다시 베네치아의 수정 프리즘을 꺼냈다. 석 대인은 눈이 부셨다. "북경은 갈 수 없으니 남경으로 가시오." 석 대인은 그에게 관리 신분증을 만들어 주었다. 남경에 도착하자 그는 다시

---

**38** [역주] 중국 민간신앙에서는 관음보살이 아들을 점지해준다고 믿는다.

그를 연금술사로 생각하는 백성들에게 둘러싸였다. 그 무렵 왜구가 고려를 침범하고 있어서 제2의 수도인 남경에는 외국인이 머물 수가 없었다. 마테오 리치는 남경에서 다시 남창으로 옮겼다. 그는 강서 순무 앞에서 석성이 만들어준 신분증과 수정 프리즘을 꺼내 보이고 하느님이 주신 기지를 발휘하여 다음과 같이 말했다. "소주는 습기가 많고 나는 몸이 좋지 않습니다. 남창에 머물고 싶은데 허락할 수 없다면 돌아가겠습니다."

마테오 리치는 남창에 머물게 되었고 한 발짝 더 깊이 중국으로 들어갈 수 있었다. 그는 갈수록 중국인을 더 깊이 이해하게 되었다. 자명종과 프리즘은 욕심 많은 관리들을 만족시켰고 속독 암기술과 도덕적인 격언은 전력을 다해 성현의 저작을 읽고 관리가 되어 재물을 모으려는 문인들을 모여들게 하였다. 남창에서 마테오 리치는 물고기가 물을 만난 듯 활약했다. 문전에는 매일 손님이 들끓었고 그는 그들과 더불어 대담과 경치를 즐겼다. 그 자신의 표현을 빌리자면 너무 바빠 저녁 기도를 올릴 시간이 없었다. 이것이 중국 방식이었다. 그는 양심의 가책을 느꼈지만 달리 방법이 없었다. 중국에서 중요한 문제는 선교가 아니라 거류하는 것이었다. 이제 그는 그 문제를 해결했다.

## 복음을 심으려면 북경으로

마테오 리치는 남창의 상류사회에서 많은 친구를 사귀었다. 그 중에는 주사를 은으로 만드는 비법을 배우려는 사람이 없지는 않았으나 전체적으로는 두뇌가 건전한 인물이 더 많았다. 구태소의 도움도 컸다. 소주에 있을 때 마테오 리치에게 승복을 벗고 선비 차림을 하라고 권고한 사람이 구태소였다. 남창의 문인들 사이에서 마테오 리치는 속독 암기술과 도덕적 격언을 가르치며 지도를 그릴 줄 아는 '태서 진사(泰西 進士)'였다. 그는 과거시험을 준비하는 고관들의 자제들에게 속독 암기술을 가르쳐 주었다. 이 과정에서 그는 자연스럽게 그들 중에서 가장 학식이 깊은 인물과 기독교 교리를 두고 시험적인 토론을 벌였고 당연히 유교 경전에 나오는 술어를 최대한 활용했다. 마테오 리치는 건안왕과 자신이 가상의 대화를 하는 형식으로 서방의 76개 도덕 격언을 풀이한 『교우론』을 저술했다. 이 책이 문인들 사회에서 예상치 못한 성공을 거둘 수 있었던 원인은 중국인이 서방의 문화적 가치를 발견했기 때문이 아니라 서방 문화가 중국 문화의 가치를 증명해 줄 수 있음을 발견했기 때문이었다. 자기과대적인 사람은 자신의 그림자만 볼 수 있었다.

남창은 큰 도시여서 인문 지식이 모여들었다. 마테오 리치는 뒤따라오며 돌을 던지던 난폭한 백성들로부터는 벗어났으나 뒤따라오며 복음을 배우려는 신도는 찾을 수가 없었다. 구태소와 같은 열정을 가진 사람도 만날 수가 없었다. 마테오 리치는 중국인들이 자신과 교류하는 이유는 호기심 때문이란 사실을 깨달았다. 그는 다시 차가운 연못 속에 빠진 듯한 느낌을 받았다. 중국 문화의 오만과 허영은 예의를 갖춘 겸손 속에서도 느낄 수 있었다. 마테오 리치는 남창에서 자신과 교류하는 인물을 다섯 부류로 나누었다. 그들은 1) 서양인에 대해 호기심을 가진 사람, 2) 연금술사, 3) 과학을 배우려는 사람, 4) 재난을 면하도록 기도해 주기를 바라는 사람, 5) 속독 암기술에 관심이

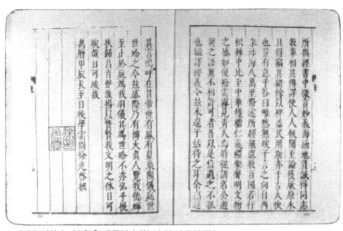

●마테오 리치가 저술한 『교우론(交友論)』의 명 시대 판각본

있는 사람 등이었다. 슬프게도 중국인은 마테오 리치의 신상에 관한 것이라면 무엇이든 관심을 가졌지만 유독 기독교 복음만은 예외였다.

중국 속으로 더 깊이 들어 갈수록 마테오 리치는 중국에서 복음 전파가 어렵다는 점을 알게 되었다. 그가 중국에서 어떤 개인적 성과를 거두든지 간에 하느님을 높이지 못한다면 아무 의미가 없었다. 이미 이 무렵 유럽에서는 중국화된 선교 방식에 대해 의문을 제기하는 사람들이 있었다. 그들은 중국을 기독교화 하지 못하고 기독교를 중국화하고 있다고 비판했다. 마테오 리치는 중국에서는 위에서 아래로 내려가면 순조롭지만 아래에서 위로 올라가기는 힘들다는 사실을 잘 알고 있었다. 중국의 황제를 개종시킬 수 없다면 누구를 개종시키든 아무 소용이 없었다. 중국이란 거인이 무거운 몸을 한 번 움직이려면 모든 것은 북경의 자금성 안에 웅크리고 있는, 제국의 외모와는 전혀 어울리지 않는 병적이고 포학한 심장이 결정했다. 1598년, 마테오 리치는 처음으로 북경에 들어갈 기회를 잡았다. 이때는 북경에 한 달 밖에 머물지 못했다. 왕홍해(王弘海)가 그를 두 사람의 태감에게 소개했다. 두 태감은 마테오 리치가 연단술을 연구한 적이 없다는 말을 듣고는 그에게 관심을 보이지 않았다. 그 해 겨울에 마테오 리치는 강소로 돌아왔다. 그는 단양(丹陽)의 다 쓰러져가는 사당에서 비참하게 살아가고 있던 구태소를 찾아냈다. 그리고 마테오 리치 자신도 큰 병으로 앓아누웠다. 중국에 온지 벌써 15년이 되었고 새로운 세기가 시작하려는데 복음 사업은 여전히 아무런 진전이 없었다.

일 년 뒤인 1600년 5월 8일에 마테오 리치는 마침내 북경으로 가 예물을 바칠 수 있는 기회를 붙잡았다. 그는 선교사 판토하, 중국인 신자 종명인(鐘鳴仁)과 유문휘(游文輝)와 함께 태감 유파(劉婆)가 비단을 수송하던 배를 타고 운하를 따라 북경으로 갔다. 새로운 세기는 그에게 희망을 가져다주었다. 배가 임청(臨淸)에 도착했을 때는 한여름이 되었다. 태감 마당(馬堂)이 탄 배가 그들에게 다가왔고 예상치 못한 재난도 함께 왔다. 교활하고 잔인한 마당은 이들 서양인이 많은 보물을 가지고 왔다는 말을 듣고 이 기회에 자신도 한 몫을 차지하고 싶어 했다. 그는 선교사들에게 자기의 배를 타고 천진으로 가 황제의 부름을 기다리라고 말했다. 석 달이 지났지만 아무 소식이 없었다. 선교사들은 가져온 예물을 "성 내의 어떤 화원"에 가져다 두라는 명령을 받았다. 태감 마당은 숨겨둔 보물이 발각되면 엄중한 처벌을 받고 보물은 압수된다고 재삼 강조했다. 연말의 어느 날, 마당은 임청으로 돌아가기 전에 2백 명의 병사를 데려와 선교사들이 머물고 있던 작은

집을 겹겹이 포위했다. 마테오 리치 일행의 짐 보따리를 샅샅이 뒤져도 보물이라고 할 만한 것이 나오지 않자 마당은 거의 미친 사람이 되었다. 마당은 열린 나무 상자 안에서 예수 수난 십자가상을 발견했다. 선혈이 뚝뚝 떨어지는 듯한 붉은 칠, 생생한 긴 못을 본 마당은 공포에 질렸다. 사람 인형에다 못을 박고 부적을 붙여 해친다는 얘기는 무수히 들은 바 있었다. 선교사들은 대재앙을 피할 수 없게 되었다. 1600년의 성탄절에 그들은 천진의 어느 춥고 습기 찬 작은 방에서 순교의 순간을 기다리고 있었다. 황제를 해치는 행위는 그런 생각을 했다는 것만으로도 용서받을 수 없었다.

## 마테오 리치, 황성의 선교사 혹은 시계 수리공

오랑캐 승려가 요술로 황제를 해치려 했다는 소문이 천진과 임청 일대에 퍼져나갔다. 무슨 까닭인지는 몰라도 선교사들에 대한 처리는 자꾸 미루어지고 처형을 요구하는 사람은 없었다. 새해가 막 시작되자 무료한 생활에 싫증이 난 만력(萬曆) 황제가 자명종을 바친 오랑캐 사신을 갑자기 생각해내고 그들을 북경으로 부르라고 명령했다. 세상사는 정말 예측할 수 없는 것인가……1601년 1월 24일, 마테오 리치 일행은 황성에 도착했고 황공한 마음으로 황제에게 상주문을 올렸다.

"대서양에서 온 바깥 신하 마테오 리치가 삼가 아룁니다. 토산물을 올리고 싶었어도 신의 본국이 너무 먼 곳에 있어 지금까지 조공의 길이 열리지 않았습니다. 멀리에서도 천조(天朝)의 가르침과 문물을

●서광계(徐光啓, 오른쪽)와 마테오 리치(왼쪽)

전해 듣고 조금이라도 맛볼 수 있다면 평생을 바쳐도 좋다고 생각했
습니다. 그래서 본국을 떠나 3년 동안 배를 타고 팔만 리를 항해해 왔
습니다. 처음에 광주에 닿았을 때는 아직 말이 통하지 않아 귀머거리
벙어리와 같았으나 조경과 소주 두 곳에서 15년을 머무는 동안에 중
국의 옛 성현들의 가르침을 제법 알게 되었고 고전도 외워 그 뜻을 거
칠게나마 이해하게 되었습니다. 그 후 고개를 넘어 강서에서 남경으
로 와 다시 5년을 머물며 엎드려 천조의 문물을 익혔습니다. 이제 사
방의 오랑캐를 궁궐로 불러주시니 삼가 본국에서 가져온 천주 도상 1

폭, 천주성모상 2폭, 천주경 1권, 진주를 상감한 십자가 하나, 스스로 울려서 시간을 알려주는 종 두 개, 『만국도지萬國圖誌』 1책, 서양금(西琴) 하나 등을 어전에 바칩니다. 진기한 물건이라 할 수는 없으나 먼 서쪽에서 가져 왔으니 다르기는 할 것입니다. 신은 어릴 적부터 도를 숭상하였으나 이제는 나이가 들었습니다. 처음부터 결혼을 하지 않았기 때문에 부담도 없고 복을 빌 일도 없습니다. 바치는 도상은 폐하의 만수를 빌고 나라와 백성의 안녕을 기원하는 뜻뿐입니다. 엎드려 빌건대 폐하께서 신이 이곳까지 찾아온 뜻을 가엾게 여기시어 바친 예물을 거두어 주시면 한량없는 황은을 더욱 깊이 느낄 것입니다. 신은 본국에 있을 때 천지도를 그리고 기구를 만들어 별자리를 살피고 해시계를 측정하는 일로 녹을 받은 적이 있습니다. 그때 배운 것들이 중국의 옛 법과 일치하니 황제께서 신의 우둔한 지식을 버리지 않고 불러 주시면 감격을 이길 수 없을 것입니다. 삼가 아룁니다."[39]

마테오 리치의 '공물' 가운데서 만력 황제가 가장 큰 흥미를 느낀 물건은 시계였다. 웃지 않을 수 없는 일이지만, 훗날 마테오 리치는 중국에서 '시계업의 수호신'이 된다. 서방 선교사들이 마테오 리치의 발자취를 따라 중국으로 왔다. 그들은 수학자, 역법가, 화가, 번역자, 대포 제조기사, 시계수리공이었다. 중국은 그들의 진정한 사명을 받아들이기는 어려웠으나 그들의 '엄호 신분'은 받아들였다. 그들은 상제의 복음을 전하는 심부름꾼을 자처했지만 그 상제란 '시집가지 않은

---

**39** 『중국천주교전교사개론(中國天主教傳敎史槪論)』, 서종택(徐宗澤) 저, 상해서국, 1990, pp. 177-178.

처녀'의 아들이었다. 그들은 오직 "경전을 읽고 예불을 올리는 일"에 전념한다고 하였는데 그 '경전'은 무슨 경전이며 그 '불(佛)'은 어디 '불' 인가? 우리와는 종족이 다르니 그 마음도 다를 게 아닌가? 다른 도를 좇는 괴이한 승려의 행적은 의심스러울 뿐이었다. 북경에 도착한 지 얼마 안 된 판토하는 이렇게 말했다. "나처럼 갈색(정확하게 말하자면 쇠 녹의 색, Ferrugineo colore)인 눈동자를 본 적이 없기 때문에 사람들은 여러 가지 억측을 한다. 예컨대, 내 눈은 땅속에 묻인 보석이나 보배를 찾아낼 수 있으며 숨겨진 부적도 찾아낼 수 있다고 한다."[40] 1606년, 마테오 리치는 북경에서 태감학사들과 교류했다. 광동에서는 마카우의 서양인들이 쳐들어와 장신에다 턱수염이 무성한 카타네오(L. Cattaneo, 중국명 곽거정郭居靜)을 왕으로 세우려는 음모를 꾸미고 있다는 소문이 다시 나돌았다. 광주 당국이 모든 서양인, 특히 서양 승려의 체포령을 내렸다. 마르티네스(F. Martines, 중국명 황명사黃明沙) 신부는 소주에서 광주로 오던 길에 체포되어 관아로 압송되었다. 격분한 중국 백성들이 끌려가는 그를 둘러싸고 욕설을 퍼부었다. 신부는 혹형을 받고 감옥에서 목이 말라 죽었다. 관원과 옥졸들은 이 오랑캐 승려가 물속에 몸을 숨겨 순식간에 사라지는 요술을 부릴 줄 안다고 한 방울의 물도 주지 않았다. 신부의 시체는 수갑과 족쇄가 채워진 채로 광주 성 밖에 묻혔고 성 문루에는 '교활한 오랑캐'의 다음과 같은 열 가지 죄목을 밝힌 방이 나붙었다.

---

40 『마테오리치 중국찰기(利馬寶中國札記)』, p. 201.

1. 불법 입국.

2. 마카우에 보루를 건설함.

3. 왜구를 불러 모아 중국을 침범하려 했음.

4. 간첩활동.

5. 마법사로서 요술을 부렸음.

6. 일본과 공모하여 긴밀히 내왕하였음.

7. 불랑기와 홍모이(紅毛夷) 무리의 수괴.

8. 선교를 빙자하여 무리를 유혹하고 반란을 꾀했음.

9. 사사로이 학당을 열었음.

10. 이전에도 관부에 의해 쫓겨난 적이 있음.


마르티네스의 순교는 선교사 박해의 정점이었다. 이해 초에 발리냐노 신부가 마카우에서 세상을 떠났다. 그는 중국 대륙으로 들어갈 준비를 하고 있었다. "회의와 외국인에 대한 불신은 중국인의 불치병이다." 발리냐노 신부는 예수회 회장에게 보내는 편지에서 이렇게 썼다. "그래서 그들의 복장, 그들의 언어, 그들의 습속, 그들의 생활방식을 채용하지만 결론적으로 말하자면 유럽인이 가능한 범위 내에서 힘써 자신을 중국인으로 개조하려는 방법만으로는 충분하지 못합니다. 마카우의 요새와 항구에 드나드는 훌륭한 범선들을 보고 질투심을 갖게 된 중국인들은 우리가 중국인으로 분장하는 방법을 보고 모반이 아니면 술책이라고 생각합니다." 중국인의 회의와 불신은 근거가 없는 게 아니었다. 서방인이 해상에서 사건을 일으키고, 어린아이를 사고팔고 잡아먹으며, 살인과 방화를 일삼는다는 얘기는 일찍부터 퍼져 있었다. 마귀 같은 서양인과 동일한 종족인 승려들에 대해 경계심을 갖는 것은 당연한 일이었다. "그래서 우리는 늘 중국인의 적개심의 대상이자 불량배들의 행패의 대상이 되고 있습니다. 불량배들은 온갖 거짓말을 지어내어 사람들로 하여금 믿게 만드는 데 뛰어난 재간을 갖고 있습니다. 여기다가 곤란과 위험을 더하는 것은 우리의 모든 행동이 언제나 관리들의 독단에 좌우된다는 사실입니다. 게다가 관리들은 자리가 자주 바뀝니다. 다른 성에서 부임해온 관리는 부임 초기에는 매우 엄격하게 일을 처리합니다. 그들은 갑자기 생각이 떠오르면 곧장 우리를 본국으로 쫓아 보낼 수 있습니다."[41]

멀리 북경에 떨어져 있던 마테오 리치는 이런 참극이 일어나도 아무것도 할 수 없었다. 그 자신도 이제는 늙었다. 이 해에 예수회 총회장에게 보낸 편지에서 그는 다음과 같이 말했다. "이 힘든 일에 종사한지 25년이 되었고 내 나이도 이제 55세가 되었습니다. 이제는 너무 피곤합니다…… 현재 나의 일은 수확이라기보다는 파종이라고 해야 할 것입니다. 그러므로 이곳에서의 우리의 업적을 신도의 숫자로 평가해서는 안 될 것입니다…… 나 자신으로 말하자면, 존경하는 회장 신부님, 신부님이 이 편지를 받아볼 때쯤이면 나는 60세가 될 것이고, 60세면 머지않아 땅 속에 누워야 할 나이입니다. 하느님을 위해 헌신해야 할 마지막으로 하나 남은 임무를 다 할 수 있도록 하느님께서 나를 보우하시기를 기도합니다. 그것은 내가 지난 세월 동안에 저

---

41  『마테오리치 중국찰기(利瑪竇中國札記)』 "부록", pp. 672-673.

지른 실수를 바로잡는 일입니다……. 내가 그동안 한 일의 분량과 쏟은 노력의 정도로 평가한다면 나도 어느 정도는 성적을 올렸다고 할 수 있겠지만 공덕을 기준으로 계산한다면 나는 아직도 멀었습니다. 그래서 나는 늘 탄식하고 있으며 쓸 데 없이 힘만 낭비한 게 아닌가 후회하고 있습니다."[42]

복음이 세 번째로 중국에 들어온 지 25년이나 지났다. 발리냐노는 천국으로 갔다. 파시오가 예수회 동방선교회 부회장이 되고 루기에리는 유럽으로 돌아가 고향에서 편안한 만년을 보내고 있었다. 마테오 리치는 중국 깊숙이 들어가 광동에서 북경에 이르는 제국의 대로상에 네 곳의 선교거점을 만들었고 2천 명 가까운 중국인이 세례를 받았다. 쏟은 노력은 거대했으나 성적은 보잘 것 없었다. 개종한 신자들은 수시로 교회를 떠났고 선교 거점의 앞날은 매우 불투명했다. 마테오 리치는 세상을 떠나기 전에 한 가지 더 깊은 고민에 사로잡혔다. 그가 창조한 중국식 선교 방식은 합리적인가? 그는 배교자일까 아니면 순교자일까? 교회의 동료들이 그의 사업을 이해할 수 있을까? 1595년, 그가 남경에 첫발을 디뎠던 날 꿈속에서 어떤 낯선 사람이 그에게 다음과 같이 말했다. "그런 식으로 이 방대한 나라에서 빈둥거리면서 낡은 종교를 뿌리 뽑고 새로운 종교를 뿌리내리게 할 수 있다고 생각하는가?"

---

**42** 『마테오리치 중국찰기(利馬竇中國札記)』 "부록", pp. 672–673.

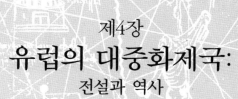

제4장
# 유럽의 대중화제국:
## 전설과 역사

# 최후의 전설과 최초의 보도

전설 속의 중국은 영원히 현실 속의 중국과 달랐다. 전설 속의 중국은 하나의 특수한 낭만이었다. 1550년, 절대다수의 유럽인은 아직도 키타이와 중국이 현실 속의 동일한 나라인지를 판단할 방법이 없었다.

## 마지막 키타이 전설

이탈리아의 시인 루도비코 아리오스토(Ludovico Ariosto)가 기사 모험담 『광란의 오를란도』를 쓴 때는 1516-1536년이었다. 골 족의 기사 오를란도는 키타이의 공주 안젤리카를 미칠 듯이 사랑하게 된다. 오를란도는 유럽에서 여러 가지 모험을 경험하는데 이야기의 배경에는 타타르와 세레스(Seres, 고대 전설 속의 비단이 나는 나라)에서 키타이와 인도까지 등장하며 키타이 동쪽의 알시나(Alcina)란 섬도 나오는데 아마도 이 섬은 마르코 폴로가 말한 시팡그(일본)를 상정한 듯하다. 마르코 폴로 시대의 서방 여행가들은 키타이를 '상인도(上印度)'라고 불렀다. 고대 '세레스' 전설, 프톨레마에우스의 『지리학』, 플리니우스의 『박물지』와 『마르코 폴로 여행기』 등은 모두 『광란의 오를란도』에 나오는 상상 속의 동방에 관한 자료를 제공하고 있다.

『광란의 오를란도』가 완성되었을 때 피레스가 이끄는 포르투갈 사절단이 중국에 들어와 있었고 사절단의 보고서가 유럽으로 발송된 뒤였다. 아리오스토는 그 시대의 '발견'을 알고 있었던 것 같다. 그의 영웅 모험담은 바닷길로 대서양을 건너 알시나까지 펼쳐졌다가 다시 키타이까지 이어진다. 주인공이 유럽으로 돌아올 때는 알시나를 출발하여 중국 해안을 따라 서쪽으로 항해하여 말라카와 세일론을 거쳐 페르시아 만에서 뭍에 오른 뒤에 아라비아 반도를 가로질러 홍해로 갔다가 이집트에서 이탈리아로 간다. 아프리카 해안에서 안토니카가 오를란도에게 지구의 모든 대양은 서로 연결되어 있기 때문에 아프리카를 돌아가면 마찬가지로 인도에 이른다고 알려준다. 또한 안토니카는 언젠가는 용감한 뱃사람이 태양처럼 지구를 한 바퀴 돌게 될 것이라고 말한다.

대서양을 건너 알시나로 간 후 다시 키타이로 가는 길은 콜럼버스가 계획했던 항로였다. 기사 오를란도가 유럽으로 돌아올 때 거쳐 간, 알시나를 출발하여 중국 해안을 따라 서쪽으로 항해하여 말라카와 세일론을 거쳐 페르시아 만에서 뭍에 오른 뒤에 아라비아 반도를 가로질러 홍해로 갔다가 이집트에서 이탈리아로 가는 노선은 마르코 폴로가 갔던 항로였다. 이 무렵은 이미 다 가마가 희망봉을 돌아 나가고 포르투갈 총독이 고아에 부임한 뒤였다. 전설과 현실이 일시에 쉽게 결합되었다. 지구상의 모든 대양은 서로 연결되어 있었다. 『광란의 오를란도』가 출판되었을 때는 마젤란이 세계 일주 항해를 시작했다. 마젤란은 콜럼버스와 다 가마의 항로를 연결할 생각이었다. 10여 년 전 콜럼버스가 서쪽을 향해

●이탈리아 화가 니콜로 델 아바테(1512~1576년)가 그린 키타이 공주 안젤리카 상

항해를 시작했을 때 다 가마는 동쪽을 향해 항해했다. 콜럼버스는 스페인 국왕이 다 가마에게 주는 편지를 지니고 있었고 인도에서 만나 전해줄 계획이었다. 마젤란 함대는 이 계획이 충분히 가능하다는 사실을 증명해냈다.

관념의 진보는 여행보다 느렸고 현실의 중국과 전설의 중국은 영원히 다른 모습이었다. 현실 속의 상인과 사절은 변방 오랑캐의 조공 사절 취급을 받고 죄수 호송 수레에 실려 거리를 돌고 명나라의 감옥에 갇혔다가 마지막에는 광주로 유배되었다. 전설 속의 낭만적인 기사는 키타이 공주와 사랑에 빠졌고 공주의 이름은 지극히 라틴화된 안젤리카였다. 공주의 모습은 이아손이 동방에서 데려온 메데이아를 연상하게 한다. 용감한 오를란도는 키타이의 수도를 포위하고 마침내

정복한다. 키타이의 수도 알브라카(Albracca)는 '칸발릭'을 연상케 하는 이름이다.

유럽인들이 천일야화 식의 키타이 얘기에 열광하고 있을 때 포르투갈인들은 이미 현실 속의 중국 땅을 밟았다. 유감스럽게도 포르투갈인들의 실제 경험은 전설 속의 영웅이 경험하는 낭만과는 거리가 멀었다. 오를란도가 미친 것일까, 작가 시인이 미친 것일까? 현실 속 키타이에 도착한 유럽인은 오를란도나 작가처럼 터무니없는 생각을 하지는 않았다. 최초로 키타이 해안에 닿은 사람들에게서는 전설적인 색채를 찾아볼 수가 없었다. 그들의 경험은 낭만적이지 않았을 뿐만 아니라 오히려 비참했다고 해야 할 것이다. 그들 가운데 어떤 사람은 쫓겨났고 어떤 사람은 해안에서 멀리 떨어진 외딴 섬에서 죽어갔다. 운이 좋아 상륙한 사람이라도 야만인처럼 갇혀서 예의를 배워야 했다. 천신만고 끝에 북경에 간 사람은 황궁의 담벼락을 향해 머리를 조아리는 일 말고는 할 게 없었다. 현실 상황은 이처럼 험난했다. 골족 기사가 키타이 공주와 사랑에 빠지고 키타이의 도성을 정복한 얘기는 혼자서 즐기는 환상의 오락에 지나지 않았다.

전설 속의 중국은 현실의 중국과는 영원히 달랐다. 그것은 일종의 특수한 낭만이었다.

콜럼버스는 대 칸의 키타이를 찾으려다 황량한 아메리카를 찾아냈다. 환상 속을 나는 새와 현실 속의 대양을 항해한 범선이 도착한 곳은 다른 곳이었다. 이것은 콜럼버스 개인의 비극이었다. 콜럼버스는 선원들에게 아메리카가 키타이라고 믿도록 강요했다. 그는 현실과 환상 사이에 존재하는 깊은 간극을 직시하기가 두려웠던 것이다.

콜럼버스가 한 시대의 획을 긋는 원양 항해를 준비하느라 바쁘게 움직이고 있을 때 또 다른 이탈리아인 마테오 마리아 보야르도(Matteo Maria Boiardo)(1434-1494)는 『사랑에 빠진 오를란도』를 쓰기 시작했다. 저자가 상상 속에서 만들어낸 골 족의 전설적인 기사 오를란도(롤랑)는 키타이로 여행한다. 작가는 마르코 폴로와 멘더빌의 여행기로부터 영감을 얻었다. 유럽의 기사 모험담이 키타이를 무대로 삼은 적은 없었다. 보야르도는 자신의 서사시 작품에서 아시아를 타타르, 세레스, 키타이와 인도 세 부분으로 나눴다. 키타이는 현실과 마찬가지로 먼 곳에 있는 허구의 존재였다. 작품 속에서 세레스의 국왕 이름은 그라

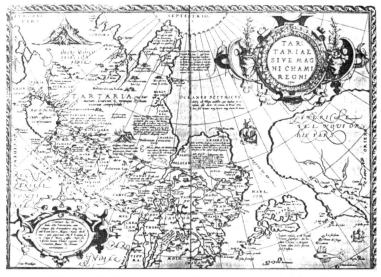

●1575년 제작된 오르텔리우스(Ortelius) 지도에 표시된 타타르, 북중국, 일본과 아메리카. 중국과 아메리카를 잘라놓고 있는 태평양은 마치 해협처럼 좁다.

다소(Gradasso)이다. 오를란도는 키타이의 공주와 사랑에 빠지고 키타이의 수도를 정복한다. 보야르도는 박학한 시인이었고 그 시대의 동방에 관한 '지식'을 작품의 소재로 삼았다.

1493년 3월, 콜럼버스가 세비야로 돌아왔다. 그의 일생에서 영광의 정상에 선 이 해군 제독은 해로로 가서 황금이 도처에 널린 대 칸의 땅을 밟았다고 선언했다. 이때 보야르도의 장편 서사시는 아직 완성되지 않았고 기사 오를란도는 안젤리카 공주와 사랑에 빠져 키타이의 수도 알브라카를 포위하고 있었다. 일 년 뒤, 콜럼버스가 다시 '인도'(아메리카)에 도착했을 때 보야르도는 이탈리아에서 숨을 거두었다. 환상과 현실 사이의 거리는 여전히 멀었다.

아리오스토가 보야르도보다 20년 뒤에 『광란의 오를란도』를 쓰고 있을 때 포르투갈인들은 이미 중국에 도착했다. 그러나 현실의 중국은 여전히 유럽의 관념 속의 중국과는 달랐다. 1513년, 포르투갈인들이 처음으로 중국 해안에 닿았을 때 그들이 사용했던 해도에는 중국의 남해안, 동북 해안, 광동 하구(주강珠江), 대만 섬의 기본적인 지형이 그려져 있었다. 그들의 해도는 유럽에서 즉각적인 관심을 끌지는 못했다. 1519년에 리스본에 등장한 지도는 여전히 프톨레마에우스식이었다. 아시아 동부는 기형적인 모습의 섬이었고 비단, 향료, 진기한 약재, 황금과 보석이 난다고 표시되어 있었다. 중국 해안과 연해 지역에 처음으로 나타난 상인, 해적, 사절은 그들의 견문과 경험을 서신과 보고서의 형식으로 유럽에 알렸다. 10년이 지나서야 유럽의 일부 비교적 민감한 학자들은 중국이 프톨레마에우스가 설명한 비단, 자기, 사향이 많이 난다는 '시나이(Cini, Sinae) 지역'이 아닐까 추측했다. 그러나 이 무렵 절대 다수의 유럽인의 머릿속에는 아시아 동부는 미지의 공백, 또는 마귀가 나타나는 지역이거나 낙원이었다. 극소수의 학식 있는 엘리트들이나 세계의 이곳저곳을 돌아다닌 모험가, 상인들은 아시아 동쪽에 부유한 나라가 있다는 사실을 알고 있었지만 시나이, 키타이, 만자, 상인도, 타타르, 중국 등의 명칭은 구분 없이 두루뭉술하게 사용되었다. 이들 지역 사이에는 도대체 어떤 관계가 있는가? 다른 지역의 다른 명칭인가 아니면 같은 지역의 다른 명칭인가?

## 최초의 중국에 관한 보도

유럽 사회에는 마르코 폴로 시대에 창조된 키타이 전설이 여전히 통용되고 있었다. 당시의 가장 박식한 두뇌라도 극동은 여전히 반은 진실이고 반은 허구인 지역으로 믿었다. 유럽의 대중이 갖고 있던 마르코 폴로 시대의 키타이 신화를 바탕으로 한 지식이나 상상과 상인과 선교사들이 현실에서 여행을 통해 얻은 지식을 비교한다면 진실과 전설, 비참과 영화, 험난함과 황당함의 거리는 놀라울 정도로 멀었다. 『광란의 오를란도』가 유럽의 지가를 올리고 있을 때 포르투갈의 모험가들은 이미 현실의 키타이를 보았고, 그 나라의 온갖 범죄자들과 함께 광동의 감옥에 갇혀 있는 일은 조금도 낭만적이지 않았다.

새로운 항로가 열린 뒤로 유럽인이 획득한 최초의 중국에 관한 소식은 바로 이런 운 나쁜 모험가들의 옥중 수기였기 때문에 낭만의 근처에도 갈 수 없는 것들이었다.

1527년 무렵에 포르투갈 왕실은 피레스 사절단의 일원이었던 비에이라(Cristrao Vieira)가 중국의 감옥에서 써 보낸 편지를 받았다. 그는 다 가마가 희망봉을 돌아간 이후로 중국에서 직접 보고 들은 바를 유럽에 알린 최초의 인물이었다. 그는 일행이 '대명제국'에서 야만인과 강도로 취급받은 비참한 경험과 사절과 죄수로서 이해하게 된 상황─중국의 지리 교통, 조공제도와 사법체계─을 기술했다. 죄수의 세계는 암담했고 조정의 융통성 없는 조공제도는 곤혹스럽고 이해하기 어려웠다. 그들은 관리는 자신의 고향에 부임하지 못하는 규정이 있음을 알게 되었고 수시로 임지를 옮겨 다니는 관리가 직무를 소홀히 하지 않거나 백성을 억압하지 않는 경우가 거의 없다는 사실도 알게 되었다. 광동성의 평민이 수시로 민란을 일으키는 상황이므로 포르투갈 국왕이 10-15척의 군함만 보내도 중국의 절반을 정복할 수 있을 것이며 중국 백성은 구원자를 맞이하듯 정복자를 환영할 것이라고 그는 적었다. 최초의 소식은 대부분이 해안 지역에 관한 것이었고 전설에서 말하는 '광활한 대 칸의 영토'와 부합하였다. 천주(泉州)는 마르코 폴로 시대에는 자동(刺桐)이라고 불렀다. 광주는 오도릭의 『동방여행기』에서는 센스칼란(Censcalan) 성이라고 불렀다. 영파(寧波)와 마카우(澳門)는 이름도 들어보지 못한 곳이었다. 프톨레마에우스와 마르코 폴로 시대의 중국 형상은 더 이상 전승될 수 없게 되었다. 인도에서 동쪽으로 가든 북쪽으로 가든 '중국' 또는 '대명(大明)'이라고 부르는 나라에 닿게 된다. 그곳 해안의 굴곡, 먼 바다에 있는 수많은 암초와 섬들, 남해안과 동해안에서 발해만까지의 지형을 포르투갈인들은 이미 정확하게 파악하고 있었다. 그러나 위험한 해안에서 내륙으로 들어간 중화제국의 내부 모습이 어떤지는 누구도 정확하게 말할 수 없었다. 북부 중국과 타타르는 경계를 맞대고 있다는 데 …… 그 사이에는 높은 성벽이 가로막고 있다는데 …… 장강 연안에는 수많은 성과 보루가 있다는데 …… 북방의 산서(山西)(또는 섬서陝西인가?)에서는 여름이면 늘 홍수가 발생하여 도시와 시골마을이 물에 잠긴다는데 …… 1568년에 포르투갈인 바스 두라도(Vaz Dourado)가 만든 지도는 중화제국을 두 개의 성(省) ― 광동(Camtam)과 영파(Liampao) ― 으로 나누고 세 곳의 큰 성(城) ―광주, 영파, 마카우― 을 표시했다. 1571년에 나온 이 지도 수정판의 중국 부분에는 'Chincheo'(천주泉州)라는 도시를 추가했다. 해안 지대를 숨어 다니던 포르투갈인들로서는 제국의 내부를 상상할 수가 없었다.

1549년, 주마계 전투가 있고 난 뒤에 운 나쁜 포르투갈인들이 해적으로 간주되어 명의 감옥에 갇혔다. 그 중에서 운 좋은 일부는 광서(廣西)의 유배지를 탈출하였고 이들이 중국에서 듣고 본 바를 서술한 것은 한두 번이 아니었다. 그 중에서 가장 유명한 것이 페레이라(C. Pereira)의 『중국보도』였다. 그는 아무리 늦어도 1553년 초에는 중국을 탈출하고 1561년에는 『중국보도』의 집필을 끝냈던 것 같다. 그가 본 중국의 모습은 부유하지만 강대하지는 않았고, 거리에는 사람들이 많았지만 두터운 성벽 위에는 수비병조차 없었다. 중국의 사법제도는 유럽에 비해 공정했고 사실을 밝히는 데 주력했지만 형벌과 감옥의 환경은 지나치게 가혹했다. 그가 묘사한 태형(笞刑)의 참상은 끔직했다. 하층 백성은 유순하고 부지런했으나 상류층은 아침부터 저녁까지 먹고 마시기만 했다. 중국인은 기독교를 믿지 않았음에도 도덕이 무엇인지를 알고 있었다.

직접 경험한 사람이라야 내부 사정을 알 수 있는 법이다. 페레이라의 『중국보도』는 선교사들이 필사하여 유럽으로 보냈다. 페레이라든 비에이라든 모두가 뛰어난 관찰자였다. 그들은 허풍떨기를 좋아한 베네치아의 상인과는 달리 중국에서 침입자들과 섞여 벼락출세를 하지도 않았고 더 나아가 오를란도 식의 광기를 부리지도 않았다. 그들은 중국의 상황을 구체적으로 이해했다. 패레이라는 중국에 13개의 성(省) ─ Foguiem(복건福建), Canfao(광동廣東), Chequeam(절강浙江), Xutianfu(순천부順天府), Quichio(귀주貴州), Quansi(광서廣西), Confu(호광湖廣), Vrnan(운남雲南), Sichuan(사천四川), 그리고 이름을 알 수 없는 두 개의 성 ─ 이 있다고 기술했다. 성 하나는 왕국 하나와 같았다. 중국은 땅이 넓고 교통이 편리하며 인구가 조밀하고 도시가 발달했다. 당연한 일이지만 중국에서 그에게 가장 익숙한 곳은 관서와 감옥이었고 가장 익숙한 사람은 관리와 범죄자였다. 북경에 있는 황제가 모든 관리들의 임면을 결정했다. 관리들의 법 집행은 엄격했고 감옥은 크고 튼튼하게 지어졌다. 형벌은 가혹했고 백성들은 법을 잘 지켰다. 페레이라는 중국이 바로 마르코 폴로가 말한 키타이와 만자이고 그가 가본 적이 있는 천주는 옛날에는 자동, 광주는 센스칼란이라고 불렸던 사실을 몰랐던 것 같다.

"우리는 이 나라를 China, 이 나라의 백성을 Chins라고 부른다. 우리가 갇혔을 때 왜 이런 명칭이 붙었는지 알아보려 했다. 그들도 우리가 왜 그들을 Chins라고 부르는지 물어보았다. 나는 인도의 모든 주민들이 그들을 Chins라고 부른다고 대답해 주었다. 그래서 나는

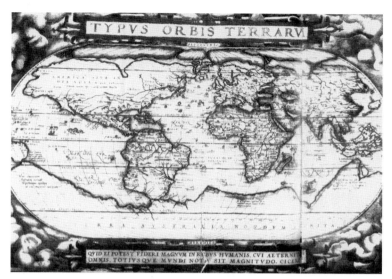

●1597년 네덜란드 안트워프에서 출판된 지도. 중남미는 아주 크게, 오른쪽 구석의 아시아는 매우 작게 표시되어 있다.

포르투갈이란 이름이 고성(古城, Porto, Oporto)에서 나온 것처럼 Chins 라는 이름이 유래될 만한 성이 있는지 물어보았다. 그들의 한결 같은 대답은 그런 이름은 옛날에도 없었고 지금도 없다는 것이었다. 그래서 내가 그들 나라 전체를 부르는 이름이 무엇인지, 다른 민족이 어느 나라 사람이냐고 물으면 뭐라고 대답하는지 물어보았다. 그들의 설명에 따르면 이 나라는 지금은 하나의 나라로 통일되어 있지만 고대에는 많은 나라가 있었고 그 나라들이 최초에 사용했던 이름이 내가 앞에서 열거한 각 성의 이름으로 지금까지 남아있다고 하였다. 이 나라 전체를 부르는 명칭은 Tamen(대명大明), 주민을 부르는 명칭은 Tamenjins(대명인大明人)이라고 한다. 그러므로 그들 자신은 China 또는 Chins라는 명칭을 들어본 적이 없다. 이웃에 Cochinchina(交趾支那)란 나라가 있고, Jaos(자바)와 Siames(샴, 즉 태국) 사람들은 말라카에 가까운 곳에 있으니 이 나라에 대한 최초의 인식과 이해를 가졌을 것임이 분명하며, 이들을 통해 China란 나라 이름과 Chins란 민족 이름이 나왔을 것이다. 그렇지만 그들 자신이 부르는 이름은 위에서 소개한 바와 같다."

　페레이라는 죄수의 신분으로 복건에서 광서로 갔으니 감옥과 관서 바깥의 세계에 관한 그의 견문은 제한적일 수밖에 없다. 포르투갈에 보내진 그들의 보고는 왕실 궁정 밖으로는 알려지지 않았다. 포르투갈 왕실은 동방에 관한 모든 지식을 봉쇄하고 있었다. 포르투갈의 용사들이 별로 자랑스럽지 못한 처지에 빠져 있었기 때문이 아니라 궁정이 기밀로 취급하는 항해와 무역이 영향을 받을까 염려했기 때문이었다. 1550년, 유럽에서 중국에 관한 최신 소식은 포르투갈이 독점하고 있었고, 포르투갈에서는 왕실이 독점하고 있었으며, 사회에 유포되고 있던 중국 형상은 여전히 키타이 전설이었다. 사람들의 머릿속에 들어 있는 동방세계는 마르코 폴로와 멘더빌이 그려낸 그것이었다. 16세기는 낭만의 시대였다. 새로운 소식과 옛 전설, 지식과 상상, 허구와 진실이 사람들의 머리와 생활을 다 같이 풍부하게 해주었다. 여행가들의 여행기, 선교사들의 서신, 식민지 관리들의 보고서와 대량으로 출판된 전설적 모험담을 담은 시와 소설 작품—이런 것들이 함께 어우러져 유럽인들의 정신세계를 형성하고 반은 진실이고 반은 환상인 희극화된 세계를 만들어 냈다. 지혜와 우매함은 항상 터무니없이 뒤섞여 있는 것이기 때문에 이 시대의 정신적 진보를 전체적이고 획일적인 척도를 적용하여 설명하기는 어렵다. 1550년이란 시점에서 절대 다수의 유럽인들은 키타이와 중국이 현실 세계에서 동일한 국가인지 판단할 수가 없었다.

상상 속의 중국은 현실과는 영원히 달랐다. 현실 세계에서 포르투갈인들이 해적과 뒤섞여 중국 해안을 숨어 다니고 있다가 붙잡히면 이 감옥에서 저 감옥에서 끌려 다니고 있을 때, 라블레(François Rabelais)의 붓끝에서 탄생한 팡타그뤼엘(Pantagruel)(『가르강튀아와 팡타그뤼엘』, 1532-1552년 출간)도 키타이를 유람하고 있었다. 라블레의 작품 속에서는 유럽에서 키타이까지 가는 일이 마치 파리에서 이탈리아로 가는 것처럼 묘사되어 있다. 팡타그뤼엘은 유토피아의 국왕 가르강튀아(Gargantua)의 아들이다. 허구의 유토피아는 토마스 모어(Thomas More)의 소설에서 빌려온 것이고, '인도의 동쪽'에 자리 잡고 있었으며 아시아 중부의 스키타이 부락으로부터 기습적인 침입을 당한 적이 있는 나라였다. 당시의 지리 지식과 전통을 바탕으로 하여 추론한다면 유토피아에서 키타이의 그림자를 쉽게 발견할 수 있을 것이다. 중국은 여러 차례 초원 부락의 침입을 받은 나라이다. 파리에서 공부한 팡타그뤼엘은 파리의 모든 것을 혐오했다. 적의 침입을 물리친 후 가르강튀아는 고향에 '텔렘 수도원'을 지었는데 모든 것이 동방식이었다. 팡타그뤼엘은 파뉘르주와 장 수도사와 함께 미치광이가 말한 '신성한 술병'을 찾으러 사방으로 돌아다니다가 마침내 키타이에서 지식과 진리와 사랑을 마음껏 마실 수 있는 '신성한 술병'을 찾아낸다.

라블레가 상상한 동방은 여전히 마르코 폴로와 멘더빌이 그려낸 동방이었고 황당무계한 키타이는 이상적인 나라의 모델이었다. 키타이란 곳은 있는가? 16세기의 가장 위대한 인문주의 작가의 세계 관념 속에는 키타이란 곳은 존재하지 않았는지도 모른다.

라블레는 자신이 만들어낸 거인이 유람할 장소를 머나먼 곳에 있는 신화 같은 동방에 설정했다. 그는 있는지 없는지도 모를 '키타이'와 전설 속 중앙아시아의 스키타이 부락을 동원했다. 얼마 후 실제로 중국에 온 도미니크회 선교사 크루스는 자신의 지식과 직접 관찰한 바를 바탕으로 하여 중국은 헤로도투스가 말한 스키타이의 일부이거나 절대 부분이라고 단정했다. 중국의 영토는 중앙아시아에서 시작하여 해가 떠오르는 동쪽 큰 바다까지 이어졌다. 중국은 분명히 실재하는 나라이며, 전설적인 모습으로 비치게 된 까닭은 직접 그곳에 가 본 사람들이 봤을 때 여러 면에서 유럽이 상상했던 것보다 위대했기 때문이었다.[43]

---

**43** 크루스, 『중국지』, 『16세기 중국 남부 여행기』, (영) C. R. Boxer 편주, 중화서국, 1990년 판, pp. 40-50을 보라.

# 중화제국의 형상: 전설에서 역사로

중국 형상의 역사 시대가 시작되었으나 전설 시대는 아직 완전히 끝나지 않았다. 여러 가지 방식으로 단기간 중국에 들어온 선구자들은 자신이 듣고 본 바를 유럽에 알렸다. 크루스는 다음과 같이 말했다. 동방 전체에서 "내가 언급한 민족 가운데서 중국이 다른 어떤 나라보다도 인구가 많고 국토가 넓으며 정치체제와 정부가 우수하고 재물이 풍족하다 ……" 그가 쓴『중국지』는 15년 뒤에 나오는『대중화제국지』의 기초자료가 되었고『대중화제국지』는 그 시대의 베스트셀러가 되었다.

## 『중국지』: 유럽 최초의 중국 전문 저작

라블레의『가르강튀아와 팡타그뤼엘』이 출간될 무렵 예수회 수도사 멜키오르 바레토(Melchior Junes Barreto)가 광주에 도착했다. 그는 주마계 전투에서 포로가 된 포르투갈인 문제를 두고 중국 당국과 교섭을 벌였다. 그는 광주에 석 달을 머물다가 추방당했다. 일 년 뒤, 포르투갈인들이 해도부사(海道副使) 왕백(汪柏)으로부터 젖은 화물을 말

●지리대발견 시대의 상선

린다는 핑계로 땅을 빌려 마카우에 들어갈 때 크루스도 광주에 잠입했다. 크루스는 캄보디아에서 선교활동을 한 일 년 동안에 한 차례 큰 병을 앓은 것 말고 한 일이라고는 무덤에 들어가기 직전의 누군가에게 세례를 준 것 뿐이었다. 그는 중국 백성은 '도리를 알기' 때문에 기독교를 믿을 '자질'을 갖추고 있다는 얘기를 듣고 곧바로 중국 상선을 타고 광주로 왔다가 가까스로 몇 주를 머물렀다.

　　1570년, 유럽에서 첫 번째의 중국 관련 전문 저작인 『중국지』가 출판되었는데 저자가 가스파르 다 크루스였다. 크루스는 단기간 중국에 체류한 경험과 페레이라의 『중국보도』를 바탕으로 하여 중국을 전면적으로 소개하는 책을 썼다. 다음 목차만 한 번 읽어보아도 이 책이 그 시대에는 중국에 관한 보기 힘든 저작임을 알 수 있다.

* 저자가 중국에 가고자 했던 원인, 중국이란 명칭과 이 나라의
  이름.
* 중국은 어떤 나라이며 중국인은 어떤 인종인가.
* 중국과 국경을 맞대고 있는 나라, 중국의 광대한 영토.
* 중국의 영토 (계속).
* 중국의 성(省)과 그 경계.
* 광주에 관한 특기.
* 내륙의 건축물.
* 황족과 귀족의 저택, 큰 성 안의 관리의 관사.
* 내륙 항운.
* 토지의 경작과 백성의 직업.
* 장인과 상인.
* 비옥한 토지와 풍부한 물
  산.
* 사람들의 복장과 풍습.
* 중국인의 명절, 음악, 장례
  의식.
* 부녀의 복식과 풍속, 노예
  의 존재 여부.
* 성의 관리의 숫자와 직급.
* 고위관료는 어떻게 나오는

●바로스 신부(1615년)

가, 그들이 공부하는 상황, 그들이 방언이 아닌 서신을 통해 상
호 이해하는 방식.
* 고위관료의 보수와 부속 관원.
* 사형선고를 받은 죄수, 주목할 만한 관련 사법제도.
* 중국의 감옥.
* 중국의 황제는 누구와 통혼하는가, 외국 사절에 대한 대우, 전
국에서 발생한 사건이 매 달 황제에게 보고되는 절차.
* 포르투갈인들은 지금까지 중국인과 어떻게 무역을 해왔는가,
중국인이 무력으로 포르투갈인들을 반대한 상황.
* 중국인의 포르투갈인에 대한 재공격, 함대가 일으킨 사건.
* 포르투갈인들을 단속하기 위한 노력, 감옥에 갇힌 포르투갈인
에 대한 법률 심문.
* 포르투갈인에게 유리한 황제의 고위관료에 대한 판결.
* 중국인의 예배와 신앙.
* 중국의 무어인, 기독교 선교에 장애가 되는 존재.
* 1556년에 중국인에게 내린 하느님의 징벌.

1550년에서 1580년 사이에 유럽의 대도시―리스본, 로마, 파두
아, 베네치아, 세비야, 리옹, 파리, 암스테르담―에서는 페레이라와 중
국에 포로로 붙잡혔던 또 다른 포르투갈 용사가 쓴 『중국보도』가 등
장했다. 이 책은 이탈리아어, 프랑스어, 스페인어로 번역 출판되었다.
이밖에도 핀토(Pinto), 가스파르 로페스(Gaspar Lopes), 호앙 데 바로스
(João de Barros), 로카스타녜다(F. Locastanheda) 등의 중국에 관한 보도

●바로스 신부의 『중국개황』 1569년 판 표지

가 출판되었다. 1550년 이전에는 주로 궁정과 교회 내부에서만 유포
되던 중국 소식이 사회에 퍼지기 시작했다. 원하기만 한다면 약간의
지식을 가진 이탈리아인이나 프랑스인 또는 이베리아인은 당시의 출
판물로부터 중국에 관해서 정확하다고 할 수는 없지만 비교적 전반
적인 지식을 습득할 수 있었다. 최소한 중국의 영토가 전체 유럽보다
넓다거나, 큰 강이 중국을 남북으로 나누고 있다거나, 수도는 북경이
며 북위 43-45°에 타타르인의 침입을 막기 위한 장성이 있다는 정도
는 알 수 있었다. 중국에는 15개의 성(省)과 2백여 개의 도시(부府)가
있고, 성마다 도당(Tufao, 都堂), 포정사(Concao, 布政司), 총병(Chumpim,

總兵)이 관리하고 있어서 질서가 잘 지켜지고 있다고 하였다. 중국인은 외국인을 모두 야만인으로 생각하며, 외국인은 조공을 해야만 중국에 들어올 수 있고 중국인의 출국은 금지되어 있다. 중국은 일부다처제의 나라이며 중국인은 이교도지만 도덕적으로는 존경할만한 점이 있다. 크루스는 자신이 쓴 『중국지』를 '논문'이라고 불렀다. 그는 중국의 역사와 지리, 자연과 물산, 정부와 사회, 풍속과 신앙 등 가능한 한 중국을 전면적이고 정확하게 알리려 했고 최근에 발생한 중국과 포르투갈의 충돌까지도 소개했다. 그는 중국인의 차 마시는 습관, 중국 부녀자의 전족(纏足) 풍습과 중국어의 특징에도 주목하였다. 이세 가지는 마르코 폴로와 페레이라는 불가사의하게도 생략하고 넘어갔지만 훗날 서방의 중국 형상에서는 집중적인 조명을 받는 부분이다.

키타이 전설 이후로 새로운 중국 형상이 점차로 형성되기 시작했다. 그것은 중국 문명의 특징과 세계에서의 중국 문명의 위치, 중국과 서방의 관계와 서방의 중국에 대한 평가가 새로워지기 시작했음을 의미했다. 크루스는 뒤이어 등장하게 될 '대중화제국' 형상의 기본적인 위치를 결정해 놓았다. 크루스는 다음과 같이 말했다. 동방 전체에서 "내가 언급한 민족 가운데서 중국이 다른 어떤 나라보다도 인구가 많고 국토가 넓으며 정치체제와 정부가 우수하고 재물이 풍족하다……" 또한 그는 독자들에게 다음과 같이 경고했다. "중국의 사물이 얼마나 위대한지는 상상하기 어렵다. 다시 말하자면, 먼 곳의 사물은 듣는 것이 실제보다는 더 큰 것이 통상적이지만 중국의 경우는 정반대다. 중국은 듣기보다 훨씬 크다."

물론 중국에도 어두운 면이 있었다. 포르투갈 무역상들을 토벌한 다든지, 죄수에 대한 고문, 동성애, 먹고 입는 일의 지나친 낭비, 일부다처, 기독교를 믿지 않는 일 등이 그런 것이었다. 이런 악행은 결국 하느님의 징벌을 받았다. 1556년에 산서와 산동 두 성에서 큰 규모의 지진이 발생했다. 1569년에 크루스가 포르투갈로 돌아왔을 때 이베리아 반도에는 '페스트'가 기승을 부리고 있었다. 크루스는 기독교를 믿는 경건한 동포들도 징벌하느라 바쁜 하느님을 보았다. 1570년 2월 5일에 크루스는 페스트에 걸려 죽었고 그로부터 보름 뒤에 그의 『중국지』가 출판되었다. 페스트가 유행하고 있는데다가 널리 통용되지 않는(크루스는 포르투갈어로 책을 썼다) 언어로 쓰였기 때문에 유럽에서 그의 책을 읽은 사람은 매우 적었다. 15년 뒤에 나온 『대중화제국지』가 그의 자료를 대량으로 인용하자 비로소 그의 책은 베스트셀러가 되었다.

중국 형상의 역사 시대가 시작되었다. 그러나 중국 형상의 전설 시대는 아직 끝나지 않았다. 여러 가지 방식으로 단기간 동안 중국에 머문 선구자들이 자신들이 듣고 본 바를 유럽에 알렸다. 유럽은 이베리아 사람들로부터, 그리고 교황청과 수도회로부터 중국에 관한 현실적인 소식을 얻기 시작했다. 그러나 포르투갈인들이 의도적으로 정보를 독점하였고 소식이 전파되는데도 시간이 걸렸기 때문에 중국 형상의 '현실 내용'은 여전히 사람들의 주목을 받지 못했다.

지식의 전파는 부의 전파만큼 빠르지 못했다. 16세기 중반 유럽 시장에서는 동방 향료의 가격이 떨어지기 시작했다. 절대 다수의 유럽인들은 여전히 인도에는 몸통은 사람이고 머리는 이리인 괴물과 거대한 발을 가진 사람이 살고 있으며 중국은 현실에 존재하는 나라가 아니라고 믿고 있었다. 1539년에서 1560년 사이에 프랑스에서 가장 널리 유포되었던 『세계 안내(La Derision du Monde)』는 중국, 일본, 고아 같은 지역에 대해서는 완전히 무지했다. 전체가 160쪽인 이 책의 아시아 부분은 전체의 1/10이 안 되는 12쪽이었다. 편자 자크 시뇨 (Jacques Signot)는 당시에 가장 박식하다고 알려진 인물이었다. 키타이

●항해측정기를 사용하는 포르투갈 선원

나 중국에 관해 들어본 적이 없어서가 아니라 그 존재를 믿지 않았기 때문이었다. 편자가 엄격한 탓도 있었지만 무지한 때문이기도 했다. 1575년, 프랑스의 여행가 앙드레 테베(André Thevet)가 장장 2천여 쪽에 이르는 『세계통지(世界通誌)』(La Cosmographie Universelle)를 출판했다. 이 책의 제1권 제2책은 아시아만 다루었다. 저자의 아시아에 관한 지식은 플리니우스에서부터 동시대의 선교사와 심지어 오스만 제국의 이슬람교도에 이르는 여러 원천에서 따온 잡탕이었다. 그는 옛 사람들이 말했듯 중국인은 사과만 먹고 시골의 깨끗한 공기를 마시며 산다는 무지한 환상을 늘어놓거나 황당무계한 소개를 하지는 않았다. 중국은 실재하는 나라이며 정상인이 사는 곳이었다. 중국은 아시아에서 가장 부유한 국가이며 중국 왕실은 아시아의 황태자로서 15개의 성(省)을 관할하고 셀 수 없이 많은 황금과 보물을 소유하고 있다고 하였다. 중국의 황제는 키타이 대 칸의 신하이기도 했다. 중국인은 배를 집으로 삼아 일 년 내내 물 위에서 산다고 하였다(중세 아라비아인들은 그렇게 믿었다). 중국 남자는 용감하고 여인은 매우 아름다웠다. 우수한 남자는 능력에 따라 여러 여자를 아내로 맞는다. 그들이 먹는 음식은 매우 정갈하고 맛이 좋으며 술은 쌀과 향료로 만든다. 그들은 동족 가운데서 걸출한 인물을 신으로 숭배한다. 그들은 조상을 섬기고 경건한 생활을 하며 도덕적 감각이 풍부하다. 그들의 언어는 아주 원시적이라서 듣기에 게르만어 같다(독일인에 대한 프랑스인의 편견이 드러나는 부분이다).

테베의 중국 형상에서는 어디까지 진실이고 어디까지가 허구인지 판별하기가 어렵다. 그는 그 시대의 한 프랑스인이 습득할 수 있었던 중국에 관한 지식 또는 상상을 모조리 그의 책 속에 담았다. 당대에 가장 박식하다는 프랑스인이 이 정도였다. 16세기는 이베리아의 시대였다. 진정으로 모험을 즐긴 영웅은 대부분 스페인과 포르트갈에서 나왔다. 이들과 비교할 때 유럽 기타 지역의 기사와 신사들은 촌사람 같다. 영국, 네덜란드, 프랑스가 대 칸의 나라로 통하는 길을 찾기 위해 시도했던 북방 항로는 아무런 결과도 내지 못했다. 독일인은 세바스찬 프랑크(Sebastian Franck)의 뒤를 따라가며 그의 『세계지』에서 말한 칸발릭의 궁전과 황제의 위엄, 자동 시내의 만여 곳의 다리와 행재 성의 사원에 관해 되뇌었다. 말라카인들이 시나이의 황제에게 조공을 바친다는 데 칸발릭의 대 칸과 북경의 시나이 황제가 도대체 어떤 관계인지는 몰랐다. 16세기 말에 무갈 왕조 아크바르 왕의 궁전에 있던 신부는 키타이가 바로 중국일지도 모르며 그곳에는 기독교도가 많이 있다는 얘기를 들었다. 1602년, 고이스(Bento de Góis)가 예수회 선교사들이 해로로 찾아간 키타이(또는 중국)를 옛 중앙아시아 육로를 통해 찾아가겠다는 계획을 가지고 아르메니아 상인으로 위장한 채 무갈 왕조의 수도를 출발했다. 라호르에서 페샤와르와 카불을 거쳐 1603년 말에 고이스는 카슈가리아의 수도 야르칸드에 도착했고 그곳에서 키타이로 조공무역을 떠나는 카라반에 합류했다. 이 무렵 마테오 리치는 고아의 본부로부터 고이스 수도사의 도착을 기다리라는 편지를 받았다. 카라반은 일 년이 지나서야 야르칸드를 출발하여 악수와 쿠차를 거쳐 카라샤르에 도착했다. 1604년, 고이스가 하미에 도착했을 때 마테오 리치는 한 기이한 방문자를 맞았다. 그 사람의 이름은 애전(艾田), 나이는 60세에 개봉 출신이며 일 년 전에 진사시에 합격하였고 그때는 양주부(揚州府)에 결원이 생겨 부임할 준비를 하고 있었다. 그의 외모는 완전한 유태인이었고 십자가를 숭배하는 종교를 믿었으며 밥을 먹을 때면 모든 음식을 향해 십자가를 그었다. 그는 자신의 고향에는 같은 종교를 믿는 사람이 많다고 말했다. 마침내 복음이 중국에 남아있는 유적을 발견했다고 생각한 마테오 리치는 감격에 빠졌다. 고이스는 카라샤르를 출발하여 하미를 거쳐 가욕관(嘉峪關)으로 들어와 1605년 말에 숙주(肅州)에 도착했다. 그는 그곳에서 북경으로 가는 조공 사절단을 기다렸다. 고이스는 1605년 11월부터 1607년 3월까지 숙주에 머물렀다. 마테오 리치가 그를 맞이하기 위해 북경에서 숙주로 파견한 종명례(鐘鳴禮) 신부가 도착하고 나서 11일 뒤에 고이스 신부는 세상을 떠났다. 마테오 리치는 고이스를 만나 소식을 듣지는 못했으나 뜻밖에도 큰 발견을 하게 되었다. 개봉의 십자가를 믿는 유태인 후예들이 읽고 외우는 경전은 『성경』 「구약전서」였다. 중화제국이 마르코 폴로가 온 적이 있는 바로 그 키타이었다.

## 『대중화제국지』: 키타이 전설 시대의 종결

앙드레 테베의 거작 『세계통지』가 출판되고 나서 2년 뒤인 1577년, 라다(M. de Rada)와 함께 중국을 방문한 마린(J. Marin) 신부가 중국에 관한 각종 자료를 수집하여 마드리드로 돌아갔다. 엘리자베스 시대에 나온 멘도사의 『대중화제국지』 영어 번역본에 실린 다음과 같은 목차는 16세기 말 스페인의 중국에 대한 지식의 깊이와 넓이가 어느 정도인지를 보여준다.

"수도사 라다와 그의 동료가 중국에서 가져온 서적과 그 내용. 그들이 가져온 대량의 서적은 말한 바와 같이 여러 분야를 다루고 있는데 아래에서 보게 될 것이다.

중국의 15개 성 전체와 각 성의 크기 및 인근 기타 국가에 관한 설명. 국왕에게 귀속되는 공물과 조세 수입, 조정의 칙령, 국왕이 내리는 봉급, 궁정 관원의 이름, 각 관서의 크기, 각 성에서 거두는 조세의 규모, 면세자의 숫자와 순서와 시기, 징세의 시기와 방법. 각종 배의 건조와 항행 상황과 각 항구의 크기, 특히 각 항구에 출입하는 배의 숫자.

중국이란 나라의 고대 세계의 시발, 언제 누가.

이 나라를 통치한 국왕, 그들의 가계와 정부의 상황, 그들의 생활 습관.

그들이 우상(그들이 믿는 신)에게 바치는 제사의식, 그 명칭과 기원과 시기.

영혼의 불멸, 천당, 지옥에 관한 그들의 관점, 그들의 장례의식, 사자에 대한 인식, 장례식에서의 복장.

국법은 언제 누가 제정하는지, 위법자에 대한 처벌, 그리고 정부와 정치에 관련된 여러 가지 일.

의사의 약초서, 약초가 어떻게 병을 치료한다고 설명하는지. 그 밖의 여러 가지 의학서와 의약서, 이 나라의 저자가 편찬하고 고대는 물론 근대에 출간된 것들. 병자를 어떻게 진찰하는지, 병자의 질병을 어떻게 치료하는지, 각종 병해를 어떻게 예방하는지.

보석과 금속, 그리고 원래부터 가치를 지닌 자연물. 금, 은, 진주와 기타 금속. 각종 귀금속의 이용 방법과 상호 비교.

숫자와 천체의 운행. 행성과 별, 그것들의 공전과 특수 영향, 그것들이 국가와 민족에게 주는 특수한 의미.

그들이 성인으로 받드는 인물의 생활과 행적. 어느 곳 출신이며 어디서 죽고 어디에 묻혔는지. 도박과 바둑의 놀이 방법, 마술과 인형극은 어떻게 하는지. 음악과 춤, 그 발명자.

수학과 과학, 산술, 셈의 규칙.

태아가 모태 내에 있을 때의 영향, 매달 영양 섭취 방식, 태어나기에 좋은 시각과 나쁜 시각. 건축, 각종 가옥, 가옥의 세부 비례와 크기.

좋은 땅과 나쁜 땅의 특성, 식별 기준, 매년 어떤 과일을 거두는지. 자연 현상과 별자리를 보고 점치는 방법, 연구의 규칙, 숫자를 던져서 운명을 예측하는 방법.

손금과 관상, 그 부호와 표기, 그리고 그것의 의미.

편지는 어떻게 쓰는지, 사람의 신분에 따른 호칭.

말을 어떻게 키우는지, 말을 훈련시키는 방식과 여행.

해몽, 여행을 시작할 때나 어떤 일을 시작할 때 치는 점, 그 결과에 대한 의문.

황제로부터 일반 백성에 이르기까지의 의복, 관리의 표지와 그들이 입는 두루마기.

무기는 어떻게 만드는지, 진은 어떻게 치는지.

......" [44]

후안 곤잘레스 데 멘도사(Juan Gonzales de mendoza)는 1564년에 멕시코에서 아우구스틴 수도회에 가입했고, 그때는 레가스피가 이끄는 스페인 함대가 필리핀 원정을 하고 있을 때였다. 이것은 하느님이 마련한 연분이었는지 모른다. 그도 함대를 따라 마닐라로 왔는데, 라다 신부처럼 운이 좋지는 않았다. 그는 1573년에 스페인으로 돌아오라는 명령을 받았다. 수도회에 가입한 그날부터 그는 중국행을 희망했으나 10여 년이 지나도록 기회는 찾아오지 않았다. 1580년에 필립 2세는 멘도사 신부를 중국으로 가는 선교사단의 책임자로 파견했으나 멕시코에 도착했을 때 이 명령은 취소되었다. 2년 뒤, 루기에리와 파시오가 조경에 와서 교회당을 지었다. 운이 닿지 않았던 멘도사는 실망하여 스페인으로 돌아갔고 그 뒤 다시 로마로 소환되었다. 교황은 그에게 중화제국의 통사를 쓰는 임무를 맡김으로써 다른 방식으로 중국과 인연을 맺는 기회를 주었다.

1583년, 멘도사는 로마에서 『대중화제국지』를 집필하기 시작했다. 이 저작에서 멘도사는 체계적이고 풍부한 중국 지식을 제공했다. 『대중화제국지』는 3부로 나뉘는데 제1부가 중국에 관한 총체적인 소개이다. 페레이라, 크루스, 라다, 에스칼란테(Bernardino de Escalante), 그리고 당시 로마 교황청 도서관이 수집한 각종 중국 관련 자료는 그의 저술을 위한 충실한 기초가 되어주었다. 그가 할 일이라고는 풍부한 지식과 경험을 바탕으로 하여 이미 충분하게 준비된 자료를 선별하고

---

**44** 『16세기 중국 남부 여행기』, 1990년 판, "서문", pp. 55-57.

HISTORIA
# DE LAS COSAS
## MAS NOTABLES,
### RITOS Y COSTVMBRES,

Del gran Reyno dela China, fabidas affi por los libros
delos mefmos Chinas, como por relacion de Religio-
fos y otras perfonas que au eftado en el dicho Reyno.

HECHA Y ORDENADA POR EL MVT R. P. MAESTRO
Fr. Ioan Gonzalez de Mendoça dela Orden de S. Aguftin, y peniten-
ciario Appuftolico a quien la Mageftad Catholica embio con fu real
carta y otras cofas para el Rey de aquel Reyno el año. 1580.

AL ILLVSTRISSIMO S. FERNANDO
de Vega y Fonfeca delconfejo de fu Mageftad y fu
prefidente en el Real delas Indias.

Con vn Itinerario del nueuo Mundo.

Con Priuilegio y Licencia de fu Sanctidad.

En Roma, a cofta de Bartholome Grafii.   1585.
en la Stampa de Vincentio Accol i.

●1585년 로마에서 출판된 멘도사 「대중화제국지」의 표지

종합적으로 기술하는 것뿐이었다. 멘도사는 중국의 지리 풍물, 인륜 제도, 문화적 환상, 군사 무장 등 각 방면에서 완벽하게 서술했다. 그보다 앞서 중국에 관해 그토록 전면적이고 상세하게 기술한 작가는 없었다. 제1부는 이 책의 핵심이며 후세에 끼친 영향이 가장 크다. 제2부는 필리핀의 스페인 교단이 1575년, 1579년, 1584년 세 차례에 걸쳐 시도한 중국 선교사업에 관해 서술하고 있다. 첫 번째로 선교사를 파견한 1575년에만 라다의 수확이 있었을 뿐 나머지 두 차례 가운데서 한 번은 아예 중국에 들어가지도 못했고 한 번은 마카우에서

포르투갈의 예수회로부터 저지를 받았다. 제3부는 멘도사가 가치 있다고 판단한 중국에 관한 산발적인 정보를 모은 것이며 제1부의 보충 자료나 주석이라고 할 수 있다. 이후에 출판한 판본에서는 일부 부록과 중국 지도, 중국 관련 자료 목록이 추가되었다.

　　1585년, 『대중화제국지』(Historia De Las Cosas Mas Notbles, Ritos Y Costumbres Del Gran Reyno De La China)가 로마에서 출판되었고 그 뒤 같은 해에 스페인의 발렌시아와 이탈리아 베네치아에서도 출판되었다. 1600년까지 이탈리아에서만 19판, 스페인에서는 11판이 인쇄되었다. 프랑스어 번역본은 1588년, 1589년, 1600년에 나왔고 '함대의 해(영국이 스페인 무적함대를 격파한 해)'(1588년)에는 런던에서 영어 번역본이 나왔다. 최초의 독일어판과 네덜란드어판은 1589년(프랑크푸르트)와 1595년(암스테르담)에 나왔다. 『대중화제국지』는 16세기가 끝날 때까지 유럽에서 7개의 언어로 46종의 판본이 나왔다. 중국에 관한 한 부의 저작이 그 시대에 거대한 영향을 미치는 베스트셀러가 될 수 있었고, 이 책을 읽지 않은 사람은 시대에 뒤떨어진 고루한 인물이거나 심지어 교양이 없는 인물로 비쳤다. 이것은 전혀 과장이 필요 없는 기적이었다.

# 대중화제국: 완벽한 문명

멘도사의『대중화제국지』는 완벽하고 우월한 중화제국의 형상을 만들어 냈다. 이 책의 의의는 어떤 방면에서 진실한 정보를 제공했다는 것이 아니라 서방 문화의 시야 안에 전면적이고 권위 있는, 또는 가치 표준화된 중국 형상을 만들어 냈다는 데 있었다. 이 책은 이후 2세기 동안 유럽의 "중국 숭배" 사조에 지식과 가치를 제공하는 시발점이 되었다.

## 중국 형상 발전의 이정표

『대중화제국지』의 출판은 유럽의 중국 형상 발전의 하나의 이정표였다. 그것은 키타이 시대가 끝났다는 표지였다. 중화제국이 처음으로 서방의 문화와 문헌 속에서 분명하고도 온전한 모습을 갖게 되었다.『대중화제국지』는 중국의 상황을 체계적이고 완전하게 서술함으로써 유럽 역사에서 중국 형상의 새로운 모형을 만들어냈다. 이전의 여러 가지 번잡한 자료들이 이 책의 출판을 통해 새로운 모형으로 정리되면서 마침내 서방 문화의 시야와 전통 속에서 이용 가능한 '타자'의 형상이 등장했다.

새로운 항로가 열린 뒤로 서방에서 중국 형상은 이해의 단계로 들어갔는데, 『대중화제국지』의 등장은 이 단계의 완성이자 상세한 해석 단계가 시작되었다는 표지였다. 하나의 문명이 쉽고 빠르게 이역 문명을 받아들일 수는 없다. 그러기 위해서는 갈등과 조정이란 힘든 시기를 거쳐야 한다. 이 시기 동안에 이역 문명의 내용은 현지 문명의 현실적인 시야 안에서 선택, 수정, 재편성이란 과정을 거쳐야 하며 또한 현지 문명의 전통적인 표현방식과 접합해야 한다. 한 문명은 자기 문명 밖의 사물을 이해하지 못한다. 자기 문명 밖의 사물은 이역 문명이 자기 문명의 시야 안에 녹아들고, 이역 문명이 자기 문명이 필요로 하는 타자의 한 부분이 되었을 때, 더 나아가 이역 문명이 세계질서 안에서 위상과 가치가 확정된 뒤에야 이해될 수 있다. 중국의 현실에 관한 소식이 처음 유럽에 들어왔을 때 바로 이해되고 받아들여지지는 않았다. 첫 단계에서는 무관심기를 거쳐야 했는데 이때는 극소수의 사람들만 의미를 이해했다. 그 소식은 16세기 전반기의 유럽이 알고 있던 문화 유형과도 맞지 않았고 마르코 폴로 시대 키타이 신화의 전통과도 통하지 않았다. 유럽이 인도에 대해 실망하고 향료에 대한 열정이 식어가면서 중국에 관한 보도가 늘어나자 1550년을 전후하여 서방 문화는 중국의 의의에 대해 어느 정도 이해하기 시작했다. 그러나 그 이해는 모호하고도 혼란스러운 것이었으며, 여러 가지 기괴한 상상이 섞여 있어서 당시까지 유포되고 있던 키타이 전설과 분명하게 구분될 수가 없었다. 그 시대에 등장한 일부 중국에 관한 문헌은 보편적인 주목을 받지 못했다. 키타이 신화는 여전히 서방 문화

안에서 동방 유토피아의 역할을 맡고 있었다. 소수의 선각자들만 서방의 전설 속에 새로운 지식, 다시 말해 키타이가 바로 중화제국이란 사실을 접합시키려는 노력을 시작했다. 이해의 길은 멀고도 길었다. 어쩌면 한 세대의 노력만으로는 불가능할지도 몰랐다. 서방 문화는 누군가가 나서서 정리하고 해석함으로써 중국 형상이 분명해지고 서방 문화 전통의 일부로 수용되는 성숙한 시기가 오기를 기다려야 했다.

『대중화제국지』가 때맞추어 등장함으로써 유럽인의 시야는 키타이 신화에서 중화제국 신화로 비약할 수 있었다. 중화제국의 형상은 상세하게 드러났다. 중화제국은 방대한 제국이며 문명의 여러 방면에서 유럽보다 우월하므로 유럽이 노력해야 할 방향이 될 수 있었다. 그러나 중화제국은 모든 방면에서 모범이 될 수는 없었다. 그렇게 된다면 그것은 완벽한 유토피아를 의미할 것이다. 현재로서는 핵심적인 의미가 아직 드러나지 않았으므로 서방이 모든 방면에서 중화제국의 형상을 이용할 수는 없었다. 좀 더 상세한 설명은 때를 기다려야 했고 이용 단계는 아직 오지 않았다.

한 문명이 다른 문명을 관념적으로 받아들인다는 것은 하나의 해석 과정이며 전체적으로 이해와 설명과 이용이란 세 단계를 거친다. 이해의 단계에서는 이역 문명이 자기 문명 속으로 진입하거나 자기 문명과 교류하는 기회를 갖게 된다. 이때는 두 문화의 시야가 충돌하고 용해되는 시기인데, 자기 문화는 전통 시야를 조절하여 개방적인 태도로 자기와는 다른 내용을 받아들이게 되며 일종의 시험기라고 할 수 있다. 기독교 전설 속에서 성장한 16세기의 유럽으로 말하자면 이것은 종교적 관용주의와 문화적 상대주의를 수용해야 한다는 의미였다. 우수한 이교 문명을 인정한다거나 이교 문명에 대해 합당한 관심과 존경을 표시하기란 절대로 쉬운 일이 아니었다.

　중화제국의 형상이 서방에 받아들여지기 위해서는 서방의 개명된 문화적 태도는 물론이고 동방 문명 자신의 의미와 가치도 명확해져야 할 필요가 있었다. 이 두 가지는 동시에 진행되는 상호 보완적인 작업이었다. 서방 문명은 1580년대부터 중국 형상에 대해 완전한 해석을 시작했고 그 과정에서 필요한 계시와 이용 가능한 문화적 가치를 찾아내려 했다. 이것은 두 문명 시야의 조정과 융합이었다. 『대중화제국지』가 나온 때부터 1735년 뒤 알드(Jean Baptiste du Halde) 신부가 쓴 『중화제국통사』가 출판될 때까지 서방 문명은 줄곧 중국 형상에서 이용 가능한 문화적 계몽 가치를 탐색해왔다. 『대중화제국지』는 이정표라고 할 수 있는 저작이었다. 『대중화제국지』의 출판은 키타이 신화의 시대가 끝나고 중화제국 신화의 시대가 시작된다는 표지였다. 『대중화제국지』가 만들어낸 중국 형상은 일종의 문화적 표준 유형으로서 18세기 계몽운동이 시작될 때까지 영향을 미쳤다.

## 중국 찬양, 정치에서 제도와 기술로

　중화제국은 방대하다는 사실 자체만으로도 흡인력이 있었다. 중국은 세계에서 가장 큰 나라였고 천자는 가장 넓은 영토와 가장 많은 인구를 통치하고 있었다. 『대중화제국지』[45]는 중국에 관한 소개를 지리적 영역과 행정 구역에서부터 시작했다. 중국에는 15개의 성(省)이 있고 수도는 북경과 남경이며 성 아래에는 주(州), 부(府), 현(縣)이 있다. 제국의 서남부는 코친차이나와 버마와 닿아있고 모두 대명(大明) 천자의 속국이다. 해남도에서부터 동북쪽으로 해안선이 뻗어 있다. 멘도사는 대만 섬과 일본 열도, 필리핀, 말루쿠, 자바, 수마트라의 위치를 정확하게 알고 있었고 마카우는 대륙에 붙은 아주 작은 반도라는 사실을 알고 있었다. 큰 강이 제국을 남방과 북방으로 나누고 있다. 북방에는 타타르인의 침입을 막기 위한 장성이 있다. "거기서 예루살렘까지는 6주의 여정밖에 걸리지 않는다. 중화제국의 북방 변경은 돈 강과 닿아있으며 대 게르만과 이웃하고 있다."

멘도사는 제국의 북방 영토를 과대하게 계산하였다. 확장주의 시대에 해로로 중국에 들어온 서방인은 중국 북방에 대해서는 잘 알지 못했다. 멘도사는 중국 북방의 기후가 이탈리아와 같아서 홍수가 일어나고 남방 해안 지역에는 늘 태풍과 지진이 발생하며, 광동 사람은 베르베르인과 비슷하며 피부가 비교적 검고 내륙의 중국인은 게르만인과 비슷하다고 하였다. 중국에는 무어인, 몽고인, 미얀마인, 라오스인이 살며 유럽인도 가끔씩 볼 수 있다. 모든 백성은 천자가 통치하는 제국의 평화로운 질서 속에서 살고 있으니 생각해보면 얼마나 행복한지 알 수 있을 것이다.

중국의 가장 부러운 점은 정치제도이다. 북경 자금성 깊은 궁궐 안에 사는 중국 황제는 세계에서 가장 관심이 집중되는 인물이다. 멘

---

45  이하의 인용은 모두 이 책에서 나왔다. 따로 주를 표시하지 않는다.

●중국 관리 부부

도사는 황제의 위엄을 직접 본 적이 없었기 때문에 마르코 폴로나 예수회 선교사들처럼 감동받지는 않았다. 그러나 떨어져 있었기 때문에 제국 수뇌부의 통치 과정을 보다 전면적으로 이해할 수 있었다. 모든 명령은 수도에 있는 황제로부터 나오는데, 황제는 몇 명의 대학사(大學士)로 구성된 내각(Council)을 두고 있다.[46] 내각의 각료는 제국에서 지위가 가장 높은 신하이다. 중국에는 "각기 자기 신하를 거느리는 친왕(親王), 공작(公爵), 후작(侯爵), 백작(伯爵) 등이 없다." 각료는 어전에서 정사를 논하고 관리에 대한 상벌을 결정했다. 그들은 금과 은으로 만든 의자에 앉는다(멘도사도 마르코 폴로 식의 상상을 벗어나지 못하고 있다). 내각은 제국 정치의 실권 기구로서 조정의 신하와 성의 총독을 천거하면 황제가 정식으로 임명한다. 지방관이 매달 내각으

---

**46** 명 홍무제(洪武帝)(1368-1398)는 호유용(胡惟庸) 사건 이후로 재상을 두지 않고 중서성의 권한을 쪼개어 6부에 귀속시켰다. 천자를 위해 문서를 작성하고 정리하는 일을 맡은 대학사를 따로 설치했다. 영락(永樂)(1403-1424) 연간에 내각이란 명칭이 처음 사용되었다. 홍희(洪熙)(1424-1425) 이후로 내각의 권력이 강해져 천하를 농단하였다. 각료의 정원은 정해져 있지 않았다.

●중국의 선박

로 정무를 보고하면 각료들이 황제 앞에서 무릎을 꿇고 앉아 보고한
다. 한 시간 또는 두 시간 동안 무릎을 꿇을 수 있는 능력은 놀라운
것이다. 조정은 제국 행정의 중추로서 각 성과 지방관서의 정무 관리,
군사와 감찰을 책임진다. 지방관 중에서 가장 높은 직위는 순무(巡撫,
Viceroy)이고 다음이 총독(總督, Governor)과 포정사(布政司), 다시 도당
(都堂, Tutuan), 총병(總兵, Totoc), 해도(海道, Aytao)의 순서이다.[47] 순무는

---

**47** 크루스의 『중국지』는 지방관직의 등급을 다음과 같이 배열하고 있다. 도당
(Totom), 포정사(Ponchassi), 징세감독관, 안찰사(按察司)(Anchasi), 대법관, 해도

두 개의 성을 관할하고 포정사는 하나의 성을 관할한다. 도당은 지방의 징세업무를 감독하고 총병은 성의 최고위 무관이며 해도는 군수품 조달관이다. 멘도사가 이해한 관직은 실제와 큰 차이가 없으나 그는 중국의 행정제도가 의회제라고 파악했다. 경험이 풍부하고 덕망이 높은 의원이 집단적으로 정무를 결정한다고 하였는데 큰 오해가 아닐 수 없다.

중국의 사법과 감찰제도 또한 멘도사가 중시한 내용이었다. 중국의 사법은 엄격하고 공정하며 형벌이 가혹한 것은 인도적이라 할 수 없으나 사회 치안을 보장한다는 점에서는 뛰어난 제도이다. 그는 황제의 특명 어사인 흠차대신(欽差大臣, Quinchay)이 금으로 된 인을 지니고 평상복 차림으로 감찰에 나선다고 소개하였다. 감찰과 징계가 엄격하기 때문에 중국의 관료사회에서는 부패와 뇌물을 찾아볼 수 없다. 황제의 조세 수입은 주로 귀금속 채굴, 진주, 사향, 호박(琥珀)의 무역과 도자기 제조업에서 나오며 납세는 곡물, 비단, 면화 등 현물로 한다. 황실 창고는 국내의 모든 도시에 하나씩 있다. 멘도사는 중국 도시의 성벽과 성문, 관서와 사원, 상점과 찻집, 술집과 유흥업소를 상세하게 묘사했다. 그는 "중국 도처에서 아름다운 건축물을 볼 수 있으며" "장성은 제국의 가장 먼 변방에 있어서 지금까지 직접 본 사람은 없지만 웅장함에 있어서 분명히 건축의 기적"이라고 하였다.

멘도사는 도자기 제조업에 관해서 상세하게 서술했다. 18세기까

---

(Aitao), 장군. 다섯 번째 직급을 Luthissi라고 적었는데 어떤 직책인지 알 수 없다. 노당(盧鐙)이란 인명을 혼동한 게 아닐까 추측된다.

지도 도자기 제조는 유럽에서 불가사의한 기술이었다. 멘도사는 중국의 공예 미술에 특별한 관심을 보였다. "중국인은 남녀 할 것 없이 총명하고 손재간이 뛰어나다. 그들은 회화와 조각에 종사하며 침대와 가구에 정교하고 아름다운 동식물의 그림을 새긴다. 1582년에 내가 리스본의 리베라(Ribera) 대위의 집에서 중국 가구를 직접 보았다. 리베라 대위는 마닐라 부대의 총지휘관으로 있을 때 사들인 중국 가구를 리스본으로 가져왔다. 가구의 정교하고 아름다움이란 놀라울 정도였고 존경하는 국왕(필립 2세)도 감탄해 마지않았다. 식견이 넓으신 국왕께서 찬탄할 만한 물건은 많지 않다. 사실상 그 정교하고 아름다운 공예기술을 보고 찬탄하지 않을 사람은 없을 것이다." 멘도사는 중국의 공예, 야금, 단철(鍛鐵), 자수, 목제가구, 금속그릇, 교통도구 기술을 상세하게 소개했다. 그는 상당히 기이한 모양의 돛을 단 수레에 관해서도 기술했다. 서방의 조선 기술이 뛰어나다고 생각한 멘도사는 중국의 조선 기술 수준을 치켜세우지는 않았다. 그러나 유럽인은 32분도 나침반을 쓰고 중국인은 24분도 나침반을 쓰고 있어서 항해 기술면에서는 별 차이가 없다고 하였다. 결론적으로, "중국에는 정교하고 아름다운 기물이 많으며 기술이 뛰어난 장인이 많다. 그들은 위대한 발명자이다."

멘도사는 중국의 정치제도에서부터 기술과 기물에 이르기까지 찬양했다. 그의 이해 범위 안에 있는 것이라면 모순되고 부정적인 면까지도 개조하여 이용할 가치가 있었다. 문화적으로 단절 상태에 있던 서방 여행자들은 중국인의 용모, 복장, 음식 등을 접하고 반감과 곤혹스러움을 느꼈다. 크루스와 라다도 중국인의 가늘고 작은 눈, 납작한 코, 성긴 수염―중국인도 처음에는 서방인의 쑥 들어간 눈과 높은 코, 곱슬머리와 짙은 수염을 보고 조롱했다―을 주목했고 과장된 두루마기와 남자들도 여자처럼 머리를 길게 남기는 풍습을 좋지 않게 평가했다. 이런 특징들은 멘도사에 이르면 생략되거나 중성화되었다. 이 아우구스틴회 수도사는 철저한 중국 숭배자여서 중국에 대한 어떤 악감정도 좋아하지 않았다. 분명하고도 회피할 수 없는 단점과 죄악이 있어도 그는 애써 교묘한 핑계를 찾거나 가볍게 서술하고 지나갔다. 그는 중국의 여자들이 아름답다고 찬미하면서도 전족 같은 고루한 풍습에 대해서는 어떤 분노도 표시하지 않았다. 크루스, 페레이라, 바로스와 에스칼란테는 중국에는 거지가 없다고 설명했고, 그 원인은 첫째는 사회가 보편적으로 부유하고 사람들이 모두 부지런하기 때문이며, 둘째는 제국이 건전한 복리제도를 갖추고 있어서 노약자와 가난한 자를 부양하기 때문이라고 하였다. 그러나 라다는 전혀 상반된 증거를 제시했다. 그는 유랑민, 강도, 거지, 심지어 거리에서 구걸하는 장님까지 보았다고 말했다. 서로 모순된 재료를 두고 멘도사는 자기 마음에 맞는 쪽을 선택하고 적당한 해석까지 덧붙였다. 멘도사는 중국은 풍요로우며 중국에는 거지가 없고 중국의 법률도 "거지가 거리에서 구걸하는 것을 허용하지 않는다"고 하였다. 그는 중국의 병원과 빈민 구제기관에 대해 기상천외한 설명을 하였다. "부모가 없는 자(장애 아동), 또는 집안에 부양자가 없는 가정은 황제가 출자하여 운영되는 구제기관에 들어갈 수 있다. 제국의 모든 도시에는 황실이 운영하는 복지시설과 병원이 있어서 돌보는 사람이 없는 노인이나 나라를 위해 힘을 다한 퇴역 병사는 그곳에서 매우 양호한 보급과 돌봄을 기대할 수 있다 ……" 중국의 완벽한 복지제도는 구제를 중시한다는 기독교 세계를 부끄럽게 만들기에 충분했다. 영국의 여행기 편집자 퍼차스(Samuel Purchas)는 『대중화제국지』를 평하여 "우리 자신을 비추어 볼 수 있는 거울"이라고 하였다.

## 중국 문화 숭배의 서곡

중국은 여러 방면에서 찬양받을 만했다. 문명의 수준은 높았고 역사도 오래되었다. 라다는 '대명의 오래된 역사와 그 진화'를 설명하면서 신화와 전설 시대를 포함하면 중국의 역사는 10만 년 정도가 된다고 하였다. 그는 황제(黃帝, Vitey)부터 역사의 인물로 보고 진시황까지만 해도 중국에는 이미 117명의 황제(皇帝)가 2,257년 동안 통치했다고 설명했다. 진시황이 장성을 쌓고 나서 다시 1,800여 년이 흘렀다. "이 나라는 단기간 타타르인의 통치를 받은 때를 제외하면 외족의 지배를 받은 적이 없는데 이는 정말 대단한 일이다. 이 역사가 진실이라면 그들은 노아의 대홍수 직후에 황제(皇帝)를 세웠고 그때부터 이민족의 간섭을 받지 않은 셈이다."[48] 멘도사는 기본적으로 라다의 주장을 받아들이면서 한 걸음 더 나아가 '대홍수 직후'라는 표현을 발전시켜 "최초로 중국에 거주한 사람은 노아의 아들이라고 주장하는 사람도 있다"고 하였다.

---

[48] 『16세기 중국 남부 여행기』, pp. 197-200.

이후로 2세기 가량 선교사들이 중국 역사를 성경의 신학 체계 안에 끌어들이기 위해 끊임없이 노력했는데, 그 선구자가 멘도사였다. 기독교는 이러한 이교 문명에 대해 '합리적인' 설명을 내놓아야 했다. 그렇지 않으면 중국 역사의 사실이 기독교의 존재 자체를 위협할 수 있었다. 중국 이교 문명에 대한 숭배와 기독교 문명의 자기 확신은 본질적으로 모순되는 것이었다. 머지않아 계몽주의 철학자들이 이 모순을 이용하게 되는데, 이것은 '중국광'이라는 선교사들도 예측하지 못한 사태였다.

중국은 우수한 세속 문명을 두루 갖추고 있지만 중국인은 그들의 황제와 잡다한 우상만 숭배할 뿐 하느님의 복음에 대해서는 놀라우리만큼 무지했다. 멘도사가 갖고 있던 자료는 중국인은 우상숭배자이며 타락한 미신과 제사 의식에 젖어 있음을 증명해 주었고 성 토마스의 중국행과 관련된 흔적은 중국 어디에도 없었다. 이것은 곤혹스러운 사실이었지만 멘도사의 풍부한 상상력이 다시 한 번 해법을 찾아냈다. 정직한 사람은 "천당에 들어가······천사가 되고" 사악한 자들은 "개나 돼지가 되었다가······다시 지옥으로 떨어진다"는 윤회론을 중국인이 믿는다고 그는 말했다. 중국인은 기도를 하지 않는 게 아니라 "사원에서 기도하지 않고 각자의 집에서 기도한다." 그들은 어느 날엔가는 하느님의 복음을 받아들이고 진정한 기독교도로 거듭날 것이다.

중국의 세속 문명은 사람들이 찬탄하는 바였다. 이때의 멘도사는 이후의 예수회 선교사들처럼 중국의 문화와 철학을 이해하고 있지는 않으면서 중국의 문자라든가 글 쓰는 방식, 인쇄술과 독특한 교육제도 같은 외면적 특징에만 주목했다. 멘도사는 멕시코, 스페인, 로마에서 수많은 중국 책을 본적이 있었기 때문에 한자의 특징을 이해하고 있었고, 한자는 그림을 그리듯 "대나무로 만든 붓"으로 위에서 아래로 써내려 간다고 소개했다. 이탈리아의 역사학자 파올로 죠비오(Paolo Giovio, 1483-1552)가 반세기 전에 인쇄술의 발원지는 중국이라는 주장을 내놓았다. 크루스는 중국인은 9백 년 전부터 서적을 인쇄하기 시작했다고 주장했다. 멘도사는 이 기초 위에서 구체적인 논증을 내놓았다.

"······인쇄술은 러시아의 모스크바를 통해 독일로 수입되었다. 그 시대에 상인들은 육로로 여행했다. 홍해와 아라비아 반도를 거쳐 중국으로 간 사람들도 돌아올 때는 중국 책을 가져왔다. 역사에서는 구텐베르크가 인쇄술을 발명했다고 하나 실제로는 중국의 기술을 모방한 것이다. 명백한 증거가 있다. 독일인들이 인쇄술을 발명하기 5백 년 전에 중국인들은 이미 책을 인쇄하기 시작했다. 나도 한 권을 가지고 있고 스페인, 이탈리아, 인도(멕시코를 가리킨다)에서 그런 책을 직접 본 적이 있다."

멘도사는 중국의 사물에 대해 실상과 부합하지 않는 확신과 예민한 이해력을 갖고 있었다. 그는 빈약하고 산발적인 자료 가운데서 예민하게도 중국의 교육과 통치제도 사이의 관계, 중국 문명의 지식에 대한 특유의 존중을 알아냈다. 중국에서는 학식과 견문이 풍부한 사람이라야 국가고시를 통해 관리가 되어 정무를 관리할 수 있다. 중국에는 귀족이 없으며 누구라도 학문적인 노력을 통해 상층 사회로 들어갈 수 있다. 이것은 평등과 경쟁에 기초한 건전한 사회제도가 작동하고 있음을 의미한다. 이러한 발견은 16세기 말 서방의 봉건 계급 사회로서는 일대 충격이자 이후 한 세기 가량 서방이 중국의 과거제도와 문관 제도를 이용하려던 시도의 예고였다.

그러나 멘도사의 소개는 대부분이 완전하지 못한 인식과 당연한 추측을 바탕으로 하고 있었다. 그는 과거제도의 진정한 의미와 중국에서 학식이 갖는 특징을 전혀 이해하지 못했다. 그는 라다의 신랄한 평가를 기억하지 못했다. "우리가 수집한 각종 학술 서적은 점성술과 천문학에 관한 것도 있고 관상술, 수상술, 산수, 법률, 의학, 검술, 각종 유희, 그들이 믿는 신에 관한 것들이다. 그 중에서 의학 방면의 서적만 제외한다면 ─의학 서적이라고 해도 본초학자들이 경험을 통해 약초의 본성을 알아냈을 뿐 우리가 디오스코리데스(Pedanius Dioscorides)의 저서에서 보는 바와 같은 약초에 관한 설명은 없다─나머지는 일고의 가치도 없다. 그들은 사물의 겉모습 말고는 아무것도 모른다. 그들은 기하에 대해서는 전혀 무지하고 컴퍼스도 모르며 덧셈·뺄셈·곱셈·나눗셈 이외의 계산은 할 줄 모른다. 그들은 해와 달은 사람의 본성과 통하고 하늘은 편평하다고 알고 있으며 지구가 둥글다는 사실을 모르고 있다."[49] 멘도사는 이런 달갑지 않는 정보는 잊어버리려고 했다. 그는 있지도 않은 중국 황실의 교육제도에 대해 기상천외한 설명을 기술했다.

"황제가 출자하여 모든 도시에 중학과 대학을 설립했다. 그곳에

---

**49** 『16세기 중국 남부 여행기』, p. 210.

서 작문, 일기, 산술, 자연철학, 도덕철학, 점성술, 법률, 그리고 일부
신비한 과학을 배울 수 있다. 이런 학교의 교사는 각 분야에서 특출
한 업적을 낸 사람들인데 작문과 읽기 과목이 특히 그렇다. 누구든
작문과 읽기를 배울 수 있고, 또한 작문과 일기를 할 줄 모르는 사람
은 부끄러움을 당한다. 많은 사람이 고등교육을 받을 수 있고 열심히
공부한다. 대인의 칭호를 얻거나 신사나 존귀한 신분에 오르려면 이
길이 가장 효과 있는 방법이기 때문이다……."

  멘도사의 묘사는 명 시대의 실상과는 크게 다르며 마치 현대 교
육제도를 보는 것 같다. 30년 뒤에 트리고는 『마테오리치 중국찰기(利
馬竇中國札記)』를 편찬하면서 이런 편견을 바로잡으려고 했다. 중국인
이 배우는 학문 중에서 어문을 제외하고 "유일하게 비교적 심오한 이
론을 포함한 것이라고 한다면 도덕철학이고" "사서오경"이 그 경전이
다. "우리 가운데 어떤 작가가 말한 상황과는 전혀 다르게 중국에는
이런 저작을 교수하거나 강해하는 학교 또는 공립학원은 없다. 모든
학생은 선생을 스스로 선택해서 집에서 자기 돈을 내고 배운다."[50]

  멘도사는 『대중화제국지』에서 지고지선의 중국 형상을 제시할
생각뿐이었다. 이런 형상을 증명할 수 있는 자료라면 그는 전혀 의심
없이 인용했고 심지어 어떤 부분은 가공한 혐의도 피할 수 없으며, 이
런 형상과 배치되는 자료는 회피하거나 가볍게 언급하고 넘어갔으며,
문제나 구체적인 내용을 설명하기에 자료가 부족한 경우에는 기꺼이

---

**50** 『마테오리치 중국찰기(利馬竇中國札記)』, p. 35.

●확장시대의 스페인 수도 세비야(17세기 목판화)

상상으로 보충했다. 『대중화제국지』가 서방의 중국 형상사에서 차지하는 의의는 어떤 방면에서 진실한 정보를 제공한 데 있는 것이 아니라 서방 문화의 시야 안에 전면적이고 권위 있는, 혹은 가치 표준화된 중국 형상을 제시했다는 데 있다. 『대중화제국지』는 그 뒤 2세기 동안 유럽의 '중국 숭배'의 지식과 가치의 기점이 되었다.

총체적이고 명확한 가치 식별의 의의를 갖는 중국 형상은 전환기를 맞은 16세기의 유럽의 입장에서 보자면 진실되지 못하고 허구인 부분이 적지 않았음에도 불구하고 대단한 영향력을 가졌다. 한 문명은 다른 문명에게 유토피아이거나 두려운 지옥이 될 때야 문화 교류에 있어서 건설적인 의의를 갖게 된다. 인류의 역사에서는 지식의 진보가 아니라 상상과 허구가 창조의 기회를 제공한 경우가 많은데 다만 사람들이 이런 비이성적이고 광적이며 유치한 요소를 인정하지 않으려 할 따름이다.

제국의 실상은 군사와 외교 면으로도 표현되지 않을 수 없다. 거의 모든 서방 여행자들은 중국의 군사상 허점을 발견했다. 중국인은 전쟁을 좋아하지도 않았고 용감하지도 않았다. 무기와 장비 역시 서방과는 비할 바가 못 되었다. 침략자들이 야만적인 정복의 기회를 보았을 때 멘도사는 문명의 의미와 복음의 기회를 보았다. 문명이 평화 위에서 구현되었기 때문에 중국인의 유약함은 합리적인 설명을 얻게 되었다. 중국인은 평화를 애호했다. 그들은 갖고 있는 부와 영토만으로도 만족할 수 있었다. 그들은 밖으로부터 어떤 것도 구할 필요가 없었기 때문에 야만족 부락의 침입을 방비할 수 있는 정도의 군사력이면 족했다.

"……그들은 경험으로부터 다른 나라와 민족을 정복하는 일이 자기 백성을 괴롭게 하고 나라의 부를 축나게 한다는 사실을 알고 있다. 군사력으로 다른 나라를 정복해도 정복한 지역을 유지하기 위해서는 인력과 재력을 소모해야 하고 게다가 적이 허를 노려 침입하는 것도 방비해야한다……정복은 득보다 실이 많다. 그들이 무력으로 해외에 위엄을 떨치고 있을 때(정화鄭和의 원정을 가리킨다) 그들의 적인 타타르인과 기타 야만인 부락이 변경을 침범하기 시작했다……그들은 마침내 평화 속에서 성을 지키면서 자기 왕국을 발전시키는 것이 이익이 된다는 점을 깨달았다. 특히 먼 곳에 있는 나라는 포기해야 한다. 그때 이후로 그들은 밖을 향해서는 어떤 전쟁도 일으키지 않았다. 전쟁은 백성을 피로하게 하고 국부를 축나게 하기 때문이다. 또한 아무 이익도 얻지 못하는 일이기 때문이다……" 멘도사는 중국의 역사를 서술하면서 은유적인 방식으로 스페인 제국을 타일렀다. 무적함대의 패배가 있기 전에 멘도사는 스페인 제국이 자신이 정복한 세계에 대한 부담 때문에 끌려 다니게 되리라 예감했다. 왜 적절한 때에 멈추고 자기 제국이 이미 가진 것에 만족할 줄 모르는가? 중국 정부는 외국인의 진입을 환영하지도 않았고 중국인이 외국으로 나가는 것도 허용하지 않았다. 멘도사는 해금(海禁) 정책과 조공무역의 의미를 이해했다. 그는 크루스로부터 동남아 국가들이 정화 시대의 중국 중심 질서를 어떻게 기억하고 있는지 전해 들었다. 자바, 말라카, 샴 등은 중화제국의 속국으로서 중국에 조공했다. 중국의 강대함은 중국의 문명과 국토의 광대함, 그리고 많은 인구와 국가의 부에 있었다. 군사적으로 연약하게 보이는 것은 어쩌면 문명이 강대하다는 반증일 수도 있었다.

멘도사는 자신의 조국인 스페인과 전체 유럽 문명, 그리고 이 문명이 갖고 있던 중국 형상의 전통을 잊지 않았다. 멘도사가 중국 문화를 찬양했던 까닭은 중국이 복음을 파종하기에 적합한 비옥한 땅이라고 상상했기 때문이었다. 그가 중국의 평화와 자족을 강조하여 소개한 까닭은 필립 2세의 스페인이 해마다 이어지는 군사력 동원 때문에 무너지리라 예상했기 때문이었다. 그가 중국의 사회 정치와 인문 제도를 찬양한 것은 서방 사회의 전환 방향과 이상을 생각하기 때문이었다. 그는 중국이 유럽이 추구해야 할 유토피아라고 느꼈기 때문에 무의식적으로 유럽 문화 속에 이미 형성되어 있던 중국 형상의 전통—세레스 신화에서 키타이 전설까지—을 이용하고 있었다.

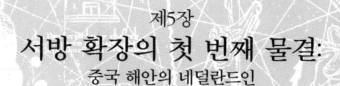

# 제5장
# 서방 확장의 첫 번째 물결:
## 중국 해안의 네덜란드인

# 1

# 17세기는 네덜란드인의 세기

서방인은 파도처럼 동방을 향해 확장해왔다. 새로운 물결이 앞선 물결을 밀어냈다. 16세기가 이베리아인의 세기였다면 17세기는 네덜란드인의 세기였다. 그들은 포르투갈인들이 세운 동방 무역체계를 빼앗아 계승하면서 여러 차례 중국 해안에 충격을 가했다……

## 네덜란드의 확장, 한 무리의 난폭한 해적

1600년, 마테오 리치가 태감의 작은 배를 타고 운하를 따라 남경에서 북경으로 갔을 때 네덜란드인 반 네크의 함대가 주강 하구로 들어왔다. 함대는 멀리서부터 마카우 포르투갈 교회당의 "거대한 푸른색 십자가"를 볼 수 있었다.

네덜란드인들은 일찍이 포르투갈 범선이 내려놓는 후추 가격에 불만을 갖고 있었다. 처음에는 그들도 알렉산드리아 항의 무슬림 상인들로부터 몇 가지 향료를 구입했다. 1580년에 스페인과 포르투갈의 왕실이 합병하고 지브롤터 해협을 봉쇄하자 이 길이 끊어졌다. 네덜란드가 반발하자 이베리아 반도의 모든 항구가 네덜란드 선박의 출입을 막았다. 향료를 구할 수 있는 모든 길이 막혀버렸다. 네덜란드인은 무언가 행동을 하지 않을 수 없었다. 유일한 돌파구는 자신의 함대를 파견하여 직접 동방에서 향료를 구입하는 것이었다. 포르투갈 배에서 일하던 네덜란드 선원이 초기의 길잡이가 되었다. 1592년, 포르투갈 함대를 따라 여러 차례 마카우로 간 적이 있는 네덜란드인 디르크 폼프(Dirck G. Pomp)가 고향으로 돌아왔다. 그는 네덜란드의 마르코 폴로가 되었다. 그는 포르투갈인들이 중국에서 어떻게 행운을 잡았는지 알고 있었고 중국에 관한 여러 가지 얘기를 들려주었기 때문에 '디르크 중국'이란 별명을 얻었다. 1595년, 반 린쇼텐(J. H. van Linschoten)이 『여행일기』를 출판했다. 고아에서 포르투갈 대주교의 시종으로 7년을 일한 이 네덜란드인은 희망봉으로 가는 해로를 상세하게 소개했다. 그의 일기는 네덜란드가 첫 번째 동방 항해를 시도할 때 안내서가 되었다. 1596년, 네덜란드의 원양무역회사(Compagnie van Verre)가 파견한 네 척의 배가 자바 서부의 반텐 항으로 가 향료를 사들였다. 린쇼텐이 그곳에는 포르투갈인이 없다고 알려주었다.

포르투갈인은 동방의 상업 항구 어디에나 들어가 있었다. 반텐은 동남아의 중요한 무역 집산지였다. 그곳에서 네덜란드인들은 인도, 자바, 중국에서 온 상인을 보았다. 물론 포르투갈인들도 모습을 감출

●반 린쇼텐과 그가 쓴 『여행일기』의 표지

수 없었다. 첫 번째 동방 항해에 참가했던 289명의 선원 가운데서 살아서 돌아온 사람은 89명뿐이었다. 첫 번째 동방 항해는 재물은 생명의 행복을 위해서 필요한 것이라고 생각한 사람들에게는 재난이었지만 생명은 재물을 찾는 모험을 위해 있다고 생각한 사람들에게는 기회였다. 반텐 항해에서 나온 이윤은 더 많은 사람들이 동방의 해역으로 몰려가도록 자극했다. 1598년에는 벌써 22척의 네덜란드 배가 동인도 제도에 진입했다. 그들이 거둔 이윤은 최소한 원전의 다섯 배를 넘었다.

네덜란드의 동방 진출은 포르투갈에 비해 꼬박 100년이 늦었다. 1601년 초가을, 야콥 반 네크 선장이 지휘하던 네덜란드 함대는 남중국해에서 태풍을 만나 광주 항 앞바다까지 표류했다. 그들은 "큰 도시를 보았다. 스페인 풍의 주택이 늘어서 있었고 산꼭대기에는 포르투갈 교회당이 있었으며 교회당 지붕에는 거대한 푸른색 십자가가 세워져 있었다." 반 네크는 린쇼텐의 『여행일기』를 근거로 하여 그곳이 포르투갈이 자랑하는 '하느님의 성' 마카우라고 단정했다.

네덜란드인은 동방에 진입하여 유럽-아시아 무역과 아시아 역내 무역을 하려면 중국 본토 부근의 섬에 거점을 마련해야 한다는 점을 깨달았다. 대륙에 붙어 있는 작은 반도인 마카우가 가장 이상적인 지점이었다. 포르투갈인들이 먼저 그곳에 와있다는 것이 문제였다. 반 네크가 네덜란드 함대의 도착을 통보하기 위해 보낸 선원은 돌아오지 않았고 정박할 곳을 찾기 위해 떠난 쾌속선도 돌아오지 않았다. 네덜란드인들은 항구 밖에 정박한 배 위에서 14일 동안 교회당의 첨탑과 거대한 십자가만 바라보다가 그곳을 떠나야 했다. 1602년, 네덜란드 동인도회사가 설립되고 와윅(Wijbrant van Waarwick)[51]이 지휘하는 함대가 중국을 향해 출발했다. 함대가 제일 먼저 정박한 곳은 빠따니였다. 그들은 그곳에서 샴 왕이 파견하는 조공 사절단을 따라 중국으로 가 운을 시험해 볼 생각이었다. 뜻밖에도 사절단이 중국을 향해 떠나기 전에 샴 왕이 먼저 세상을 떠났다. 그들은 빠따니에서 중국 상인 몇 명을 알게 되었는데, 그 중 한 사람인 은포(恩浦)는 얼마 전에 네덜란드에서 돌아온 인물이었다. 중국 상인이 그들에게 두 가지 중요한 정보를 알려주었다. 1) 복건 해안의 팽호(澎湖) 열도는 개발하기 쉽고 방어하기에 좋은 곳이라 무역 거점으로서 마카우에 뒤지지 않는다.

---

**51** 중국 쪽 사료에 "위마랑(韋麻朗)"이라고 나오는 인물이 이 사람이다.

2) 복건에 주재하는 조정이 파견한 징세관과 복건 현지 관리들에게 뇌물을 주면 포르투갈인들이 마카우를 점거한 것처럼 팽호 열도를 점거할 수 있다.

네덜란드인들의 성공은 주로 그들의 무역 조직에서 비롯되었다. 네덜란드 동인도회사는 남아시아와 동남아시아의 후추, 향료, 진귀한 목재와 보석을 중국에 가져다 팔고 중국의 비단을 가져다 일본에 판 다음 일본에서 은을 가져와 동남아의 향료를 사들인 뒤 마지막으로 유럽에 돌아가 팔았다. 동방 무역에서 얻은 이윤은 그들이 마지막으로 향료 군도에서 유럽으로 가져갈 상품을 수집하기에 충분했다는 점이 돈을 벌 수 있는 묘법이었다. 그들이 짜놓은 동방 무역망 가운데

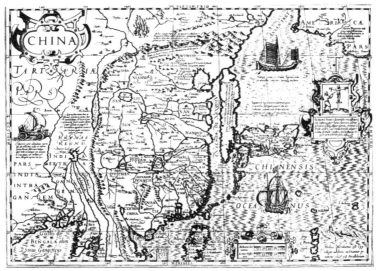

●1606년 암스테르담에서 출판된 메르카토르-혼디우스 지도에 표시된 중국판도

서 중국은 관건이었다. 그들은 시작할 때부터 중국의 문호를 열지 않으면 안 된다는 점을 인식하고 있었기 때문에 포르투갈인들처럼 중국 해안에서 무역 거점을 확보하려 했다. 와윅은 팽호 열도로 가 그곳에 요새를 쌓고 주거를 지었다. 중국의 관군이 바다를 소탕할 때 그들은 쫓겨서 팽호 열도를 떠났지만 그때는 이미 1604년의 겨울이었다.

네덜란드의 동방 무역은 중국을 제외하고는 생각할 수 없었다. 바타비아(지금의 인도네시아 자카르타)에 중심 거점을 확보했지만 중국이란 매듭을 풀지 않으면 동방 무역은 작동할 수 없었다. 빠따니의 중국 상인 은포가 네덜란드를 위해 두 가지 방안을 알려주었다. 1) 조공을 명분으로 중국에 들어가면 막는 사람이 없을 뿐만 아니라 면세로 대량의 화물과 비단을 살 수 있다. 2) 천주(泉州)와 광주(廣州) 항을 봉쇄하고 해상에서 선박을 약탈하며 해안 지대에서 살인과 방화를 저지르면 중국 연해의 상인과 백성들 사이에서 혼란이 일어날 것이고 이를 평정하기 위해 중국 정부가 출동하면 그때 중국 정부를 돕는다. 중국 정부는 그 보답으로 포르투갈인들에게 그랬던 것처럼 식민 거점을 허락할 것이다. 유감스럽게도 네덜란드인들은 두 번째 방안부터 먼저 실행했다. 네덜란드 동인도회사 총독 코엔(J. P. Coen)은 보고서에 다음과 같이 썼다. "내가 이해하게 된 중국 법률과 정세에 따르면 중국과의 무역은 근본적으로 평화적인 방식으로는 시작될 수 없다. 따라서 나는 부하들에게, 중국인이 우리에게 편의를 제공하지 않고 우리와 통상을 원치 않으면 망설이지 말고 무력을 사용하여 각지에서 그들을 공격하라는 명령을 내렸다." 1622년, 라이예르손(C. Reijerson)

이 지휘하는 11척의 네덜란드 함선이 6백 명의 병사를 싣고 중국을 향해 출발했다. 코엔은 그들에게 다음과 같은 명령을 내렸다. "1) 마카우를 점령하고 마카우와 필리핀 사이의 항로를 차단할 것. 2) 팽호 열도를 점령하고 상관(商館)을 세워 복건 무역을 개척할 것. 3) 만약 중국과 전투를 벌이게 되면 가능한 한 많은 중국 남녀와 어린아이를 붙잡아 바타비아와 반텐으로 이송할 것."[52]

6월 24일, 네덜란드 함대가 마카우 공격을 시작했다. 이 전투는 네덜란드인들에게 또 한 차례의 재난을 안겨 주었다. 라이예르손 사령관과 함께 상륙한 6백 명의 병사 가운데서 130명이 목숨을 잃었고 라이예르손 본인도 복부 관통상을 입었다. 함대는 팽호 열도로 돌아 왔다. 전투에서의 패배와 여름철 폭풍이 불어 닥쳐 히스테리 상태에 빠진 네덜란드인들은 미친 듯이 복건과 절강 해안 일대에서 상선과 촌락을 약탈하고 방화와 납치를 벌였다. 그들에게는 아무런 계획도 목표도 없었다. 그들은 어쩌면 믿기 어려울 정도의 잔혹 행위를 저지 르면 중국 정부가 통상을 허락하리라고 생각했는지 모른다. 해적의 논리는 포학하고도 우둔했다. 그들은 팽호 열도의 기지를 재건하고 복건 지방정부와 담판을 벌였다. 그러면서도 한편으로는 상선과 촌락 약탈을 계속했다. 그들은 중국인을 납치하여 팽호 열도의 요새 공사 에 투입하거나 바타비아의 노예 시장에 내다 팔았다. 그들이 약탈한 음식과 네덜란드에서 가져온 술로 광란의 잔치를 벌이고 있던 어느

---

52 『네덜란드 사절 최초 중국방문기(荷使初訪中國記) 연구』, Leonard Blusse(네덜란 드) 저, 장국토(莊國土) 역, 하문(夏門)대학출판사, 1989년 판, p. 30.

●열란차 요새(1671년 네덜란드 삽화)

날 중국의 수군이 조용히 팽호의 요새를 포위했다. 새로 부임한 복건
순무 남거익(南居益)이 만여 명의 병사와 150척의 병선을 직접 지휘했
다. 막 산서에서 부임해온 남거익은 북방의 거친 기상을 그대로 지니
고 있었다. 라이예르손의 후임으로 네덜란드 함대의 사령관이 된 손
크(M. Sonck)가 20여 년 전 와윅의 겪었던 운명을 그대로 따랐다.
1624년 8월 25일, 손크는 중국과의 합의에 따라 2년 동안 공사를 진
행해오든 팽호도의 요새를 허물고 대만 섬으로 물러났다. 그는 대만
으로 물러난 뒤에 곤신도(鯤身島)에 열란차(熱蘭遮, Zeelandia) 요새를 짓
기 시작했다.

이 두 해 동안에 마카우, 복건, 절강 연해지역에서 네덜란드 함대가 거둔 유일한 성공은 "가능한 한 많은 중국 남녀와 어린아이를 붙잡은" 일이었다. 본트쾨(Willem. Y. Bontekoe) 선장의 『동인도 항해기』는 전혀 숨김없이, 어떤 면에서는 자랑스럽게 중국 해안에서 벌인 폭행을 소개하고 있다.[53] 네덜란드인들은 작은 무리의 사나운 해적에 지나지 않았다. 살인과 방화, 상선과 촌락의 약탈로는 노쇠하기는 했지만 아직도 방대한 중화제국을 위협할 수 없었다. 손크 함대는 복건 수군의 감시를 받으며 대만으로 물러났고 코엔은 네덜란드로 소환되어 동인도회사 이사회에서 사태를 설명해야 했다. 이사회는 그의 정책을 "선견지명이라고 할 수는 있지만 실제와 부합하지 않는다"고 평가했다. 손크는 코엔의 후임 바타비아 총독에게 보낸 보고서에 다음과 같이 썼다.

"우리가 중국 연해 일대에서 한 행위 때문에 중국인은 우리를 더 강하게 반대하고 있으며, 우리를 살인범이나 해적과 다름없이 보고 있습니다. 우리가 중국인을 흉악하고 잔인하게 대한 것은 분명한 사실일 뿐만 아니라 나의 견해로는 이런 행위에 의존해서는 절대로 중국과의 통상이란 목적을 달성할 수 없습니다.

우리가 아직 중국 해안에 이르지 못하고 있는 것이 오히려 다행일 수도 있습니다. 나는 각하께서 라이예르츠 사령관이 아직 바타비아를 떠나기 전에 중국인의 힘과 풍속 습관 및 이 나라의 각종 상황

---

53 『동인도 항해기』, W. Y. Bontekoe 저, 요남(姚枏) 역, 중화서국, 1982년 판.

을 분명하게 이해할 수 있기를 희망합니다. 그래야만 중화제국 전체
와 중국 황제 자신이 우리에 대해 적대적이거나 보복적인 태도를 취
하지 않을 것입니다. 가능하다면 당사의 숙원사업인 중국과의 매우
유리한 통상을 달성하기 위해서는 지금 적당한 방식으로 이러한 장애
와 불행한 일의 후유증을 먼저 해소해야 할 것입니다."[54]

　　1624부터 네덜란드 동인도회사는 대만을 경영하기 시작했다. 네
덜란드인은 토착민을 몰아내는 한편 중국 대륙으로부터 한족의 이민
을 유도했다. 한족은 어로, 수렵, 논농사와 사탕수수 재배에 종사했
고 네덜란드인은 그들로부터 대량의 인두세를 걷었다. 대만은 아름다
운 '포모사(Formosa)'(네덜란드인이 부른 대만의 이름)가 되었다.[55] 1650년
에 네덜란드 동인도회사가 대만으로부터 거둔 세수는 1,500,000굴덴
(gulden)이었다! 한족의 인두세도 세배로 올라 매달 1/2레알(real)이었
다.[56] 갈수록 많은 한족 이민이 대륙으로부터 유입되었다. 네덜란드인
은 토착민으로부터 약탈한 토지를 한족에게 빌려주어 개간하게 하였
다. 이민이 늘어날수록 네덜란드인의 세수도 더욱 가혹해졌다. 인두
세, 1/10세, 수렵세, 어로세 등 감당할 수 없는 세금 때문에 한족 이민
이 폭동을 일으켰고 네덜란드 군대는 이를 잔혹하게 진압했다.

---

**54** 『동인도 항해기』「서문」, p. 20.

**55** [역주] "Ilha Formosa", 포르투갈어로 아름다운 섬이란 뜻이다.

**56** 레알(real)은 스페인의 화폐단위. 1레알 은화의 은 함량은 0.65냥이었다.

## 얼굴을 바꾸어 북경에 조공하다

네덜란드인이 대만을 경영하던 시기에 중국 천하는 큰 혼란에 빠졌다. 명제국의 경제는 붕괴하고 정치는 실종되었다. 해마다 거듭되는 자연재해는 무서운 기근을 낳았고 전염병도 퍼지기 시작했다. 유랑민들이 폭동을 일으켜 태풍처럼 도시와 농촌을 휩쓸었고 마침내 황성이 함락되었다. 최종적으로 천하를 평정한 것은 중국의 황제도 농민도 아니었다. 그들의 역량이 고갈되도록 기다렸던 만주족 기병이 무인지경을 누비듯 중원으로 진입했다. 정치적 내란이 민족의 정복을 불러왔다. 역사적인 선택을 해야 할 시점에 포르투갈인은 명 왕조를 지지했다. 포르투갈 지원병이 황제를 지키기 위해 불랑기 포를 끌고 마카우를 출발하여 북경으로 갔다. 예수회 선교사들은 북경을 버리고 남하하여 남명(南明) 정권을 세운 명 황실을 따라갔다. 네덜란드인은 청 왕조를 지지했다. 그들은 새로운 왕조 아래서 중국 대륙과 직접 무역의 기회를 노렸고 청 군대가 '국성야(國姓爺)'[57] (정성공鄭成功)를 토벌할 때도 협력의 뜻을 밝혔다. 새로운 왕조가 들어서고 새로운 황제가 섰다. 네덜란드인의 기회가 왔을 수도 있었다. 네덜란드인들은 두 가지 얼굴을 준비했다. 하나는 해상에서 살인과 약탈과 방화를 저지르는 악마의 얼굴이었고 하나는 육상에서 순종하는 백성의 얼굴이

---

**57**  [역주] 명 황실이 만주족에게 쫓겨 남방으로 내려갔을 때 정성공 세력은 청에 저항했고 그 보답으로 황실은 황실의 성(姓)인 주(朱)씨를 정성공에게 하사했다. 야(爺)는 나리, 어르신 정도의 뜻이다.

었다. 그들이 이러저러한 소국의 조공 사절과 함께 북경으로 가 무릎을 꿇고 머리를 조아릴 때는 순종하는 백성의 얼굴을 내밀었다. 네덜란드는 전형적인 상업 민족이어서 기민하고 영리했다. 그들은 영토에 대한 야심이 없었던 것은 아니지만 최대한 그 야심을 감추었다. 그들은 포르투갈과 스페인의 교훈을 잊지 않았다. 그들은 해적이 될 생각은 없었지만 그들의 행위는 해적조차도 두려워 할 정도였다. 그들의 주요 목표는 통상이었다. 그들이 바라던 것은 유럽-아시아와 아시아 지역 무역을 독점하는 것이었다. 유감스럽게도 중국해에 들어온 지가 반세기가 지났지만 여전히 중국 무역상의 견제를 받아야 했고 아직까지도 중국 해안에 접근하지 못했다. 그들은 중국 상인 은포가 30년 전에 알려준 방안을 기억해냈다. 북경으로 가서 조공하라. 이것이야말로 중국 황제의 허영심을 만족시켜주고 동인도회사가 이윤을 얻을 수 있는 일석이조의 방법이었다. 네덜란드 동인도회사는 북경으로 사절단을 보내기로 결정했고 완벽하게 조공의 형식을 취했다. 직접 통상의 목표를 달성할 수 있다면 수단은 문제가 될 게 없었다.

네덜란드인, 포르투갈인, 머리가 좋은 스페인인이 다 알고 있었지만 중국을 정복한다는 것은 정말로 상상할 수도 없는 일이었다. 1750년 이전에 아시아에서 유럽의 확장이란 것은 아시아의 변두리 몇 군데에 무역 거점과 주거지를 확보하는 정도였다. 뿐만 아니라 이 정도만 해도 현지 정부의 통 큰 허락을 받아야 가능했다. 근대에 들어와 중국의 병이 거인증 또는 자기과대증에서 피해망상증으로 바뀌면서 중국은 서방 열강이 중국의 해안에 도착한 그날부터 중국을 침입할 계획을 갖고 있었다고 생각했다. 실제로는 아편전쟁이 일어나기 전까지는 서방은 이런 계획을 실행한 적도 없고 그럴 능력도 없었다. 그 시대에는 방대한 중화제국 앞에서 서방 열강이란 이익을 탐하는 상인이거나, 말도 안 되는 종교적 광신도이거나, 흉악한 해적일 따름이었다. 그들이 중국과 충돌한 이유는 정치적인 문제 때문이 아니라 무역 때문이었다. 서방인은 무역은 절대적으로 자유로운 권리여야 한다고 생각했다. 경제적으로 자급자족할 수 없는 나라에서 이런 논리는 일종의 신앙과 같을 수밖에 없었다. 그러나 중국처럼 자급자족하는 폐쇄적 세계에서는 대외무역이란 아무런 의미도 없었다. 한 쪽에서는 자신이 절대적인 자유무역의 권리를 갖고 있다고 생각하고 폭력 동원까지 마다하지 않을 때 다른 한 쪽은 강제적인 무역은 침입과 다름없다고 생각했다. 중국과 서방의 충돌은 처음에는 서로 다른 경제적 관

● 광주항에 정박한 동판화

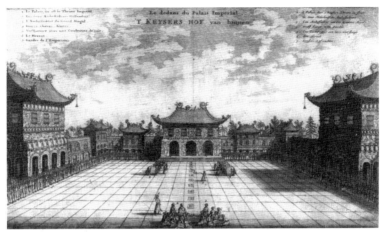

●순치 황제를 알현하는 네덜란드 사절단, 뉴호프 동판화

념의 충돌이었다. 한 쪽은 다른 한 쪽을 이해할 수도 없었고 이해하려는 어떤 노력도 하지 않았다.

1655년 7월 14일, 최초의 네덜란드 사절단이 바타비아를 출발했다. 그들은 일 년하고도 사흘이 지나 북경에 도착했다.

상업의 왕국에서 온 사람들은 상인다운 기민함과 영리함을 두루 갖추고 있었다. 네덜란드인들은 점점 중국을 이해하게 되었다. 그들은 중국인의 머릿속이 그들과 다르다는 것을 알아차렸다. 중국인이 중시하고 바라는 것은 그들이 중시하고 바라는 것과는 달랐다. 네덜란드인들은 행동과 교류를 통해 이 점을 증명하려고 했다. 1656년 7월 17일 오후에 네덜란드 사절단은 북경에 도착했다 그 무렵 투르판과 러시아의 사절단도 북경에 도착했다.

세 나라 사절단의 태도는 달랐다. 투르판 사절단의 목적은 이맘을 북경에 보내 이슬람교를 선교하는 것이었다. 그들은 토속적인 정서가 가득한 예물—말 3백 필, 낙타 네 마리, 타조 한 쌍, 매 두 쌍, 칼 2백 자루, 코뿔소 뿔 8개, 카펫 두 장—을 가져왔다. 네덜란드인이 보기에 그들은 완전한 시골사람들이었다. 모스크바 사절의 머리는 단순하고 완고했다. 그들은 북경에 넉 달이나 머물면서도 중국 황제에게 머리를 조아리려 하지 않았기 때문에 아무것도 얻지 못하고 돌아갔다. "어떤 사람은 너무나 자존심이 강해 자신이 존엄하다고 생각하는 것을 위해 중대한 대가를 치러야 했다." 네덜란드인들이 볼 때에 러시아 황제의 사절은 국제 정세를 몰랐다. 네덜란드 사절단은 전혀 달랐다. 그들은 벼락부자처럼 매일 저녁마다 연회를 크게 벌이고 사람을 보내 여러 가지 물건을 사들였다. 그들은 중국 조정이 이 야만적인 외국인들이 얼마나 부유한지 알아주기를 바랐다. 그들은 뛰어난 연기자이기도 했다. 예부의 관원이 회동관(會同館)에 머물면서 황제에게 하는 삼궤구고(三跪九叩, 무릎을 꿇고 머리가 세 번 땅에 닿도록 하는 절을 세 번 반복)를 배우라고 통지하자 그들은 전혀 망설임 없이 이 우둔한 동작을 반복 연습했다. 10월 2일, 85일 동안의 초조한 기다림 끝에 네덜란드 사절단은 마침내 태화전(泰和殿)에서 기괴하고도 고통스러운 절차에 따라 순치(順治) 황제를 알현했다. 그들에게 가장 어려운 동작은 절할 때 모자가 벗겨지지 않도록 하는 것이었다. 순치 황제는 그들에게 차와 음식을 권하고 몇 가지 중국 특산의 예물을 하사했다. 그렇게 해서 그들이 얻어낸 조정의 반응은 8년마다 한 차례씩의 조공이었다!

사절단 파견의 결과는 황당하고도 가소로웠다. 절을 하건 안하

●뉴호프 저작의 표지

건, 황제를 만나건 안 만나건 성과는 별 차이가 없었다. 2주 뒤에 네
덜란드 사절단은 북경을 떠났다. 출발하기 전에 호기심이 지나쳐 사
람을 귀찮게 만들던 예부 중당(中堂)이 그들에게 물밑에서 사흘을 살
수 있다는 게 사실인지, 그들의 나라에 육지가 있는지, 그들은 해적이
아닌지 거듭 물었다. 네덜란드 사절단은 이 우스꽝스런 질문에 참을
성 있게 답변하고 설명한 뒤에 "우리는 그(예부 중당을 가리킴)에게 우리
의 일이 아직까지 전혀 처리되지 않았다고 지적했다. 그는, 지금은 방
법이 없지만 다음에 다시 와서 북경에서 황제를 만나고 친구이자 신
하로서 인증받으면 중국에서 자유무역을 허락받도록 보증하겠다고

말했다. 그렇게 되면 이번처럼 많은 비용을 들이지 않아도 되고 예물
도 많이 가져올 필요가 없다고 말했다."[58]

　사절단의 비서 요한 뉴호프(Johan Nieuhof)가 사절단의 행적과 듣
고 본 바를 상세하게 기록하였다. 그의 여행보고서(『네덜란드 사절 최초
중국방문기』)는 1665년에 암스테르담에서 출판되었다. 이 책의 원래 제
목은 장황한데 제목과 부제 자체가 책의 내용을 잘 요약하고 있다.
"네덜란드 동인도회사 사절단의 타타르 대 칸 — 당대의 중국 황
제 — 알현. 1665~1667년 중국 여행 중 거쳐 간 광동, 강서, 남경, 산
동, 북경 및 북경 성 안의 황궁 등지에서 발생한 중대 사건에 관한 간
략한 기록. 중국의 도시, 농촌, 정부, 학술, 공예품, 풍속, 신앙, 건축,
의복, 선박, 자연, 식물, 동물, 타타르인과 맞선 전쟁 등에 관한 흥미진
진한 서술. 중국 현지에서 그린 삽화 150매 수록."

---

**58**　이때의 네덜란드 사절단의 행적에 관해서는 다음 저서를 참고하라. 『네덜란드
　　사절 최초 중국방문기(荷使初訪中國記) 연구』, Leonard Blusse 저, 장국토(莊國
　　土) 역, 하문(夏門)대학출판사, 1989년 판.

# 함포와 돈으로 대양에서 세계를 통치하다

네덜란드는 당시 세계에서 가장 우수한 선원, 가장 우수한 상선, 가장 우수한 무역 확장의 조직제도, 가장 걸출한 인재를 보유하고 있었다. 그들은 포르투갈인들이 세운 무역 체계를 탈취하고 계승했으며 나아가 이를 합리적으로 개선했다. 네덜란드 동인도회사는 하나의 회사이면서 하나의 국가이기도 했다. 이 회사는 민간 상업이익과 국가 이익을 효율적으로 합치고 상업과 군사역량을 철저하게 통일시켰다. 그러나 이런 동인도회사도 중국의 무장한 해상 상인집단에게 패배했고, 서방의 확장 물결은 또 다시 쇠락했다.

## 네덜란드의 확장: 우월한 조건

1598년에 5척의 네덜란드 함대가 동인도제도에 도착하면서 1658년에 네덜란드가 포르투갈의 식민지 세일론을 공격할 때까지 60년 동안에 네덜란드는 동방 해역 전체에서 포르투갈 세력을 대체했다. 겉으로 보기에 네덜란드의 확장은 포르투갈의 확장과 마찬가지로 일종의 불가사의였다. 국토의 절반이 계절에 따라 물에 잠기고 대를 이어가며 북해에서 고기잡이로 생계를 이어가던 나라가 어떻게 눈 깜짝할 사이에 세계의 식민자가 될 수 있었을까? 행운을 잡은 사람에게는 그만한 이유가 있는 법이다. 역사는 기적의 뒤를 따라다니며 기적이 가능했던 근거를 찾아준다.

무엇보다도 네덜란드는 당시 세계에서 가장 우수한 선원과 상선을 보유하고 있었다. 네덜란드 선원은 용감하고 잔인했을 뿐만 아니라 훈련이 잘 되어 있었다. 이베리아의 배 한 척에는 26~30명의 선원이 필요했지만 네덜란드 배는 18명의 선원만으로도 항해할 수 있었다. 네덜란드 상선은 선적량, 운항 속도, 화포 성능에서 당시 세계 최고 수준이었다. 네덜란드는 선진적인 조선업을 갖고 있어서 거의 매일 한 척의 배가 건조되었고 건조 비용도 이베리아의 50%에 미치지 못했다. 그들은 세계에서 가장 큰 규모의 선단을 보유하고 있었다. 1600년에 네덜란드는 최소한 1만 척의 선박을 보유하고 있었다. 1670년에 네덜란드 선박의 총 톤수는 포르투갈, 스페인, 영국, 프랑스, 독일의 톤수를 합친 것보다 많았다.

두 번째로, 네덜란드인들은 가장 우수한 무역 확장의 조직제도를 갖추고 있었다. 1602년에 설립된 네덜란드 동인도회사는 대외적으로는 희망봉에서 마젤란 해협까지의 무역을 독점했고 대내적으로는 자국 선단끼리의 파괴적인 경쟁을 통제했다. 회사는 개인 투자자들에게 믿을만한 기회를 제공했을 뿐만 아니라 전체 역량을 집중하여 세계 시장에 진입했다. 네덜란드 의회는 네덜란드 동인도회사에 전쟁 선포, 강화 체결, 외국 선박에 대한 절취, 식민지 건설, 군사 요새의 구축과 심지어 화폐까지 주조할 수 있는 특허장을 주었다. 이베리아 확장의 기반이 국가의 군사적 역량과 민간의 항해 무역활동의 결합이라고 한다면 네덜란드는 이 두 가지 요인을 일체화하였다. 네덜란드 동인도회사는 하나의 회사이자 동시에 식민지 정부였다. 네덜란드 동인도회사의 책임자는 호칭이 사장 또는 회장이 아니라 총독이었다. 네덜란드는 시발점에서는 영토 확장을 피하고 군사 요새를 세워 무역망과 여러 곳의 식민거점과 보호국을 유지했으나 최종적으로는 그것들을 병탄했기 때문에 영토 확장과 전혀 다름이 없었다.

마지막으로, 네덜란드는 당시 세계에서 확장에 필요한 가장 뛰어난 인재를 보유하고 있었다. 1618년에 얀 피에테르순 코엔(Jan Pieterszoon Coen)이 네덜란드 동인도회사의 총독에 취임했다. 그는 포르투갈인들을 동인도제도에서 몰아내고 말라카에서 포르투갈 상선을 약탈했을 뿐만 아니라 대만 섬에 네덜란드 식민지를 건설하고 포르투갈을 대신해 중국, 일본, 동남아 사이의 무역을 부분적으로 지배했다. 코엔은 네덜란드 동방 확장의 기초를 마련했다. 그를 뒤이은 네덜란드인들은 더 나아가 말라카와 인도 남부의 항구 몇 곳을 점령하였고 남아프리카에 식민지를 개척했으며 1658년에는 세일론을 점령했다. 네덜란드는 서쪽으로 마젤란 해협에서 시작하여 동쪽으로는 희망봉에 이르는 광활한 해역의 무역을 지배했다. 행운의 여신이 북유럽의 저지를 향해 미소 지을 때[59] 포르투갈은 피로에 쌓였고 찬란한 업적은 이미 과거사가 되었다.

---

59 네덜란드는 저지 국가란 뜻이다. 국토의 40%가 해수면보다 낮다.

서방인은 파도처럼 동방을 향해 확장해왔다. 한 물결이 앞선 물결을 밀어냈다. 16세기는 이베리아인의 세기였다. 교황은 하느님의 이름으로 지구를 사과처럼 둘로 나누어 포르투갈과 스페인에게 한 쪽씩 주었다. 여태껏 척박한 국토에 혼란이 끊이지 않던 포르투갈은 지구의 반쪽을 맡고 나서 한 세기도 안 되어 과도한 욕심 때문에 한 번 쓰러지자 다시 일어서지 못했다. 포르투갈이 향료 무역을 통해 키워낸 네덜란드가 이제는 포르투갈과 함께 천하를 나누어 가지려 했다.

17세기는 네덜란드인의 세기였다. 그들은 포르투갈인의 무역체계를 탈취하고 계승했으며 나아가 합리적으로 개조했다. 네덜란드 동인도회사는 하나의 회사이자 국가였다. 이 회사는 민간의 상업 이익과 국가 이익을 효율적으로 종합했으며 상업 활동과 군사 역량을 철저하게 통일시켰다. 회사는 풍부한 자금을 이용해 분산되어 있던 대륙 간 장거리 무역을 조직화했다. 회사는 운송, 보관, 교역을 통일했다. 회사가 설립되고 나서 처음 10년 동안 연평균 배당률은 25%였다. 16세기에 아시아로 간 포르투갈 선박이 매년 평균 6척이었는데 17세기에 매년 평균 20척의 네덜란드 동인도회사의 선박이 희망봉 항로를 왕래했다. 유럽 확장의 중심은 세비야에서 암스테르담으로 옮겨갔고 아시아 무역의 중심도 인도 서해안에서 바타비아로 옮겨갔다. 네덜란드 동인도회사는 바타비아에 총독부, 시청, 신교 교회당, 네덜란드식 풍차 방앗간을 지었다. 여기서 회사는 인도 해안, 벵골만, 중국과 일본 사이의 무역을 조직했고 동남아의 후추, 정향, 초석, 인디고와 중국의 자기, 차, 비단과 일본의 구리, 칠기를 네덜란드로 실어갔다. 네덜란드인들은 포르투갈의 향료 단일상품 무역구조를 바꾸었다. 그들은 향료 운송을 제한하여 유럽 시장에서 향료 가격을 안정시키는 한편 아시아—유럽 무역의 상품 구성을 다양화했다. 네덜란드인들은 사업 수완이 뛰어났다. 그들은 대륙간 무역을 보다 조직적이고 효율적으로 경영하는 동시에 포르투갈인들보다 더 깊고 체계적으로 아시아 역내 무역에 개입했다. 그들은 동남아의 중국 범선을 대체할 수는 없었지만 페르시아 만에서 일본해까지 네덜란드 상선이 다니지 않는 곳이 없었다. 그들은 페르시아의 보석, 인도와 동남아의 후추와 향료, 진귀한 목재를 중국의 비단과 자기, 일본의 구리와 은과 교환했다. 동남아에 커피 재배를 퍼뜨린 것도 그들이었다. 네덜란드인도 잔인하고 난폭한 해적이었다. 그들은 무슬림과 기독교도를 가리지 않고 해상에서 약탈할 수 있는 배는 모조리 약탈했고 납치와 인신매매를 했으며 붙잡아 온 노예는 가축처럼 취급했다. 코엔은 노예를 가축이며 주인의 재산이라고 말했다. "유럽인이라면 자기 가축을 마음대로 다룰 수 있지 않은가? …… 가장 강대한 자가 바로 국왕이다."

## 만회할 수 없는 쇠락

유럽의 확장 세력은 물결이 바뀔 때마다 더 거칠어졌다. 말라카와 희망봉이 네덜란드인의 손에 들어갔고 아름다운 동방의 하느님의 성은 조국 포르투갈에서는 이미 의미를 잃어버렸다. 마카우를 출발한 포르투갈 상선은 말라카와 희망봉에서 네덜란드 선박으로부터 약탈을 당하기가 일쑤였다. 17세기의 첫 해에 마카우의 포르투갈인과 그들의 혼혈 가정에서는 끼니를 거르는 경우가 있었고 암스테르담에서는 중국산 생사와 자기와 함께 '포르투갈 상선 물건'이 경매에 붙여지는 광경을 언제든지 볼 수 있었다.

1500년 이후로 항해와 무역이 새로운 세계질서를 형성하기 시작했다. 새로운 세계질서는 중상주의를 바탕으로 한 경제질서였고 민족, 문화, 국가의 경계를 초월하는 무형의 질서였다. 상인과 해적이 이러한 경제 질서의 초기의 주인공이었고 그들은 돈으로 해상에서 세계를 지배할 준비를 했다.

●17세기 마카우 지도

돈과 하느님에 대한 열광이 마귀와 같은 확장력과 침투력을 부추겼다. 반세기도 되지 않아 포르투갈과 스페인은 교황의 주재 하에 세계의 분할을 끝냈다. 실력이 모든 것을 결정했다. 프랑스 국왕 프랑수아 1세(Francis I)는 황당무계한 말을 했다. "짐은 아담의 유언이 실현되는 것을 보고 싶다. 아담은 지구를 스페인과 포르투갈에게 나누어 주겠다는 유언을 남겼다." 유럽의 대국인 프랑스는 당시에는 해양 활동을 하고 있지 않았다. 골족 기사들은 여전히 말 타고 육지에서 싸우는데 몰두하고 있었고 머릿속은 미녀와 모험을 벌이는 낭만적 환상으로 가득했다. 네덜란드 상인들은 그들보다 영민하고 실질적이었다. 네덜란드 상인들은 오랫동안 유럽의 소매상 노릇을 해왔다. 이베리아인들이 동방에서 구사일생으로 가져온 향료를 네덜란드 상인들이 유럽 각지로 내다 팔았다. 포르투갈인이 가져온 향료, 스페인인이 가져온 은화, 북유럽의 목재가 그들을 살찌게 했고 북대서양 연안 항해는 그들을 단련시켰다. 그런 그들이 이제 직접 동방으로 가서 유럽에서 경험한 무역 방식을 인도양과 태평양에서 적용하려 했다. 그들이 갖고 있던 우월한 조건이란 세계에서 가장 선진적인 선단, 가장 영리한 상업적 두뇌, 가장 용맹스럽고도 잔인한 해적 경험이었다.

네덜란드인들은 이베리아인을 위해 유럽 각지를 쫓아다니는 소매상의 역할에 만족하지 않았다. 그들은 세계에서 가장 우수한 선단을 이용해 당당하게 아시아에 뛰어들고자 했다. 1595년에 네덜란드 배가 동인도제도 반텐에 도착했다. 1600년에는 일본의 큐슈 섬, 1601년에는 광동 앞바다에 네덜란드 배가 등장했고, 1602년에는 네덜란드 동인도회사가 설립되었으며, 1603년에는 세일론 섬에 네덜란드 배가 도착했고, 1604년에는 네덜란드인들이 말라카의 포르투갈인을 공격했고 1605년에는 말루쿠제도 암본에 있는 포르투갈 요새를 공격했다. 17세기는 네덜란드의 세기였다. 이베리아인은 쇠퇴했고 영국은 아직 등장하기 전이었다. 네덜란드 함대는 세계의 대양을 누비면서 포르투갈과 스페인의 상선을 약탈하고 그들의 요새와 항구를 점령했으며, 중국 해안의 촌락을 약탈하고, 대양에서 '발견된' 섬의 토착민을 학살했다. 이런 식으로 세계의 구석구석에서 거두어들인 부가 암스테르담으로 모여들어 수시로 물에 잠기던 해안 황무지를 번화한 항구 도시로 변모시켰다. 매일 암스테르담에서 출발한 배가 대양을 누비며 세계를 하나의 경제권으로 연결시켰고 암스테르담은 그 찬란한 중심이 되었다. 정치적 권위로는 보잘 것 없던 '국가'가 상상하기 어려운 경제적 권위를 거머쥐었던 것이다.

중상주의는 세계질서를 이해하는 새로운 시각을 제시했다. 이 시각에서 보자면 대양의 파도는 흙이나 바위보다도 더 견고할 수 있었다. 제국은 바다 위에서도 존재할 수 있었고 군대는 배 위에서도 강할 수 있었으며 상업은 정치와 군사의 기초가 될 수 있었다. 17세기와 함께 동방에 등장한 홍모이(紅毛夷)는 불랑기보다 더 흉포하고 용맹스러웠으며 신출귀몰했다. 그 무렵 중국은 끊임없이 등장하는 해상의 요괴 때문에 골치가 아팠다. '그들'은 하나가 물러나고 또 하나가 몰려올 때마다 더 다루기 어려운 상대가 되었다. 네덜란드 홍모이는 떠들썩하게 몰려왔다. 그들의 무역 기법은 차원이 높았을 뿐만 풍부한 자금을 바탕으로 하여 규모도 컸다. 그들은 상선을 약탈하고 살인과 방화를 저질러 동방 연해 지역을 공포로 몰아넣었다. 그들은 분명 해적인 것 같았다. 아담 샬(Adam von Schall, 중국명 탕약망湯若望)이 그들을 비방한 이유가 있었다. 그들의 나라에서 나는 물건이 있는가? 모든 물건은 다른 나라에서 사온 것이었다. 그들이 청 정부에 내놓은 '예물' 가운데서 자기 나라 물건은 하나도 없다고 단정해도 좋을 정도였다. 그들은 아무것도 갖지 않았다. 가진 게 아무것도 없다는 얘기는 무엇이든 다 가질 수 있다는 의미이기도 했다. 17세기의 암스테르담에서는 세계 각지에서 온 상품을 볼 수 있었다. 네덜란드 상인은 세계에서 가장 부유한 상인이었다. 1650년의 네덜란드 동인도회사의 순자산은 황금 64톤에 이르렀다. 이 회사는 100여 척의 배, 5만여 문의 대포, 8천 명의 선원, 15만 명의 직원을 보유하고 있었고 매년 최소한 5천 명의 승객이 그들의 원양선에 승선했다. 17세기의 유럽에서 어느 나라의 군주도 세계의 해양에서 네덜란드 동인도회사의 함대를 제압할 만한 무장 함대를 편성할 능력이 없었다. 이런 네덜란드인들이 중국의 무장한 무역상 집단에게 패배했다.

1633년의 요라만(料羅灣) 해전에서 정지룡(鄭芝龍) 부대가 네덜란드 동인도회사 함대에 심각한 타격을 입혔다. 이후 20년 동안 마카우, 마닐라, 하문(廈門), 대만, 일본의 여러 항구 사이를 오가는 상선은 정씨 집단의 통제를 받아야 했고 정씨 집안에 세금을 바쳐야 했다. 남중국해와 동남아의 항구를 오가는 상선의 절대다수가 정씨 집안의 깃발을 단 중국 범선이었다. 네덜란드인들은 굴복했다. 그들은 중국 해상무역망을 독점하려는 계획을 포기하고 정지룡의 해상 패권을 인정했다. 1640년, 네덜란드 동인도회사는 중국 해상왕국의 강자와 무역과 항해에 관한 몇 가지 협정을 맺고 정지룡에게 조공하기 시작했다. 팔라폭스(M. De Palafox)의 『타타르 중국정복사(Histoire de La Conquere de la China Par les Tartares)』는 다음과 같이 기록하고 있다. "이 해적(정지룡을 가리킨다)은 그들(네덜란드인을 가리킨다)의 가장 좋은 배 8척을 불태웠다. 최종적으로 그들은 정지룡에게 해마다 3만 에쿠스(1에쿠스는 10~12프랑에 상당한다)의 세금을 내야했다. 네덜란드인들은 이 돈을 내고 대만에서 중국으로 들어갈 수 있는 권리를 확보했을 뿐만 아니라 정지룡의 친구가 되었다. 네덜란드인들은 북경이 아니라 정지룡에게 사절을 파견했고 그에게 여러 가지 명예로운 칭호와 예물을 바쳤다. 한 번은 그로 하여금 스스로 왕이 되도록 부추길 목적에서 왕이 쓰는 지팡이와 왕관을 바치기도 했다."[60]

네덜란드인들이 상대해야 할 가장 강한 적수는 정지룡이 아니라 그의 아들 정성공(鄭成功) —'국성야(國姓爺)'— 이었다. 정성공의 함대는 남중국해에서 동인도 제도까지의 무역과 항운을 완전히 장악하고 있었다. 1647년에서 1772년까지 15년 동안 해마다 평균 40척의 정씨 집안 상선이 동쪽으로 일본과 필리핀으로 항해했고 20척이 서쪽으로 말레이반도, 자바, 수마트라의 여러 항구로 항해했다. 동쪽의 연 평균 무역액은 백은으로 약 216만 냥이었고 서쪽의 연 평균 무역액은 백은으로 약 176만 냥에서 240만 냥 사이였다. 동서 양쪽의 무역에서 나오는 연 평균 이윤 총액은 백은으로 약 234~269만 냥 사이였다.[61] 그

60  『정성공연구논총(鄭成功研究論叢)』, 복건교육출판사, 1984년 판, p. 159.

61  양언걸(楊彦杰)의 『1650년에서 1662년 사이의 정성공의 해외무역액과 이윤 추계』, 『정성공연구논총』 속집, 복건교육출판사, 1984년 판, pp. 221~235를 참고

는 수시로 항해 금지령을 내렸고 이 때문에 네덜란드인들은 해마다 '국성야'에게 백은, 화살, 유황 등을 바쳐 그의 반청(反淸) 활동을 도와야했다. 남경 전투에서 좌절한 '국성야'는 대만을 정벌했다. 정성공 부대는 1661년에 적감성(赤嵌城)을 점령했고 1662년에는 대만성을 아홉 달 동안 포위한 끝에 네덜란드 수비군의 투항을 받아냈다. 네덜란드 동인도회사의 총독 반 담(P. van Dam)은 대만 함락으로 "회사는 이처럼 풍요로운 지역을 잃게 된데다 지독한 수치와 모욕을 당했다"고 결론지었다. 최소한 1,100명의 네덜란드인이 살해되거나 포로가 되었으며 120만 굴덴에 상당하는 재물을 국성야에게 빼앗겼다. 네덜란드 수비군 사령관 발렌틴(Jacobus Valentyn, 중국 사료에는 '묘난실정猫難實叮'이라 표기하고 있다)은 다음과 같이 한탄했다. "네덜란드인들이 37년 동안 온갖 어려움을 무릅쓰고 대만에서 쌓아올린 업적이 이제 모두 연기 속으로 사라졌다."[62]

네덜란드인들은 대만 상실의 타격으로부터 다시는 회복하지 못했다. 1662년은 극동에서 네덜란드의 세력이 쇠퇴하기 시작한 전환점이었다. 그들을 뒤이어 새로운 세력이 자라나고 있었다. 1637년, 영국 동인도회사의 네 척의 배가 광주에 닿았다. 반세기 뒤인 1685년에 영국인은 광주에 상관(商館)을 설치했다. 바야흐로 새로운 시대 — 영국의 동방 확장 시대 — 가 시작되고 있었다.

---

하라.

**62** 『중국-네덜란드 교류사』, Leonard Blusse 저, 장국토(莊國土) 역, 암스테르담 록덴출판사, 1999년 판, pp. 70-71.

제6장
# 환상의 무지개:
## 두 세계를 잇는 다리, 선교사

1, 흠천감(欽天監)의 서양 선교사
2. 양다리 걸침

# 흠천감(欽天監)<sup>63</sup>의 서양 선교사

선교사들은 선교의 방편으로 과학기술을 전파했다. 황제는 선교사들의 과학기술을 이용하기 위해 선교를 허용했다. 선교 사업은 과학기술과 종교, 기독교와 유교 전통, 서방 교회와 중국 조정 등 모순 관계가 뒤엉킨 가운데 진행되었다. 모순 요인의 평형이 언제 깨어질지 몰랐다. 중국에는 복음의 토양도 없었고 그렇다고 과학의 토양이 있다고도 할 수 없었다.

**선교사업 성패의 관건은 과학, 과학 성패의 관건은 황제**

마테오 리치는 세상을 떠나기 전에 우르시스(Sabatino de Ursis, 중국

---

63  천문과 역법을 담당한 정부 기구.

명 웅삼발熊三拔) 신부에게 이렇게 말했다. 중국의 대문은 이미 열렸지만 우리는 이제 겨우 입구에 서있다. 앞으로 더 힘든 일과 더 많은 위험이 있을 것이다.

1610년 마테오 리치가 북경에서 숨을 거두었을 때 선교사업의 전망은 비관적이었다. 파멸적인 교안(敎案)[64]이 시작될 조짐이 보였고 몇 군데 선교 거점은 비바람에 흔들리고 있었다. 중국은 복음의 사막이었다. 마테오 리치가 떠난 후 선교사들은 더 많은 노력을 쏟고 더 큰 고통을 인내해야 했다.

주춧돌을 놓은 사람은 세상을 떠났고 힘든 사업은 이제 막 시작될 참이었다. 첫 번째 시련은 1616년에 시작된 남경교안(南京敎案)이었다. 신자와 선교사가 체포되었다. 남경의 신부들은 죄수 호송 수레에 태워져 광동으로 이송되었다. 만력(萬曆) 황제는 북경에 있는 마테오 리치의 후계자들인 판토하와 우르시스를 추방하라는 명령을 내렸다. 수십 명의 선교사들이 두 세대에 걸쳐 쏟은 노력이 하루아침에 물거품이 되었다. 1619년, 아담 샬 일행이 트리고 신부를 따라 마카우에 도착했을 때 중국 대륙의 복음사업은 어둠에 덮여 있었다.

그 어둠으로부터 그들을 구원한 것은 신앙의 빛이 아니라 과학의 빛이었다. 황제의 역법가들이 사용하던 대통력(大統曆)과 회회력(回回曆)이 여러 차례 오차를 드러내자 서광계(徐光啓) 등이 숭정(崇禎) 황제에게 서양인을 기용하자는 건의를 거듭 올렸다. 롱고바르디, 슈렉(J. T.

---

**64** [역주] 기독교 교회와 중국인의 충돌로 발생한 사건.

●흠천감 감정(監正)의 관복을 입은 아담 샬 신부

Schreck, 중국명 등옥함鄧玉函), 로(Giacomo Rho, 중국명 나아각羅雅谷), 샬이 기용되었고 선교 사업은 각지에서 부활하기 시작했다. 선교사들이 북경으로 와서 만든『숭정역법(崇禎曆法)』은 명 왕조의 멸망과 함께 사장되었다. 명 왕조에 대해 아직 믿음을 버리지 않았던 선교사들은 황실을 따라 남방으로 달아났다. 남명의 소조정에서 태후와 태자들이 모두 세례를 받아 선교사들의 수확은 풍성했다. 숭정 황제를 위해 대포를 만들어 바쳤고 그 대포 때문에 청 태조 누르하치가 큰 부상을 입게 만들었던 아담 샬은 반대로 북경에 남아 청군의 도착을 기다렸다.

누가 중국의 통치자가 되느냐는 중요하지 않았고 중요한 것은 하느님이 통치자의 영혼을 통치하는 것이었다. 샬은 "천운이 이미 다른 곳으로 옮겨졌고," 새 왕조가 들어서면 역법을 손보지 않을 수 없고, 역법을 손보자면 '서양의 신법'을 참고하지 않을 수 없고, 서양의 신법을 참고하자면 자신을 부르지 않을 수 없다는 사실을 간파하고 있었다. 그는 도르곤(多爾袞)에게 『서양신법역서』 103권을 바쳤다. 예수회 동지들이 남명의 소조정을 따라 남방을 떠돌고 있을 때 샬은 북경에서 벌써 흠천감 감정(欽天監 監正)이 되어 있었고 그것에 더하여 태상시 소경(太常寺 小卿)[65]까지 맡고 있었다. 1651년, 코플러(P. A. Koffler, 중국명 구사미瞿紗微) 신부가 광서와 귀주 접경 지역에서 청의 군대에 붙잡혀 참수되었을 때 샬은 다시 통의대부(通議大夫) 태복시경(太僕寺卿),[66] 태상시경(太常寺卿) 등 3품의 관직을 받았다. 정성공이 남경을 포위했을 때 순치 황제가 충동적으로 직접 출정하겠다고 밝히자 조정에서 누구도 감히 만류하지 못하는데도 샬이 입궁하여 만류했다. 순치 황제는 그를 '마파'라고 불렀는데 만주어로 '존경하는 할아버지'란 뜻이다.

'존경하는 할아버지'가 황제 곁에 있으니 지방에서의 선교는 거칠게 없었다. 중국의 선교 거점은 마테오 리치 때에 4곳이던 것이 28곳으로 늘어났고 신자 수도 2천 명에서 24만 명으로 늘어났다.[67] 성과

---

65  정4품관, 태상시의 책임자.
66  정4품관, 만주족과 한족 각 한 명씩 두었다.
67  『중국천주교사』, Pasquale d'Elia 저, 상무인서관, 1933년 판, p. 67을 보라. 『중

는 거대했지만 영광은 하느님의 몫이 아니라 과학의 몫이었다. "천인합일(天人合一)" 관념을 이념적 기초로 하는 왕조에서 역법은 국가의 중대사 가운데 하나였다. 군주 한 사람이 지고무상의 권위를 가지고 독재하는 제국에서 황제의 신임은 가장 두터운 보호막이었다. 중국처럼 큰 나라에서 흠천감보다 더 이상적인 지위는 없었다. 그 자리는 선교사들이 천문학 지식을 갖고 있다는 장점을 활용하여 왕조의 정치에서 결코 없어서는 안 될 역할을 할 수 있는 자리였고, 또한 황제에게 접근할 수 있어서 그의 환심을 사면 중국에서의 선교 사업을 순조롭게 펼칠 수 있었다. 유럽 교회가 갈릴레오를 박해하고 있을 때 갈릴레오가 만든 망원경은 중국에서 교회를 위해 선교의 기회를 만들어주었다. 갈릴레오와 로마학원 동문이었던 아담 샬은 중국의 황제를 위해 흠천감을 운영하고, 관측 기기를 만들고, 역법을 수정하는 저술을 했다. 순치 황제는 거듭하여 그의 녹봉을 올려주고 전답을 하사했으며 그를 광록대부(光祿大夫)[68]에 봉했다. 흠천감에서 내놓는 역법 계산이 틀리지만 않으면 제국의 광대한 영토 안에서 복음은 꽃을 피울 수 있었다.

중국에서 선교 사업의 성패는 과학에 달렸고, 과학은 다시 황제의 싫고 좋은 지에 달렸다. 유감스럽게도 "별자리를 판단하고 역법에 정통한" '할아버지'도 "관측의 결과가 실제와 부합하지 않는" 경우가

---

화귀주(中華歸主)』 통계에 따르면 1664년 예수회는 전국 11개 성 37개 도시에 선교 거점을 두고 있고 신도 수는 114,200명이다.

**68** 정사를 논할 수 있는 문관의 최고 직급, 정1품.

있었다. 황제의 총애를 받고 있을 때는 고발이나 탄핵에 신경을 쓰지 않아도 됐지만 일단 총애를 잃고 나자 사정없는 핍박이 기다리고 있었다. 1662년 순치 황제가 죽은 뒤 어린 강희제가 즉위하고 오배(鰲拜)가 전권을 휘두를 때 한족 관리 양광선(楊光先)이 "사악한 교를 없애자(청주사교소請誅邪敎疏)"는 상소를 올렸다. 그는 아담 샬이 "안에서 밖과 내통하여 불측한 일을 꾸미고," "요망한 글로 천하의 사람들을 유혹하며," "시헌력(時憲曆)을 만들 때 '서양신법'을 기초로 해야 한다면서 몰래 한 해의 시작을 정하는 권한(정삭지권正朔之權)을 행사하려 했다"는 세 가지 죄목으로 탄핵했다. 역법은 중요했지만 황제는 역법보다 더 중요했다. 황제의 총애를 잃은 샬은 능지(凌遲)의 형—중국에서 가장 잔혹한 형벌—을 선고 받았다. 중국은 위험한 나라여서 모두가 두려움 속에서 살았다. 백성은 관리를 두려워했고, 관리는 황제를 두려워했고, 황제는 하늘을 두려워했다. 판결이 내려지고 나서 북경에 지진이 일어났다. 하늘이 노한 것은 억울한 사람이 있기 때문이다. 지진에 이어서 황궁에서 불이 나자 조야가 두려움에 빠졌다. 황태후가 나서서 개입하였고 샬은 마침내 처형을 면했다. 샬이 천주교 교회당으로 돌아왔을 때 각지의 선교사 26명이 이미 수도로 붙들려 와 있었다. 교회당은 봉쇄되거나 헐렸고 신자들은 배교를 강요받았다. 전국에 선교 금지령이 내려졌는데 마테오 리치가 중국에 들어온 뒤로 처음 있는 일이었다. 아담 샬은 석방되었지만 교안은 종결되지 않았다. 26명의 선교사 가운데서 북경에서 죽은 한 명을 제외하고 나머지 25명은 광주로 압송되어 "집 안에만 머물라"는 명령을 받았다. 선교사들은 거리에 나가 거닐 수는 있어도 성 밖으로 나갈 수는 없었다. 복음의 나무는 이처럼 가녀렸다.

1666년 8월 15일, 아담 샬은 복음 사업이 가장 참담한 계절에 부닥쳤을 때에 세상을 떠났다. 그는 자금성 밖 이리구(二里溝)에 있는, 성이 양씨인 환관이 자신을 위해 지은 불교 사원에 묻혔다. 그곳은 56년 전에 만력 황제가 마테오 리치에게 하사한 묘지 터였다. 샬이 숨을 거둘 때까지 젊은 페르비스트 신부가 그의 곁을 지켰다. 천당으로 떠나는 아담 샬 신부는 페르비스트에게서 인간 세상에서의 복음의 희망을 보았다. 2년 뒤, 페르비스트는 강희 황제의 명령을 받고 양광선, 오명훤(吳明烜)과 함께 태양의 그림자를 측정하는 방식으로 강희 8년 한 해의 역법을 검증했다. 결과는 페르비스트의 계산이 "하나하나 들어맞았고" 오명훤의 계산은 "하나하나 틀렸으며" 양광선은 "계산을 할 줄 몰랐다." 과학이 다시 중국의 선교 사업을 구제했다. 양광선은 역법에 통하지 못했다는 이유로 파면당하고 귀향하라는 명령을 받았다. 그는 귀향길에서 죽었다. 강희 황제는 역법을 모르면 아랫사람들로부터 우롱당할 수 있다는 생각을 갖게 되었고 선교사로부터 계산법을 배우기로 결정했다.[69] 과학의 빛이 다시 한 번 복음의 들판

---

69 강희는 황자들에게 다음과 같이 말했다. "너희들은 짐이 산술에 능한 것만 알지 내가 왜 산술을 배웠는지 알지 못한다. 짐이 어릴 때 흠천감의 한족 관리와 서양인의 사이가 나빠 서로 탄핵하고 보려 하지 않았다. 양광선과 페르비스트가 오문(午門) 밖에서 대신들 앞에서 해 그림자를 측정했는데 대신들 중에서는 계산법을 아는 자가 하나도 없었다. 내가 모르면서 어떻게 다른 사람이 맞고 틀린 것을 판단할 수 있겠는가? 그때부터 분발하여 배우기 시작했다." 『성조인황제정훈격언(聖祖仁皇帝庭訓格言)』, p. 86.

을 비추었다. 1669년, 페르비스트는 흠천감 감부(監副)에서 감정(監正)으로 승진했고 서양역법을 기초로 한 '시헌력'이 사용되기 시작했다. 몰수되었던 선무문(宣武門) 밖의 예수회 가옥도 반환되었다. 강희 황제는 아담 샬의 명예를 회복시켜 주고 그의 묘지를 다시 쌓게 하였다. 그리고 제문도 써주었다. 1670년, 광주에 억류되어 있던 신부들은 "황제의 뜻을 받들어 각자의 교회당으로 돌아갔다." 과학이 선교를 위해 황제의 깃발을 꽂아 주었으니 중국에서는 거치적거릴 게 없었다.

　기독교 선교 사업은 부활했다. 강희 황제의 시대는 중국 선교의 밀월 시대였다. 페르비스트는 강희 황제에게 천문학, 기하, 역학을 가르쳤고 페레이라(Thoams Pereira, 중국명 서일승徐日昇)는 음악 이론과 서양 악기를 가르쳤다. 강희 황제는 과학기술을 배웠을 뿐만 아니라 서양의 철학과 종교에도 일정한 관심을 보였다. 이 무렵의 페르비스트는 아담 샬이 생전에 궁중에서 누렸던 지위와 영예를 완전히 회복했다. 그는 흠천감의 업무를 주재했고 샬이 만든 『2백년 역표(曆表)』를 바탕으로 하여 『강희영년역표(康熙永年曆表)』를 편찬했다. 샬은 (명의) 숭정 황제에게 대포를 만들어주었고 페르비스트는 (청의) 강희 황제에게 대포를 만들어 주었다. 머지않아 페르비스트에게도 통정사(通政使)(1678년), 공부(工部) 우사랑(右侍郎)(1682년)이란 직함이 더해졌다. 흠천감에서 일하는 서양 선교사들의 영향력은 갈수록 커졌고 인원도 갈수록 늘었다. 네덜란드인들이 황제를 알현할 때는 그들이 통역을 맡았고 『중-러 네르친스크 조약』 체결 과정에서는 그들은 황제가 신임하는 고문 신분으로서 담판 과정을 감독했다.[70] 페르비스트가 세상을 떠났을 때(1688년 1월) 강희 황제는 그에게 '근민(勤敏)'이란 시호를 내려 주었고 그의 후임으로 폰타네이(Fontanay, 중국명 홍약한洪若翰), 부베 (J. Bouvet, 중국명 백진白晋), 제르비용(Jean-François Gerbillon, 중국명 장성 張誠) 등 프랑스 외방선교회 소속의 선교사들이 북경에 왔다.

폰타네이는 중국에 온 뒤 친구에게 보낸 편지에 다음과 같이 썼 다. "우리가 중국에 오기 전에 배워두었던 과학기능이 지금은 매우 유용하다. 이러한 과학기능이 강희 황제가 천주교의 공개적인 선교를 허락하는 주요한 원인이다."[71] 선교사들의 입장에서는 과학기술은 수 단이고 선교가 목적이었고 중국 황제의 입장에서는 과학기술이 목적 이고 선교 허용은 수단이었다. 아담 샬은 순치 황제의 깊은 총애를 받았지만 순치 황제는 기독교에 대해서는 명확한 태도를 갖고 있었 다. "짐이 마음에 새겨두고 있는 것은 요(堯)·순(舜)·주(周)·공(孔)의 도이다…… 천주의 도는 짐이 아직 읽어본 적이 없는데 어찌 그 뜻을 알겠는가."[72] 순치 황제가 천주교를 관용한 것은 아담 샬이 역법을 고 친 공적이 있기 때문이었다. 강희 황제도 마찬가지로 천주교에 대해 더 큰 호감을 보이고 심지어 예수 수난을 시로 읊은 적도 있지만[73] 끝

---

70 『예수회선교사 토마스 페레이라의 중-러 네르친스크 담판에 관한 일기』(耶蘇會 士徐日昇關于中俄尼布楚談判的日記), Joseph Sebes 저, 상무인서관, 1973년 판을 참고할 것.
71 『청 강희 건륭 두 황제와 천주교 선교역사』(淸康乾兩皇帝與天主敎傳敎史), 부베 저, 대만 광계(光啓)출판사, 1966년 판, p. 37.
72 『어사천주교비기(御賜天主敎碑記)』
73 "功成十字血成溪, 百丈恩流分自西. 身列四衙半夜路, 徒方三背兩番鷄.

내 입교에는 부정적이었다. 예의 논쟁이 일어난 뒤 선교를 금지시킨 것도 강희 황제였다. 선교사들로서는 과학은 선교 활동을 보호하는 데 효과적인 수단이었지만 한계가 없는 것은 아니었다. 1614년, 예수회 극동선교 본부가 중국에서 활동하는 선교사들은 중국인에게 수학과 『복음서』를 제외한 어떤 것도 가르치지 말라는 지침을 발표했다. 그런데 과학을 가르치고 흠천감에서 수학자나 시계 수리공 노릇을 하는 것 말고는 그들이 무엇을 할 수 있을까? 그 시대의 중국 철학자 장조(張潮)는 이런 선교사들을 평하여 다음과 같이 말했다. "그들은 매우 총명하다. 그들의 학문은 점성, 역법, 의약, 산술이고 그들의 심성은 충성, 믿음, 강직이다. 그들의 기물은 정교하고 기묘하며 그들의 성실함은 사람들의 마음을 끌기에 충분하다…… 무릇 서양의 도는 여러 가르침보다 분명히 뛰어나다. 아쉽지만 천주를 말할 때는 그 표현이 고상하지 못하고 이치에 맞지 않는 바가 있어서 선비들로선 입에 올리기 어려웠다. 이것만 제외한다면 우리의 유학과 멀지 않다."[74]
천주교에 대해 매우 우호적이고 관용적이었던 강희 황제도 "천주교는 중국의 '전통'과 근본적으로 맞지 않다. 서양 선교사들이 수학에 능

五千鞭撻寸膚裂, 六尺懸垂二盜齊. 慘動八垓驚九品, 七言一畢萬靈啼."(십자가에 홀린 피로 인류를 구원하시니 은혜는 서쪽에서 왔구나. 한밤중에 이리저리 끌려 다닐 때 새벽닭 울기 전에 세 번 부인 당했네. 채찍질에 살갗은 찢기고 두 강도와 함께 매 달렸네. 온 세상 관민이 다 놀라고 마지막 말 마치니 만인이 울었네.)
**74** 『명·청 시기 중국에 온 예수회 선교사와 중-서방 문화교류사』(明淸間入華耶蘇會士和中西文化交流史), (프) Rene Etiemble, Jacques Gernet 등 저, 파촉서사(巴蜀書社), 1993년 판, p. 85.

통한 까닭에 그들을 기용했을 뿐"이라고 분명하게 밝혔다.

선교사들이 중국에 와서 과학기술을 전파한 것은 선교를 위해서였고 중국이 선교를 허용한 것은 선교사들이 과학기술을 전파하도록 하기 위함이었다. 복음이 중국에 들어올 수 있는 기본 조건은 양자 사이의 미묘한 평형이었다. 그러나 이 평형은 민감하고 복잡해서 유지되기 어려웠다. 선교사들이 과도하게 과학기술을 전파한다면 천주교의 신학적 기초를 파괴할 수 있을 뿐만 아니라 중국인이나 선교사들이 깨닫지 못하는 사이에 교리를 벗어나거나 선교 사업에 소홀해질 수 있었다. 선교에만 몰두하고 과학기술의 보호막이 없다면 선교사들은 중국에 머물 수가 없었다. 중국 당국도 신도 수가 지나치게 많아서 세력이 커진다면 정권의 안전을 위해 선교를 금지하고 그들을 쫓아낼 수 있었다. 과학으로 선교한다고 했을 때 과학적 세계관은 본질적으로 기독교와 모순되는 것이었다. 이미 이 무렵 유럽에서는 과학과 신학의 모순이 등장하고 있었기 때문에 중국에서의 과학 전파도 조만간 선교의 신앙적 기초를 스스로 파괴할 수 있었다. 더 나아가 이 무렵의 중국에는 복음의 토양이 존재하지 않았고 과학의 토양도 반드시 존재한다고는 할 수 없었다. 선교사들의 지위는 안정되지 못했고 과학의 지위도 그랬다. 중국의 학술 전통, 유학적 세계관, 불교 세력, 민족 심리, 민간의 지식과 도덕적 기초는 기독교를 수용할 수 없었을 뿐만 아니라 과학도 수용하기 어려웠다. 중국에서 선교 사업은 과학기술과 종교, 기독교와 중국 전통, 서방 교회와 중국 조정 등등의 모순 관계로 뒤엉켜 있었다. 이런 모순은 언제든지 외부로 표출될 수 있었고, 그렇게 되면 선교사들이 긴 세월 동안 힘들고 조심스럽게 쌓아올린 성과는 하루아침에 사라질 수 있었다.

## 과학 전파: 우수한 학생이 못되는 중국인,
## 훌륭한 교사가 못되는 선교사

마테오 리치 시대부터 과학기술은 선교사들이 중국에 머물 수 있는 자본이었다. 마테오 리치가 지도제작 기술을 이용해 처음으로 중국인들을 탄복하게 만든 뒤로 삼비아시(Francesco Sambiasi, 중국명 필 방제畢方濟), 샬, 페르비스트도 중국인들에게 지도를 그려주었다. 그들은 하느님의 심부름꾼이자 백과전서 식의 학자였다. 그들은 문예부흥의 유산 속에서 성장했다. 다 빈치의 다방면에 걸친 천재성을 생각한다면 우리는 그 시대 사람들의 보편적인 다재다능을 의심하지 않아도 될 것이다. 중국에서는 학식이 없으면 신망을 얻을 수 없었다. 그들은 '서양 선비(泰西儒士)' 또는 과학자의 역을 맡지 않을 수 없었다. 그들은 각자의 기술과 지식을 이용해 황제에게 봉사하는 한편 서방의 과학기술 사상을 문인 사회에 전파했다. 트리고는 두 번째로 중국에 올 때 7천여 권의 서방 서적을 가져왔다. 17세기 예수회 북경 본부인 북당(北堂) 교회의 도서관에는 만 권에 가까운 서방 서적이 있었고 그 내용은 종교, 수학, 윤리, 역사는 물론 다량의 과학기술서도 있었다. 중국인들에게 과학기술 지식을 전파하기 위해 선교사들 자신도 저술과 번역에 매달렸고 중국의 문인들과 적극적으로 협력했다. 서광계와 이지조(李之藻)는 선교사들과 함께 서방의 과학기술 서적을 중국어로 번역했다. 16-17세기에 예수회 선교사들이 중국에서 한문으로 펴낸 저작은 관련 기록으로 입증되는 것만 300여 종이며, 천주교 교리를 제외하고도 서방의 천문학, 지리, 수학, 물리, 화학, 의학, 건축, 수리 방면의 지식을 소개했다. 강희 시대에 서방의 천문학, 지리학, 수학, 물리, 화학, 의학, 측량제도, 건축기술, 수리와 병기 제작 지식이 혹은 많게 혹은 적게 중국에 들어왔고 그 가운데 어떤 이론은 단편적이나마 중국학자들의 저서 가운데 인용되었다. 롱고바르디에서 부베 신부에 이르기까지 중국에 과학원을 세우려고 노력했다. 과학은 중국의 문인들에게 영향을 미쳤을 뿐만 아니라 황제에게도 영향을 미쳤다. 로마 교황청이 갈릴레오를 심판하고 있을 때 교황의 가장 충실한 추종자인 예수회 선교사들은 갈릴레오의 망원경을 이용해 중국인의 호감을 사고 있었다. "중국은 근대에 유럽 밖에서 서방의 과학 성과를 받아들인 첫 번째 위대한 문명국이었다." 프랑스의 저명한 중국학자 자크 제르네(Jacques Gernet)가 1978년 4월 27일 프랑스 아카데미에서 한 연설의 첫마디가 이것이다.

서방의 과학과 기술이 진정으로 중국인의 사상과 생활을 변화시키고 중국 과학기술의 발전 방향에 영향을 주었을까? 그렇다면 어느 정도였을까?

선교사들의 과학기술 지식은 그들이 중국에서 생활하고 교류하는데 도움을 주었다. 중국인들은 과학기술 지식 때문에 그들을 용인하거나 환영했다. 마테오 리치 시대부터 선교사들은 자발적으로 중국의 문인에게 접근하여 서방의 과학기술을 소개했다. 구태소를 필두로 하여 서광계, 이지조, 왕징(王徵), 방이지(方以智), 왕석천(王錫闡), 매문정(梅文鼎) 등 중국 문인들은 서학(西學)을 탐구했다. 이들의 연구 영역은 천문 역법에서 수리와 병기까지 다양했다. 그러나 이들 양무파 혹은 서학파의 선구적 활동이 미친 영향은 제한적이었다. 서광계는 북경으로 마테오 리치를 찾아와 "천문, 역법, 병기의 기술을 남김없이" 배웠고 이지조와 왕징 등은 서양 서적을 번역 소개하고 서양 대포를 사들였다. 그들은 "나라에 이익이 된다면 멀고 가까운 곳을 논하지 않는다"는 개방적인 태도를 갖고 있었으나 만년에 이르러서는 "신 등이 책을 쓰기는 했으나 배우고자 하는 사람이 적고 가르쳐도 배우지 않으니 결국에는 배움이 끊어질까 두렵다"는 탄식을 남겼다.[75] 서광계는 중국에서 근대 이전에 서방 과학기술을 이해한 유일한 인물이었다. 그의 순수하게 학문적이고 비정치적인 탐구 정신은 중국 역사에서 찾아보기 어려운 사례이다. 당시에 절대다수의 중국 문인들은 서방 과학기술에 대해 진지한 관심을 기울이지 않았고 비록 참고한다 해도 순수하게 학문적인 태도로 과학기술 문제를 대하기는 어려웠다. 특히, 만주족이 입관한 뒤로 강렬한 민족적 굴욕감에서 조성된 문화적 자존심이 객관적 과학 정신을 왜곡시켰다. 이런 '피동적인' 국면을 달가워하지 않았던 중국 문인들은 '회통파(會通派)'에서 재빨리 '서학중국 기원설(西學中源說)'을 발전시켰다. 공자가 염자(剡子)에게 가르침을 구하고, "천자가 직분을 잃으니 학문이 사방의 오랑캐에게 흘러갔다(天子失官, 學在四夷)"는 고사가 다시 등장한 것이다. 강희 황제가 『삼

---

75 『서광계집(徐光啓集)』, 상해고적출판사, 1984년 판, "월식을 전후하여 각 역법이 다른 연유와 두 가지 역법을 검증하는 방법에 관한 상소"(月蝕先后各法不同緣由 及測驗二法疏).

각형론』을 썼다. 당시의 저명한 역법가인 매문정이 황급히 이를 칭송하는 글을 올렸다. "엎드려 폐하의 『삼각형론』을 읽었습니다. 여러 각의 중심으로 호도(弧度)를 계산하는 방식은 예부터 있었는데 서쪽으로 전해졌습니다. 이쪽에서는 전해지지 않았으나 저쪽에서는 잃어버리지 않고 더 상세히 발전시켰습니다. 이를 보면 성인의 말씀이 역법을 다루는데 금과옥조가 될 만합니다."[76] 명·청 시대에 서방 과학이 가장 많은 영향을 미친 분야는 천문학이었다. 천문학은 역법과 관련이 있고, 봉건사회에서는 역법은 국가의 대사로서 사직뿐 아니라 백성들의 일상생활과도 관련이 있었다. 조정의 입장에서 천문은 국운의 증상이었고 역법을 바꾸는 것은 제도를 바꾸는 것과 같았다. 중국 전통사회는 민생을 기본으로 하였으므로 역법과 기상은 농업 생산과 직접적인 관련이 있었다. 서방에서 전래된 여러 가지 학문 가운데서 실제로 이용된 것은 사실상 천문학뿐이었다. 서방 과학기술이 중국에 전해졌으나 널리 보급되지는 않았고 깊이 있게 알려지지도 않았다. 선교사들은 선교 수단으로서 중국에 과학기술을 전파했으나 중국 황제는 과학기술을 정치적 도구로 활용했다. 강희 황제가 과학을 배운 목적은 "누가 틀리고 누가 맞는 지를 판별"하기 위해서였다. 강희 황제가 과학기술에 열중한다는 소식은 서방에서는 불가사의한 일로 받아들여졌다. 황제가 선교사한테서 천문학, 수학, 지리학, 서방 의학, 서방 문화를 배운다는 것은 서방에서는 상상도 할 수 없는 일이었다.

---

[76] 매문정(梅文鼎), 『속학당시초(續學堂詩抄)』 권4.

강희 황제는 과학 자체에 흥미를 느꼈던 게 아니었다. 그의 관심은 과학을 통치에 어떻게 이용할 수 있는가였기 때문에 관심은 제한적이었다. 1692년, 선교사 부베는 프랑스 국왕 루이 14세에게 보낸 편지에서 강희 황제가 머지않아 "궁중에 과학원을 건립할 것"이라고 보고했다. 그런 일은 분명히 있었지만 『청사고(淸史稿)』에서는 '과학원'의 이름을 '여의관(如意館)'이라고 기록하고 있다. 이 이름은 황제 개인의 심심풀이나 오락장을 연상하게 한다. 중국인들이 서방 과학기술을 "기이하고 음란한 기교"라고 부른 것은 이해되는 면이 있다. 서방인이 중국 황제의 관심을 끌려고 보낸 것은 장난감이나 시계였다.

중국에서 과학을 전파한다고 했을 때 중국인은 좋은 학생이 아니었고 선교사도 좋은 선생은 아니었다. 선교사는 진정한 의미의 과학자가 아니었고 그들이 전해준 것도 서방 근대 과학의 진수는 아니었다. 그들이 전수하거나 운용한 천문학은 티코(Tycho Brahe) 체계의 천문학이었고 유럽 과학에서 최신의 성과라고 할 수 있는 해석기하, 미적분, 뉴턴역학, 린네의 생물분류법 등은 중국에 전해지지 않았다. 과학을 전수하는 것이 선교사들의 목적은 아니었다. 신앙심이 깊고 종교적 사명감이 투철한 선교사들은 수단과 목적을 혼동한 적이 없었다. 과학기술의 전파는 그들이 중국에 거류할 수 있는 조건이었고 그들이 중국에 거류하는 목적은 선교였다. 그들이 과학을 전파할 때 가장 중요하게 생각했던 것은 황제와 관리들의 환심을 사는 일이었다. 그들이 전해준 지식이란 것도 과학기술의 미세한 진전일 뿐이었다. 이런 식의 과학기술 전파는 자신을 위험에 빠트릴 수 있었다. 상황은 서방인이 상상했던 것처럼 그렇게 쉽지는 않았다. 중국인들이 아무것도 모른 채 그들이 과학을 앞세워 황당하고 기이한 교리를 몰래 퍼뜨리는 것을 방임할 수 있었을까?

　17~18세기 중국과 서방 문화교류의 취약한 '밀월' 시기는 상호 모순과 의심, 경계, 위기와 박해로 가득 찼다. 선교사들이 복음을 중국에 전파하기 위한 방편으로 과학기술을 이용한 것은 불가피한 선택이었다. 중국인들이 서학을 탐구하기 위해 선교사들의 선교활동을 용인한 것도 불가피한 선택이었다. 과학기술 전파로 말할 것 같으면 선교사들은 좋은 교사는 아니었고 중국의 문인 또는 황제도 좋은 학생이 아니었다. 그들 사이의 묵계는 표면적이고 일시적인 타협이자 오해였다. 그들은 공동의 재난을 눈앞에 두고 있었다. 그것은 바로 쌍방이 궁극적으로 피할 수 없는 정치와 종교의 함정이었다.

　중국에는 오직 하나의 권위만 존재할 수 있었다. 황제는 사람의 신체를 통치했고 사람의 두뇌도 통치했다. 선교사들은 '천자'의 머리 위에 '천주'를 올려놓지 않으면 중국에 머물 수가 없었다. 이것이 선교사들의 딜레마였다. 정치적인 관점에서 보자면 천자보다 더 높은 천주는 존재할 수 없었다. 문화적인 관점에서 보자면 천자 위에 서양 오랑캐의 천주가 있을 수는 더더욱 없었다. 중국의 정치 전통과 기독교의 본질적인 모순 때문에 중국에서 기독교는 겨우 명맥을 이어갈 수 있을 뿐 발전할 수 없었다. 겨우 명맥을 이어가면 생존할 수 있었지만 발전하면 몰락이 준비되어 있었다. 트리고는 마테오 리치의 선교 방식을 변호하면서 다음과 같이 말했다. "…… 중국 선교단과 다른 지역의 선교단은 구분해서 평가되어야 한다. 중국인은 우리가 어떤 혁명적인 변화도 도모하지 않고 어떤 물질적 이익도 바라지 않으며 오

로지 복음을 전파하는 데만 헌신하고 있음을 알고 있고 이것은 제국
의 이익에 전혀 저촉되지 않는다. 우리가 이런 방침을 확정한 뒤에야
힘들게 품어왔던 아이가 태어났다. 우리가 누구도 버리지 않으면서도
숫자를 추구하는 일을 의도적으로 피하는 까닭은 바로 여기에 있다.
그런데도 짧은 기간 안에 5천여 명으로 늘어났다. 우리는 군중이 모
이는 것을 걱정스럽게 생각한다. 그랬다가는 수 년 동안 쌓아올린 성
과가 하룻밤 사이에 사라질 수 있다. 우리는 하느님께 의지하듯 관리
들에게 의지하는 방법을 택했다. 이곳의 기독교는 선교사들이 신임을
얻으면 발전할 것이고, 시의에 맞지 않는 열정으로 사람 수를 늘이다
보면 오히려 후퇴하게 될 것이다. 이것은 우리의 확고한 믿음이
다."[77] 선교사들이 복음을 전파할 때 기댈 수 있는 수단은 과학기술
의 전파뿐이었다. 그런데 과학도 처지는 비슷했다. 오직 하나의 권위
만 있는 나라에서는 모든 것이 도구였고 과학도 마찬가지였다. 조정
의 정권은 과학을 버릴 수도 있고 택할 수도 있는 어용 도구로 취급했
다. 문인들은 서학을 탐구할 때 피상적인 연구에 머물렀다. 근원적인
문제에까지 파고 들어가면 유학의 정통성과 화이(華夷)의 구분이 흔
들릴 수 있었다. 그러므로 서학의 근원이 중국임을 증명하는 연구만
용납되었다. 서학 탐구는 결국 중국의 자기과대 심리를 부추기는 이
념적 도구가 되었다. 중국 선교는 분명히 쉬운 일은 아니었다. "오직
황제만 두려워하고 돈만 사랑하는, 영원한 존재에 대해서는 관심도

---

**77** 『마테오리치 중국찰기(利馬竇中國札記)』, "부록", pp. 661-662.

흥미도 없는 민족을 상대로 복음을 전한다는 것은 힘든 일일 수밖에 없다. 온화하면서도 강인한 성격이 아니면 어느 한 순간도 힘들지 않은 때가 없다." 드 샤바냑(P. E. de Chavagnac, 중국명 사수신沙守信) 신부는 동료에게 보낸 편지에 이렇게 썼다. "이곳에서의 선교는 다른 어떤 지역보다도 힘들다." "주된 장애의 하나는 중국인의 유아독존이다. 그들은 다른 민족은 모두 무시한다. 그들은 자기나라와 풍속과 격언을 고집하며 중국 이외에는 주목할 만한 가치가 없다고 생각한다. 우리는 그들에게 우상숭배는 터무니없는 짓임을 지적하고 기독교는 위대하고도 신성하다는 점을 깨닫게 해주려 하지만 그들을 기독교의 품으로 들어오게 만들려면 아직도 까마득하다. 그들은 우리에게 냉담하게 묻는다. '우리의 경서는 당신들의 기독교를 언급한 적이 없다. 기독교는 외국의 종교 아닌가? 중국 밖에 정말 그토록 좋은 것이 있다면 우리의 성현들이나 학자들이 몰랐을 수가 있는가?'" [78]

---

**78** 『선교사들이 본 중국 조정(洋敎士看中國朝庭)』, 주정(朱靜) 편역, 상해인민출판사, 1995년 판, p. 19, 33.

# 양다리 걸침

갑작스런 재난은 행운의 정상에서 찾아왔다. 오랫동안 잠복해 있던 "예의 논쟁"이 마침내 폭발했다. 예수회 선교사들은 두 개의 강력한 극단 사이에서 위험을 감수하고 있었다. 이때 발생한 교황 과 황제의 충돌은 그들이 백 년 동안 쌓아올린 중국 선교사업의 성과를 철저하게 파괴했다.

## 예수회의 황금시기

"1688년 3월 11일, 페르비스트 신부의 장례식이 거행되었다. 우리는 장례식에 참석했다……" 장례식 직전 북경에 도착한 폰타네이 신부는 15년 뒤 절강의 주산(舟山)에서 프랑스 국왕 루이 14세의 고해 신부인 라 셰즈(La Chaize)에게 써 보낸 편지에서 이때의 융숭한 장례 식을 회고했다. 황제를 대표한 관리들은 아침 7시가 되자 벌써 장례식 장에 도착했다. 장례식은 중국 전통방식과 기독교식으로 동시에 진행 되었다. 기마 의장대가 장례 행렬의 선두에서 길을 열었고 길에는 헤 아릴 수 없이 많은 백성들이 모여 들었다. 페르비스트는 성 밖 예수회

묘원의 마테오 리치와 아담 샬 묘지 옆에 묻혔다. 장례식은 한 사람의 일생에 대한 평가이다. 흠천감에서 일한 서양 선교사들 가운데서 페르비스트보다 더 높은 지위와 명예를 얻은 사람은 없었다.

흠천감의 서양 선교사들은 강희 황제로부터 깊은 신임을 받았고, 따라서 예수회는 중국에서 황금기를 누렸다. 폰타네이, 부베, 제르비용, 르 콩트(Le Comte, 중국명 이명李明) 신부 등 '황제의 수학자' 일행 다섯 명이 북경에 도착했다. 이때부터 선교사들의 황금기의 절정이 시작된다. 이 무렵 중국에는 백여 곳의 선교사 주택, 백여 명의 선교사,

●페르비스트 신부

2백여 곳의 교회당, 20여만 명의 기독교 신도가 있었다. 장례식이 끝난 뒤 폰타네이 등은 위대한 강희 황제를 알현했다. 부베와 제르비용은 황제의 뜻에 따라 궁 안에 남고 나머지 세 사람은 지방 선교에 나섰다. 5년 뒤에 강희 황제의 특사로서 선교사를 초빙하기 위해 프랑스로 돌아온 부베는 희망과 자신에 가득 차 루이 14세에게 중국 선교사업의 성과를 다음과 같이 소개했다. "······ 한 세기 동안의 경험을 통해 중국에 복음을 전파하려면 과학의 선전은 반드시 거쳐야 할 길 가운데서 가장 중요한 길이라는 사실을 알게 되었습니다. 지금까지 하느님께서는 모든 선교사들에게 이 수단을 활용하라고 요구하고 계십니다 ······ 중국 황제는 그의 신하와 백성들에게 기독교를 믿을 수 있는 충분한 자유를 주었습니다. 이런 상황은 언젠가는 기독교 국가 중국을 볼 수 있다는 희망을 갖기에 충분합니다."[79]

선교사들은 "지금처럼 중국 황제와 그의 제국 전체가 개종하기를 절박하게 기대한 적이 없었다." 그들은 다시 올 수 없는 기회를 만났다고 생각했다. 그들은 좌절과 실패 속에서 100년을 노력했는데 최근 5년 동안에 갑자기 눈앞에 희망이 다가왔다. 프랑스 선교사들이 북경에 도착했을 때는 러시아와의 담판 문제가 거론되고 있었다. 일년 뒤 제르비용과 페레이라 신부는 황제의 명을 받고 중국 사절단과 함께 네르친스크로 가서 러시아와 담판을 벌였다. 이것은 어렵고도 감동적인 임무였다. 중국과 러시아 사이에는 근본적인 모순이 존재했

---

**79** 『강희황제전』, 부베 저, 마서상(馬緒祥) 역, 주해(珠海)출판사, 1996년 판, pp. 52~55.

다. 러시아는 무역을 허용하지 않으면 전쟁도 마다하지 않겠다는 입장이었고 중국의 태도는 무역도 전쟁도 할 생각이 없었다. 충돌은 이미 시작되었다. 러시아는 끊임없이 확장해왔고 중국은 매우 강대했기 때문에 담판이 최상책이었지만 어느 한쪽도 양보하기는 어려웠다. 예수회 선교사들은 중국 사절단의 통역, 심부름꾼, 조정자, 고문으로서 중국 황제의 의중도 살펴야 했고 러시아 황제의 요구도 들어주어야 했다. 중국 황제의 뜻을 관철시키면 선교의 기회를 얻을 수 있었고, 러시아 황제의 희망을 실현시키면 유럽에서 러시아를 거쳐 중국으로 가는 육상 통로를 열 수 있었다. 페르비스트 신부가 살아 있을 때부터 한편으로는 강희 황제로부터 사절단을 따라갈 수 있는 허락을 받을 기회이자 또 한편으로는 니콜라스 황제에게 "그와 페레이라 신부가 러시아에 대한 충성을 표명하는" 서신을 전달할 수 있는 기회가 있었다. 담판은 힘든 과정이었다. 양쪽을 오가는 예수회 선교사들은 하느님의 심부름꾼으로서 어느 세속 황제의 편도 들지 않아야 했고 복음을 전하기 위해서는 세속 권위의 허락과 지원을 받아야 하는 입장이었다. 그들은 두 극단 사이에서 위험을 감수해야 하는 자신의 처지를 십분 이해했다. 행운이 찾아왔다. 그들의 주선 덕분에 담판은 성공적으로 끝났다. 중국은 국경 지역의 모피 무역시장을 개방했고 러시아는 흑룡강 유역의 땅을 돌려주었다. 러시아는 무역을 할 수 있게 되었고 중국은 땅을 지킬 수 있게 되었다. 신부들은 기뻐했고 두 황제는 만족했다. 하느님의 사업은 두 황제의 만족 속에서 이익을 얻었다.

　　양 극단 사이에서 위험한 길을 걸어야 하는 처지에서 거둔 이때의 성공은 매우 돋보이는 것이었다. 조약을 체결한 다음날 러시아 대사는 그들이 이번 담판 과정과 지금까지 북경 조정에서 러시아를 위해 공헌한 데에 감사의 뜻을 밝히고 러시아 황제에게 이를 보고하겠다고 약속했다. 더 기쁜 소식은 강희 황제로부터 날아왔다. 20여 년을 끌어온 골치 아픈 문제가 해결되자 강희 황제는 매우 만족했다. 그는 제르비용과 페레이라 신부를 침소로 불러 접견했다. "짐은 너희들이 짐을 위해 얼마나 애썼는지 알고 있다. 이번에 화약이 체결된 데에는 너희 두 사람의 재능과 노력에 힘입은 바가 크다." 모든 것이 원만하게 끝났다. 다년간의 노력은 이제 좋은 수확을 낼 것이다. 이미 두 사람은 황제의 역법가와 교사로서 제국의 정치에 적지 않은 영향을 미치고 있었고 황제의 총애는 정점에 이르고 있었다. 1692년, 항주에서 다시 교안이 발생하자 인토르세타(Prospero Intorcetta, 중국명 은탁택 殷鐸澤) 신부가 북경으로 급보를 전했다. 사절단을 이끌고 네르친스크로 간 적이 있고 황후의 형제인 동국강(佟國綱)이 황제에게 건의서를 올렸다. "서양인은 폐하의 덕을 흠모하여 수만 리 바닷길을 건너왔고 지금은 역법을 다루고 있습니다. 군사를 움직일 때는 병기와 화포를 힘써 만들어 주었고 러시아와 담판을 벌일 때는 성실하게 힘을 다함으로서 일을 성공시켰으니 그 공이 매우 많습니다. 각 성에 거주하는 서양인 가운데 악행을 저지르는 자나 어긋난 도로 무리를 미혹하는 자가 없지 않을 것입니다. 라마승의 사원에는 사람이 들어가 향을 사르는 일을 용납하는데 서양인에게는 법을 어긴 적이 없어도 이를 금하니 실로 옳지 않다고 할 것입니다. 각지의 천주교당도 옛날처럼 유지하게 하고 들어가 향을 사르고자 하는 자가 있으면 금하지 말아야 할 것입니다."[80] 황제는 "원안대로 실시"하라고 재가했다. 이것이 이

른 바 '1692년 관용칙령'의 시말이다. 선교사들은 중국 땅에서 자유
롭게 다닐 수 있게 되었으니 선교 사업은 번창했다. 페레이라는 흠천
감을 책임졌고, 부베는 『역경』 등 고전을 연구하기 시작했으며, 제르
비용은 궁중에서 기하, 수학, 철학을 가르치면서 해부학과 의학 실험
을 했다. 기회는 끊이지 않고 찾아왔다. 선교사들은 기쁜 마음으로
하느님이 이교 국가에 뿌린 씨앗이 꽃을 피우려는 모습을 지켜보았
다. 일 년 뒤에는 강희 황제기 말라리아에 걸렸다. 고열이 물러가지
않자 제르비용과 부베가 금계납(金鷄納) 가루를 올렸는데 이것이 바로
키니네였다. 황제의 병은 물러갔다. 그때까지 황제가 "과학의 승리"를
몸으로 경험한 적은 없었다. 이것은 황제의 행운이자 또한 하느님의
행운이었다. 강희 황제는 천주교회당(즉 북당北堂)을 지을 땅과 돈을
하사했고 교회당이 준공되자 "만유진원(萬有眞原)"이란 편액과 다음과
같은 대련 한 폭을 보냈다.

無始無終, 先作形聲眞主宰, (시작이자 끝이신 이, 만물을 만들어 주재하
시고)

宣仁宣義, 聿昭拯濟大權衡. (사랑과 정의를 밝히사 세상을 구원하시다)

80 『중국교안사(中國敎案史)』, 장력(張力)·유감당(劉鑑唐) 저, 사천사회과학출판사,
1987년 판, pp. 63-64.

## 예의 논쟁의 재난: 황제와 교황으로부터 동시에 버림받다

갑작스런 재난은 행운의 정상에서 찾아오는 경우가 많다. 교회당 공사가 시작될 즈음에 부베는 강희 황제 특사의 자격으로 프랑스로 돌아왔다. 그는 가장 좋은 시기에 회소식을 가지고 왔다. 강희 황제는 중국의 우상숭배교의 파괴자가 될 가능성이 있다. 중국은 기독교 왕국이 될 가능성이 있다……그러나 제르비용과 부베가 수도에서 키니네로 황제를 기쁘게 한 바로 그 1693년에 그들과 같은 수도회 소속의 신부이며 로마 교황청 선교부로부터 "중국 선교를 총괄하는 권한"을 받은 마이그로(C. Maigrot, 중국명 안당顔璫) 주교가 복건(福建)에서─그는 복건 교구의 주교였다─중국인 신자들에게 "공자 숭배(尊孔)"와 "조상에 대한 제사(祭祖)"를 금지하는 7개 항의 훈령을 발표했다. 이 훈령은 교황 이노센트 12세(Innocent XII)의 비준을 받은 것이었다. 오랫동안 잠복해 있던 "예의 논쟁(禮儀之爭)"이 마침내 폭발했다. 예수회 선교사들에게 이 훈령은 궤멸적인 재난의 시작이었다. 지금까지 그들은 양 극단 사이에서 취약한 균형을 찾아가는 위험 속에서 활동해왔다. 강력한 양 극단인 교황과 황제의 충돌은 그들이 백년의 노력을 쏟은 중국에서의 선교 사업을 무덤으로 보내게 된다.

마이그로의 주교 훈령은 신자들에게 조상 제사와 공자 숭배를 금지하고, 교회당 안에 '경천(敬天)' 같은 글자를 새긴 편액을 걸지 못하게 하고, Dieu는 '천주'라고만 번역하라는 등의 내용을 담고 있었다. 잔잔한 연못에 던져진 돌처럼 분쟁의 물결이 이어졌다. 중국에 있던 선교사들 사이에서 분쟁이 일어났고 유럽에서도 파리에서 로마에 이르기까지 성직자들이 논쟁을 벌이기 시작했으며 심지어 철학자들까지 가세했다. 로마 교황청이 파견한 조사단이 결론을 준비하고 있을 때 나바레테, 페레이라, 토마스(A. Thomas, 중국명 안다安多), 제르비용이 연명으로 강희 황제에게 '공자 숭배'와 '조상 제사'의 의의를 판단해달라는 청원서를 올렸다. 강희 황제는 예수회의 관점을 긍정했다. '공자 숭배'와 '조상 제사'는 종교의식이 아니다. '공자 숭배'는 "백성들에게 보여준 모범에 대한 존경"이며 '조상 제사'는 "효도의 뜻을 다 하자는 생각의 표현"이므로 진정한 신인 하느님에 대한 신앙과는 무관하다…… 강희 황제의 칙유가 로마에 전해지자 논쟁이 수그러든 게 아니라 모순이 격화되었다. 예수회 선교사들이 중국 황제의 권력에 호소했다는 점이 서방인의 반감을 불러일으켰다. 교황청은 10년 동안 머뭇거리다가 최종 판결을 내놓았다. 1704년, 교황 클레멘토 11세(Clemento XI)는 중국 천주교도들의 '공자 숭배'와 '조상 제사'를 금하는 칙령을 발표했다. 교황의 특사 투르농(Tournon)이 북경에 가기 위해 필리핀에 도착해 있었다. 교황과 황제, 신성과 세속, 서방과 중국의 충돌은 이미 눈앞에까지 와있었다. 중국에 와있던 예수회 선교사들의 운명은 두 권위 사이에 끼인 처지였다. 교황은 로마에서 '공자 숭배'와 '조상 제사' 금지령을 내릴 수 있었고 황제는 북경에서 기독교 금지령을 내릴 수 있었다. 진정한 피해자는 오히려 예수회 선교사들이었다. 양 극단 사이에서 위험한 균형점을 찾아왔던 그들의 노력은 이 일로 파탄이 났다. 1705년, 교황 특사 투르농은 마이그로를 데리고 북경에 도착하여 중국 신도들에게 '공자 숭배'와 '조상 제사' 활동을 철저히 금지한다고 발표했다. 진노한 강희 황제는 전국의 선교사들에게 '신분증(영표領票)'을 발급하고 마테오 리치의 전례를 따르지 않는 자는 추방하라는 명령을 내렸다. 예수회는 중국에서의 첫 번째의 재난을 맞았다.

'예의 논쟁'을 격화시킨 사람은 마이그로였지만 논쟁은 일찍부터 시작되었다. 1633년 도미니크회 수도사 모랄레스(Juan Bautista de Morales, 중국명 범옥려范玉黎)와 프란치스코회 수도사 카발레라(Antonio M. Caballera, 중국명 이안당利安當)는 예수회 선교사들이 개종시킨 기독교도들이 여전히 공자를 숭배하고 조상 제사를 지낸다는 사실을 알게 되었다. 그들은 이것이 미신이자 우상숭배이며 예수회가 이를 묵인할 뿐만 아니라 동참까지 하는 것은 배교 행위라고 주장했다. 이 두 사람의 광신자는 이 때문에 중국 감옥에 갇혀 온갖 고초를 겪은 뒤에 마카우로 추방되었다. 완고한 두 사람은 마카우에서 예수회 시찰원 마노엘(P. Manoel, 중국명 이마낙李瑪諾) 신부에게 비망록을 제출했고 마닐라의 대주교와 로마 교황청에도 질의서를 보냈다. 예수회는 무슨 이유로 기독교도 관리와 문인들이 공자 사당과 죽은 황제의 사당을 찾아가 무릎을 꿇고 여러 가지 제사 의식을 올리는 것을 용인하는가? 예수회 선교사들은 무슨 이유로 비신자의 장례식에 참가하며 제단에 모신 비신자 문인의 위패 앞에 경의를 표하는가? 상스럽지 못한 발단이었다. 프란치스코회, 도미니카회, 예수회가 몇 가지 '예의' 문제를 두고 벌인 논쟁을 처음에는 교황도 이해하지 못했다. Dieu(Dio)라는 단어를 중국어로 '상제', '천(天)', '천주' 가운데 어느 것으로 번역해야 옳은가? 공자의 사상을 어떻게 이해해야 하는가? 조상 제사는 미신이나 우상숭배가 아닌가? 1645년에 처음으로 나온 이노센트 10세의 칙령에서부터 교황의 태도는 일관되지 않았다. 교황은 때로는 도미니크회와 프란치스코회를 지지했다가 때로는 예수회를 지지했다. 유럽의 여러 교파에서도 각자의 견해를 내놓고 이 위험한 논쟁에 뛰어들었다. 도미니크회 선교사들은 중국에서 자신들의 신념과 고집을 지키기 위해 순교했는데 예수회 선교사들은 유교화된 과학자 역할을 하고 있었다. 1665년, 중국 각지의 선교사들이 북경으로 소환된 뒤 광주의 외국인 거류지 안의 주거지역으로 추방되었다. 그곳에서 19명의 예수회 수도사, 5명의 도미니크회 수도사, 한 명의 프란치스코회 수도사가 40일 동안 42가지 예의 관련 문제를 두고 토론을 벌인 결과 오직 한 명의 프란치스코회 수도사만 제외하고 나머지 전원이 중국 신도의 공자 숭배와 조상 제사 의식 참가를 인정하기로 결의했다. 재난이 눈앞에 닥쳤을 때 의견을 통일할 수 있어서 활로를 찾았지만 교회는 결국 분열하고 말았다. 1693년은 예수회가 중국에서 선교 사업을 펼친 이후로 가장 희망적인 한 해였지만 마이그로가 독단적인 훈령을 발표하자 모든 것이 허사가 되었다. 광명의 정점에서 암흑이 시작되었다. 마이그로의 훈령은 강희 황제를 진노하게 했다. 황제의 품위 있는 관용은 예수회 선교사들의 천문학 지식과 키니네에서 비롯된 것이었는데 교황청의 태도는 한 발자국을 양보하자 열 걸음을 내딛으려는 것과 같았다. 투르농 특사는 "남의 집 문간에 서서 안방 일에 간섭한다"는 비판을 받았다. 여기까지만 해도 강희 황제는 자제하는 태도를 보였다. 이때 나온 황제의 명령은 다음과 같았다. "앞으로 무릇 서양에서 오는 자로서 돌아가지 않을 사람에게는 내지 거주를 허락하고 금년에 왔다가 내년에 갈 사람은 거주를 허락하지 말라."

"지금부터는 마테오 리치의 전례를 따르지 않는 자에게는 절대로 거주 허가를 내주지 말고 돌아가게 하라." "각국의 여러 선교회가 제가끔 찾아오는데 모두가 천주를 섬긴다 하니 이쪽저쪽을 따지지 말고 모두 한 곳에 거주하게 하라."[81] 이렇게 하여 예의 논쟁은 수그러들었다.

페레이라 신부가 병으로 쓰러져 1708년 12월 24일에 세상을 떠났다. 그의 동료들은 물론이고 강희 황제도 로마 사절이 온 일이 페레이라 신부가 병이 나고 죽게 된 주요 원인이라고 생각했다. "그는 교황청 사절이 머무는 동안에 자신이 35년 동안 온갖 노력을 기울여 쌓아 올린 교회 사업이 훼손될 위험에 처한 것을 목격했다. 그는 예수회의 명성이 땅에 떨어질 위기를 목격했다. 그는 안팎이 다른 위선자라 하여 자신의 명예와 인격이 모멸 당하는 지경을 지켜봐야 했다. 황제마저도 많은 공적을 세웠고 사람들로부터 존경받는 페레이라 신부를 투르농이 지나치게 가혹하게 대했고 그 때문에 병이나 쓰러졌다는 사실을 알고 있었다."[82] 강희 황제는 예수회를 지지했다. 투르농은 남경에서 선교사들이 조정으로부터 '신분증'을 받는 일을 금지하고 신도들의 공자 숭배와 조상 제사를 금지하며 이를 어기면 교적을 박탈('절벌絶罰')한다는 훈령을 발표했다. 충돌의 강도는 한 단계 더 올라갔

---

**81**  강희 45년의 상유(上諭), 『강희와 로마 교황사절 관계문서』(康熙與蘿馬敎皇使節關係文書) 영인본 (6)과 (2).

**82**  로드리게스(Jerome Rodrigues, 중국명 낙입록駱入祿) 신부의 말, 『예수회선교사 토마스 페레이라의 중-러 네르친스크 담판에 관한 일기』, p. 138을 보라.

다. 강희 황제는 투르농을 마카우로 추방하고 그곳에서 나오지 못하게 하라는 명령을 내렸다. 1710년, 투르농은 마카우에서 예수회로부터 구박을 받다가 중풍으로 쓰러져 죽었다. 그는 죽기 전에 리파(M. Ripa, 중국명 마국현馬國賢) 신부로부터 교황이 보내온 추기경의 붉은 모자를 받았다. 교황은 그를 추기경으로 승진시켜 지지를 표시했다.

양 권위 사이에서 평형을 유지해왔던 예수회 선교사들은 이런 권위의 충돌의 희생물이 되었다. 학문 강의, 실험, 담판, 측량과 지도제작, 특효약 진상 등 수십 년을 하루같이 중국 조정에서 머리를 조아려가며 황제의 신임을 얻고 중용된 제르비용은 교황과 황제가 충돌하자 투르농과 교황청을 변호하고 나섰다. 선교사들은 평소에 두 가지 충성을 보여주었으나 실제로 충돌이 일어나 한 쪽을 선택할 수밖에 없는 상황이 되자 하느님과 교회를 택했다. 어쩌면 황제도 선교사들이 황제의 비호를 등에 업고 선교 사업을 확장하기 위해 위선적인 충성을 바쳤고 황제 자신은 이용당했다고 느꼈는지 모른다. 1609년, 제르비용이 세상을 떠났다. 장례식은 그가 처음 북경에 왔을 때 목격한 페르비스트 신부의 융숭한 장례식과는 거리가 한참 멀었다. 그가 북경 정복사(正福寺) 프랑스인 묘역에 조용히 묻혔을 때 강희 황제는 어떤 관심도 보여주지 않았다. 1719년에 강희 황제는 선교사 로레아티(P. J. Luareati, 중국명 이국안利國安)에게 다음과 같이 말했다. " …… 너희들 서양인 가운데는 여전히 각자의 의견을 어지럽게 써서 편지를 보내는 자들이 있다. 이처럼 법을 어기는 자는 중국에서도 쓸데가 없다. 선교단을 탈퇴하고 기예를 갖춘 자가 아니면 나머지 서양인은 모두 쫓아 보낼 것이다." [83]

예의 논쟁은 끝나지 않았다. 모든 선교사들은 거류하기 위해 '신분증'을 받았으나 제약이 많았다. 이것은 선교를 금하려는 초기 조처였다. 1716년, 광동 갈석(碣石) 총병(總兵)이 기독교 금지를 건의하는 상주문을 올렸고 이듬해에는 양광 총독이 같은 내용의 상주문을 올렸다. 그런 가운데서 1720년에 교황의 특사 슬라비첵(P. C. Slaviczek, 중국명 엄가락嚴嘉樂)이 중국에 와 중국 신도의 공자 숭배와 조상 제사를 금하는 교황의 칙령을 재차 공표했다. 강희 황제는 격노했다. 중국 신도에게 보내는 교황의 칙령 번역문을 자세히 읽은 황제는 다음과 같은 황제의 의견을 적었다. "서양인 같은 소인배들이 중국의 큰 이치를 어찌 알겠는가? 더욱이 서양인 가운데 중국 책을 읽을 수 있는 자가 하나도 없으면서 이런저런 논쟁을 벌이니 가소로운 바가 많다. 이번에 온 사신이 밝힌 고시는 중이나 도사나 잡다한 이단과 같다. 이후로는 서양인이 중국에서 교를 퍼뜨리는 것을 금하여 귀찮은 일이 생기지 않도록 하라."[84] 지금까지 선교사들을 보호해주었던 중국의 황제가 백성이 서양 종교를 믿는 것은 물론 선교사의 자유로운 포교도 금지했다. 20년 전에 부베는 언젠가 강희 황제가 "중국 우상숭배교의 파괴자가 될 가능성"이 있다고 예언했는데, 바로 그 부베가 강희 황제의 신임을 받는 유일한 선교사로서 이 존경스럽고도 두려운 황제가 기독교의 파괴자로 변하는 과정을 북경에서 지켜봐야 했다. 1722년, 강희 황제가 숨을 거두기 몇 달 전에 중국에 온 프랑스 예수회 수

---

**83** 『강희와 로마 교황사절 관계문서』영인본.

**84** 『강희와 로마 교황사절 관계문서』영인본(14).

도사 고빌(A. Gaubil, 중국명 송군영宋君榮)은 자신이 목격한 중국 기독교의 상황을 다음과 같이 묘사했다. "제가 중국에 온 지 몇 달이 되었습니다. 제가 보기에 몇 달 전까지만 해도 희망으로 가득 찼던 선교 사업이 지금은 서글픈 처지에 빠졌습니다. 교회당은 폐허가 되고 신도들은 흩어졌습니다. 선교사들은 중국의 유일한 개방 항구인 광주로 쫓겨나 그곳에 모여 있으며 내지 출입은 허용되지 않습니다. 천주교에 관한 것은 모두 금지되고 있습니다. 각하, 원래는 비교적 쉽게 복음을 받아들일 것으로 예상됐던 나라에서 제가 본 슬픈 모습이 이렇습니다."[85]

기독교 금지령이 실시되었다. 중국에서 기독교의 짧았던 황금시대는 지나가고 뒤이어 찾아온 것은 엄격한 금지와 박해였다. 1722년 12월, 강희 황제가 세상을 떠났다. 선교사들에게 기나긴 강희 황제의 통치 시기는 희비가 교차하는 시대였다. 옹정 황제가 즉위하자 상황은 더욱 나빠졌다. 복건에서 다시 교안이 발생하자 민절(閩浙) 총독은 금교령을 엄격히 시행해야 한다는 건의를 올렸다. 옹정 황제는, 중국 백성으로서 천주교를 믿는 자가 신앙을 버리지 않으면 극형에 처하고 각 성의 서양 선교사는 반 년 이내에 중국을 떠나도록 하자는 예부(禮部)의 건의를 승인했다. 멜라(Joseph-FrancoisMarie-Anne de Moyriac de Mailla, 중국명 풍병정馮秉正)와 파레냉(Dominique Parrenin, 중국명 파다명巴多明) 등 북경에 주재하던 선교사들이 사면을 청원하자 옹정 황제는

---

**85** 『명·청 시기 중국의 예수회 선교사』(明淸間在華耶蘇會士), 강문한(江文漢) 저, 지식출판사, 1987년 판.

그들을 궁으로 불렀다. 멜라가 쓴 1724년 10월 16일자의 편지를 보면 옹정 황제가 그들에게 기독교 금지령을 내린 이유를 직접 설명했음을 알 수 있다. 1) 서양인은 우리의 법률을 짓밟았고 나의 백성을 혼란에 빠트렸다. 국가의 안위에 관련된 일이니 금하지 않을 수 없다. 2) 강희 황제는 문인학사들의 반대에도 불구하고 서양 종교가 거짓이 아니라며 너희들을 보호했지만 한 나라에는 그 나라의 가르침이 있는 법이다. 만약 중국이 불교 승려나 라마승을 서방으로 보내 선교한다면 서방은 어떤 반응을 보일 것인가? 3) 천주교는 중국에서 너무 빨리 발전했다. 너희들의 목표가 모든 중국인을 기독교도로 만들어서 너희의 지휘를 받게 하는 것인데 일단 서방 국가가 해상에서 침입하면 그들이 안에서 호응할 것이고 중국은 대란에 빠질 것이다. 4) 개인적으로는 너희들을 동정하고 도와줄 수 있으나 한 나라의 군주로서 나라의 안위를 무겁게 생각해야 한다. 중국은 현재 변경이 조용하지 못하다. 북쪽에는 러시아가 있고 남쪽에는 서양인이 있다. 너희는 북경과 광주 두 곳에서만 거주할 수 있고 선교는 하면 안 된다. 만약 불만이 있다면 전부 중국을 떠나도록 하라. 지금까지 기독교 금지령의 원인을 이토록 분명하게 설명한 사람은 없었다. 각지의 교회당은 철폐되거나 공중화장실, 서원, 사당으로 바뀌었다. 멜라 신부는 같은 편지에서 슬픈 마음을 다음과 같이 털어놓았다. "우리의 신성한 종교가 중국에서 완전히 금지되었다. 북경에 거주하는 선교사 이외에는 모두 중국에서 쫓겨나게 되었다. 우리의 교회당은 훼손되거나 다른 용도로 바뀌었다. 황제의 조서는 이미 발표되었고 위반자는 엄한 처벌을 받게 될 것이다. 황제의 조서는 기독교 신자는 신앙을 버리라고 명령하고 위반자는 처벌된다고 말했다. 우리가 2백 년 걸려 심혈을 기울여 세운 선교회가 이처럼 슬프게 막을 내리게 되었다."[86]

충돌은 이미 정점에 이르러있었다. 로마 교황은 금지령을 내려놓았고 중국 황제도 기독교 금지령을 내려놓았다. 예수회 선교사들이 공자 숭배와 조상 제사를 허용한다면 배교 행위가 될 것이고 그들이 충성을 바치는 교황은 그들을 버릴 준비가 되어 있었다. 예의 논쟁은 유럽에서도 뜨거운 감자가 되어 있었다. 수백 권의 관련서가 등장했고 이 논쟁에 참여하지 않으면 학문과 신앙을 의심받는 분위기였다. 모두가 자기주장을 굽히지 않았다. 누구도 중국을 제대로 이해하지 못했고 선교사들이 백년 가까이 막대한 희생을 치루며 일구어낸 성과를 평가하는 사람도 없었다. 선교사들은 양쪽에서 적을 맞이하는 가련한 순교자가 될 참이었다. 중국의 예의를 이해하지도 못하는 멀리 떨어진 유럽의 교황과 신부들, 또는 철학자와 음모가들이 전체적인 국면을 살펴볼 수는 있단 말인가?

교황의 특사 슬라비첵이 유럽으로 돌아오자 사태는 더 악화되었다. 중국에서도 선교사들은 황실의 권력 싸움에 말려들었고 무라오(Jean Mourao, 중국명 목경원穆敬遠) 신부는 서녕(西寧)으로 유배되었다. 서방에서는 교황은 예의 논쟁에 관한 교황 칙령에 어떤 이의도 용납하지 않았다. 많은 사람들이 예수회 선교사들을 미친 사람 취급을 하거나 교회를 배반한 이단자로 몰아붙였고 심지어 화형에 처해야 한다

---

**86** 『선교사들이 본 중국 조정(洋教士看中國朝庭)』, 주정(朱靜) 편역, 상해인민출판사, 1995년 판, pp. 101-106.

고 주장하는 사람도 있었다. 1726년 영국작가 스위프트가 『걸리버 여행기』를 발표했다. 걸리버는 소인국 리리푸트에서 달걀을 넓은 끄트머리에서부터 깨뜨릴 것인지 좁은 끄트머리에서부터 깨뜨릴 것인지 하는 하찮은 문제를 두고 전쟁을 벌이는 모습을 목격하였다. 소인국에서는 이 문제를 두고 여섯 차례나 반란이 일어나 왕은 왕위와 목숨까지 잃었고 11,000명이 "달걀을 좁은 끄트머리에서부터 깨뜨리지 않으려고 기꺼이 목숨을 바쳤다." "지금은 달걀을 깨뜨리는 예의 문제를 두고 두 나라가 벌인 전쟁이 36개월째 진행되고 있다."[87]

가련한 예수회 선교사들은 그들이 충성을 바쳤던 황제와 교황으로부터 동시에 버림받았다. 그들의 꿈은 양대 권위 사이에서 다리를 놓는 것이었으나 그들이 놓은 것은 다리가 아니라 환상의 무지개였다. 이제 황제는 그들이 두 마음을 품은 간첩이라고 생각하게 되었고 교황은 그들을 대담한 배교자라 여겼다. 그들은 두 강력한 집단 사이에서 균형을 찾는 위험한 길을 택했으나 결과는 참담했다. 〈네르친스크조약〉이 체결되었을 때가 그들이 가장 의기양양했던 때였다. 그들이 바라던 대로 중국인은 땅을 되찾았고 러시아인은 무역을 시작할 수 있게 되었다. 예수회는 중국 황제의 환심을 사 중국에서 자유롭게 선교할 수 있는 기회를 갖게 되었을 뿐만 아니라 러시아 황제의 환심을 사 유럽에서 중국으로 가는 러시아—시베리아 통로를 열었다. 그들은 화살 하나로 한꺼번에 두 마리 새를 잡은 셈이었다. 골로빈(Feodor

---

**87** 『걸리버 여행기』 제1권 제4장.

Alekseyevich Golovin) 사절단이 모스크바로 돌아가 예수회 선교사들의 활약에 관해 보고를 하기 전에 뜻밖에도 표트르 대제가 1689년 10월에 모스크바의 예수회 교회당과 주거를 폐쇄하고 예수회 선교사들을 추방하는 명령을 내렸다. 하나의 성과는 잃었지만 그래도 다른 하나는 지킬 수 있었다. 모스크바의 불행한 소식이 북경으로 전해진 1694년에 중국의 예수회 선교사들은 '네르친스크 승리'의 성과를 즐기고 있었다. 그러나 30년이 지나자 이 성과도 잃어버렸다. 1727년, 황태자는 포르투갈 사절단의 통역을 맡은 파레낭 신부 등에게 다음과 같이 경고했다. "너희들은 두 척의 배에 다리를 걸친 사람과 같다. 두 배가 갈라서는 날이면 너희들은 물에 빠지게 될 것이다."[88]

---

88 파레낭 신부의 1727년 11월의 서신. 『선교사들이 본 중국 조정』, p. 155를 보라.

제7장
# 지리적 중국에서
# 문화적 중국으로

1. 감동적인 이국 소식
2. '공자의 중국'

# 감동적인 이국 소식

용감하고 신앙심이 깊은 선교사들은 문화의 대양을 항해하는 콜럼버스였다. 그들은 그 바다에서 중국 문명의 의의를 발견했고, 서간을 통해 그 의의를 바다 건너 유럽으로 전했다. 의미심장한 정치와 도덕의 이상형으로서 문화적 중국의 형상이 점차로 분명하고 실제적인 모습을 갖추게 되었다. 서방은 중화제국의 형상 가운데서 여러 면에서 유럽 문명보다 우월한 문화 유토피아를 그려냈다. 제한적이거나 혹은 상당히 주관적인 지식이 진지한 사고를 통해 새로운 신화를 창조해냈다. 중국 형상은 하나의 전설에서 다른 하나의 전설로 진입하고 있었다.

## 문화의 대양을 항해하는 콜럼버스

'예의 논쟁'이 갑자기 서방과 중국 사이의 현실적 거리를 넓혀 놓았다. 그러나 이와 동시에 관념상의 거리는 갈수록 가까워졌다.

대중화제국은 영토가 광대하고 인구가 많으며, 물산은 풍부하고 경제는 발달했으며, 행정은 청렴하고 효율적이고 사법은 공평하고 합리적이며, 국가제도는 사회와 개인의 발전에 유리한 나라였다. 이 나라는 기독교 국가는 아니지만 고상한 도덕과 엄정한 사법제도 덕분에 기독교 세계에서는 일상적으로 볼 수 있는 죄악이 없는 나라였다. 중국은 평화, 안정, 부, 질서의 나라였다. 그들의 방대한 군대는 외부로부터의 침략에 대비한 것이지 다른 나라를 침범하기 위한 것이 아니었다. 중국 군대의 무기의 수준과 병사의 자질은 그리 높지 않았으나 이 방대한 제국의 매력은 바로 그 평화에 있었다. 중국은 소란과 불안으로 가득하고 야심만만한 이베리아 반도의 나라처럼 민족 전체를 대포 뒤에 줄 세우려 안달하는 그런 나라가 아니었다. 중국의 가치는 평화와 문명, 고상한 도덕과 유구한 문화역사, 기묘하고도 오래된 문자, 심오한 격언, 인쇄와 제지 기술, 화약과 대포의 발명 …… 등에 있었다.

세계를 갈망하고 지식을 갈망하는 정신은 이국의 소식에서 감동적인 그 무엇을 찾아냈다. 1581년에 바티칸 도서관을 방문한 프랑스 작가 몽테뉴(Montaigne, Michel Eyquem de)는 "기묘한 글자로 인쇄된 중국 책을 보았다. 사용된 종이는 우리의 종이보다 훨씬 가볍고 투명했으나 종이가 잉크를 투과시키기 때문에 한 쪽만 인쇄했다. 한 면은 겹으로 되어 있고 끄트머리를 겹치게 하여 한 권으로 묶었다. 종이는 어떤 나무의 껍질로 만든 듯 했다." 그는 『마차 얘기』란 수필에서 다음과 같이 썼다. "우리가 알고 있는 역사 기록이 모두 진실이더라도

아직 알려지지 않은 일과
비교한다면 지극히 미미하
다. 우리가 살고 있는 이
세계의 모습을 말하자면
우리―지적 욕구가 가장
왕성한 사람을 포함하
여―의 인식은 얼마나 빈
곤하고 단출한가! 오랜 옛
날부터 찬양하거나 경계해
온 개인의 사건은 제쳐두
고 위대한 문명과 위대한
민족의 상황에 대해 우리
가 모르는 것이 우리가 아

●몽테뉴 초상

는 것보다는 수백 배나 많을 것이다. 우리는 자신이 발명한 대포와 인
쇄술을 기적이라고 찬탄하지만 다른 민족, 멀리 세계의 다른 한 쪽 끝
에 있는 중국은 천 년 전부터 사용해왔다는 사실을 아무도 모르고
있다. 우리가 본 사물이 우리가 보지 못한 사물만큼 많다고 한다면
우리는 변화무상하고 무궁무진한 사물을 발견하게 될 것이라고 믿어
도 좋다."[89]

　지식의 출발점은 자신의 무지에 대한 인식이다. 16세기 말, 전 유

**89** 『몽테뉴 수필전집』, 육병혜(陸秉慧)/유방(劉方) 역, 하권, 역림(譯林)출판사, 1991
　　년 판, p. 144.

럽은 암흑의 시기는 벗어났으나 미래는 아직도 분명하지 않은 시대였다. 무수한 계시와 미래의 풍경이 서로 충돌하고 있었고 역사의 유령은 점차로 사라져 가면서도 아직은 사람들의 상상과 추억을 옭아매고 있었다. 이처럼 격정과 곤혹이 뒤엉킨 시대에 중국 형상도 때로는 눈부신 모습으로, 때로는 모호한 모습으로 다가왔다. 중국은 우월한 이역 문명을 대표했지만 이런 문명의 진정한 의미는 무엇이었을까? 서방 문명은 중국 형상의 어떤 면을 가장 가치 있게 이용할 수 있을까? 종교와 신앙, 과학기술과 윤리도덕, 정치제도와 인문정신 가운데 어느 것일까? 중국 형상의 특질은 아직 분명하게 식별되지 않아 모든 방면에서 완벽한 것처럼 보였으나 그래도 진실이 아닌 부분은 명백하게 드러났다. 1588년, 처음으로 중국에 들어갔던 예수회 선교사 루기에리가 유럽으로 돌아왔다. 그는 고향 나폴리의 전원에서 충만한 추억을 즐기며 여생을 보낼 계획이었다. 1588년은 유럽 역사에서 중요한 한 해였다. 이 해에 영국의 해적들이 그들의 여왕의 영광을 위해 영국 해협에서 필립 2세의 무적함대를 무찔렀다. 이베리아의 찬란한 시대가 끝나가고 있었다. 이베리아인은 바다를 우울하고 강인한 네덜란드인과 영국인에게 내어주고 중화제국은 열정적이고 분방한 이탈리아인과 프랑스인에게 넘겨줄 참이었다. 다음 세기는 더는 이베리아인의 세기가 될 수 없었다. 그들의 모험담으로 가득 찬 시대는 이미 끝나고 있었다. 1588년은 중요한 해였다. 영국과 스페인 사이의 해전이 벌어졌고, 보르도 교외에 은거하고 있던 프랑스의 대사상가 몽테뉴의 불후의 명작 『수상록』 1, 2, 3권이 모두 출간되었다. 독서, 공직생활, 여행, 사교, 집필, 사유로 이어진 그의 한 평생이 저물고 있었다. 그는 대작에 포함된 마지막 수필 『경험론』에서 다음과 같이 썼다. "중국의 정부 관리(管理)와 예술은 우리에게 알려진 바가 없고 그들도 우리의 정부 관리와 예술에 대해 전혀 알지 못한다. 그러나 이 왕국은 여러 면에서 탁월하고 효율적이며 우리의 이상을 초월한다. 이 나라의 역사는 우리에게 세계는 훨씬 넓고 다양하며 옛사람이나 우리 자신이 세계에 대해 아는 바가 매우 적다는 점을 알려준다."[90]

유럽이 동방에 관한 정보를 얻는 데는 세 가지 경로가 있었다. 하나는 공식적인 정부 사절과 식민 정부의 보고, 둘째는 상인과 선원들이 전해주는 이야기, 셋째는 선교사들의 서신이었다. 세 부류의 정보 가운데서 선교사들이 보내오는 서신이 가장 풍부하고 전면적이며 인문적인 내용을 담고 있었다. 선교사들은 무역에는 별 관심이 없었고 군사 정보와 식민 통치에 관해서도 이렇다 할 주의를 기울이지 않았지만 그 지역과 국가의 인문적인 풍모에 관해서는 깊이 있는 정보를 제공해 주었다. 이국에 나가 선교하는 사람들은 진정으로 이국의 물질생활과 문화생활 속에 깊이 들어간 선구자들이었다. 불가피한 종교적 색채를 제외한다면 그들의 관찰과 묘사는 상세하고 구체적이었으며 실제 경험한 결과였다. 이방인 사이에서 생활하는 선교사들은 대부분 교양을 갖춘 인문주의자였다. 그들의 경험은 전설적인 사도의 색채를 풍부하게 갖추고 있었다. 그들은 선교의 관점에서 세밀하고 민감한 시선으로 활동 지역의 지리적 풍물과 인륜제도, 사상과 신앙

---

90 『몽테뉴 수필전집』, 하권, p. 349.

에 관한 정보를 수집하고 그것을 편지로 써서 유럽으로 보냈다. 그들은 그 시대에 동·서방을 잇는 문화적 매개였다. 선교사들의 서신은 당시 유럽의 동방에 대한 호기심에 영합했을 뿐만 아니라 유럽의 동방에 관한 지식을 풍부하게 해주었다.

예수회, 프란치스코회, 도미니크회, 성오거스틴회 선교사들이 유럽의 동방 이해를 위해 공헌한 바는 거대했다. 도미니크회 선교단의 포르투갈인 수도사 가스파르 다 크루스가 쓴 『중국지』, 스페인 성오거스틴회 수도사 마르틴 데 라다가 쓴 『복건출사기(福建出使記)』와 『대명중국사정기(大明中國事情記)』, 멘도사의 『대중화제국지』는 이 방면의 대표적인 저작이다. 선교사들의 서신과 보고서를 통해 유럽에서 중국 형상은 점차로 전면적이며 분명해졌다. 유럽인들은 마르코 폴로의 신화시대를 벗어나게 되었다. 전설적인 키타이는 이제 중화제국이라고 불리게 되었다. 16세기 중엽에 이 방대한 제국에 관한 보도가 끊임없이 유럽에 전해졌고 작성자는 대부분 동방에 가본 적이 있거나 중국 해안의 광동과 복건 일대에서 짧은 기간 동안이라도 머물렀던 경험이 있는 사람들이었다. 16세기 말 유럽에 전해진 마테오 리치의 서신은 새로운 시대의 시작을 알리는 표지였다. 이들 작성자는 몇 년 동안 중국 내지와 수도에서 생활한 경험이 있었기 때문에 중국에 대해 보다 종합적으로 이해하고 있었고 따라서 그들의 보고는 권위와 설득력이 있었다.

세계가 아직도 멀리 떨어져 있던 시대에 이런 서신은 동·서방 문명이 소통하는 중요한 통로였다. 교회는 이를 전파하려 했고 때마침 등장한 인쇄기술이 많은 도움을 주었다. 선교사들이 머나먼 동방에

●1586년 베네치아에서 출판된 선교사 서한집에 실린 루기에리 신부의
중국발 서신

서 유럽으로 보낸 서신은 동료 신부들의 번역과 수식을 거친 후 출판
되었다. 우선은 라틴어, 포르투갈어, 스페인어 판본이 나오고 뒤이어
이탈리아어, 프랑스어, 영어, 심지어 체코어 판본까지 나왔다. 16, 17
세기에 유럽의 중간 규모 이상의 도시라면 어느 곳이든 예수회 선교
사들의 동방 서신을 모은 책을 볼 수 있었다. 이런 서신집의 편집은
일반적으로 난삽했고 인쇄도 정교하지 못했다. 출판 상인은 대중의
흥미에 영합하기 위해 서신의 내용을 고치거나 전설 같은 내용을 양
념으로 끼워 넣었다. 머지않아 유럽에서 이런 동방 서신의 신뢰도의
위기가 발생했다. 대중이 경건한 선교사의 서신과 허풍이 심한 일반
여행가의 얘기를 구분하기는 어려웠다. 16세기 말, 교회가 동방 서신
의 편집과 출판을 통제하기 시작하면서 중국 형상은 다시 만들어졌
다. 이와 동시에 인문주의자들이 난삽한 서신을 기초로 하여 체계적

●1586년 로마교회가 발표한 선교사 서한집에 실린 마테오 리치의 서신

이고 종합적인 저작을 내놓았다. 마페이(G. P. Maffei)의 『예수회 동방선
교기』와 『16세기 인도사감(印度史鑑)』, 멘도사의 『대중화제국지』는 선
교사들의 서신과 보고를 기초로 하여 쓰인 저작이다.

　선교사들의 보고와 서신 가운데서 가장 분량이 많고 영향력이
컸던 것은 예수회 선교사들의 서신이었다. 하비에르와 발리냐노를 시
발점으로 하여 선교사들은 그들이 동방의 해안과 내륙에서 보고들
은 바와 경험을 보고서와 서신의 형태로 작성하여 유럽으로 보냈다.
1542년, 하비에르가 인도에서 첫 번째 동방 서신을 발송함으로써 예
수회 서신의 전통을 열었다. 이역으로 선교하러 떠나는 모든 선교사
는 정기적으로 상급자나 동료에게 편지를 써서 선교의 경험과 현지의
상황을 보고해야 했다. 예수회 내부에서 서신은 하나의 제도로 자리
잡았고 서신을 작성할 때는 엄격한 요건을 갖추어야 했다. 이런 서신

은 예수회의 내부 통신일 뿐만 아니라 다른 수도회와 세속 사회에 공표되어야 했다. "동료들은 예수회 선교사의 서신이 도착했다는 소식을 들으면 빨리 읽고 싶어 했고 여러 사람에게 보여주지 않으면 동료들로부터 소외되었다. 서신의 내용이 혼란스러운 정보뿐이라면 결국 동료들을 오도하게 되었다."[91] 1542년부터 1570년까지는 이른바 인도 서신의 시대였다. 인도와 동남아의 예수회 선교사들은 매년 연례 보고서를 로마 예수회 본부로 보내왔다. 이 서신은 선교 업적을 보고했을 뿐만 아니라 현지의 지리, 기후, 인종, 풍습, 종교와 신앙에 관한 상황을 상세하게 소개했다. 예수회 본부에는 전담 요원이 있어서 검토하고 편집하는 일을 책임졌다. 16세기 60년대 이후로 인도 선교 사업이 쇠퇴함에 따라 예수회 서신은 일본 시대로 접어들었다. 일본의 선교, 일본의 풍속과 제도에 관한 소개가 이 시기에 로마로 보내진 동방 서신의 주요 내용이었고 발리냐노와 마테오 리치의 선교 보고서와 서신이 대표적이었다. 일본에서 기독교 금지령이 내려짐과 거의 동시에 중국 서신의 시대가 시작되었다. 1583년, 예수회가 중국에 진출했고 1601년에는 마테오 리치가 북경에 들어가 대명 제국의 수도에 첫 번째 선교 거점을 세웠다. 세기가 바뀌는 시점에 마테오 리치 등이 보내온 서신이 로마에 등장하자 서방의 중국에 관한 정보는 더 구체적이고 정확해졌다. 중국인들 사이에서 생활하던 예수회 선교사들이 보내온 서신은 유럽에서 가장 권위 있고 전면적인 중국 관련 자료가

---

91  *Asia: In the Making of Europe*, V. 1, p. 314.

되었다. 16세기 말부터 등장한 중국 서신은 유럽 사회에 가장 큰 영향을 미쳤다. 중국 서신의 시대는 2세기 가량 지속되었다.

## "찬탄을 금할 수 없는
## 이 제국은 …… 기독교를 부끄럽게 한다"

16세기는 기사의 시대이자 기사의 역할이 종말을 고한 시대였다. 동방에 관한 여러 가지 정보가 전해지고 보급됨에 따라 중국 형상에도 역사적 사실과 진실한 내용이 갈수록 많이 담겼다. 1580년대 이후로 유럽 문헌에 등장하는 중국 형상은 마르코 폴로와 멘더빌이 창조한 중세의 전설을 벗어나기 시작했다. 지식이 환상의 안개를 걷어내고 있었다. 그러나 이와 동시에 국부적이고 상당히 주관적인 지식이 나름대로 진지한 사고를 거쳐 새로운 중국 신화로 태어났다. 이 신화가 갖는 의의와 상징은 중세의 그것과 달랐다. 새로운 신화는 유럽인의 새로운 시대에 대한 이상과 희망을 반영하고 있었다. 유럽의 중국 형상은 중세의 전설을 벗어나 근대 유럽의 엄숙주의 사상이 깃든 유토피아로 진화했다. 16세기 말의 유럽에게 문명국 중국의 형상은 중대한 정치적, 도덕적 이상으로서 의미를 지녔고 점차 명료하고 신뢰할 수 있는 진실이 되어갔다. 중국 형상은 하나의 전설에서 다른 하나의 전설로 진입하고 있었다. 상상 속의 중국과 현실의 중국은 영원히 다른 모습이었다. 서방이 중국을 필요로 했던 이유는 서방 문화가 서방을 초월한 전설적인 세계를 필요로 했기 때문이었고, 그것은 특수한 낭만 – 문화적 무의식의 낭만 – 이었다.

1597년, 이탈리아 만토바의 궁정시인 아리바베네(Lodovico Arriva-bene)는 임종을 앞두고 자신의 저작 『위대한 황제(黃帝)(Il Magno Vitei)』가 출판되는 것을 보았다. 이 책은 기이한 책이었다. 저자 자신은 엄숙한 역사적 사실을 기술했다고 주장하며 이 책을 당시의 저명한 동방 숭배자 프란치스코 마리아 공작에게 헌정했다. 그러나 당대의 독자는 물론이고 후대의 연구자들에게도 이 책은 제한적인 지식을 소재로 쓴 중국 전설로 보였다. 이 책의 매력은 내용이 역사적 진실이란 점이 아니라 황당한 상상—오늘날의 관점에서 보면 유치하고 우스꽝스럽

16. Title page of the first edition of Lodovico Arrivabene, *Il magno Vitei* (Verona, 1597).

●아리바베네의 『위대한 황제』 표지(1597년 베로나 판)

지만―이란 점이다. 그는 위대한 황제(黃帝, Vitei)가 중국의 창업자라고 말했다. 그의 주장에 따르면 위대한 황제가 대포와 일종의 위력적인 공성 무기인 '도시 폭풍'을 발명했다고 한다. 위대한 황제는 신농씨(神農氏, Enzonlom)와 함께 타타르를 정복했고, 해남도·코친차이나·캄보디아에서 일어난 반란을 진압했으며, 침입해온 일본인을 바다와 육지에서 물리쳤다. 황제는 위대한 통치자이자 각종 미덕의 표본이었다. 그는 전쟁에 능했을 뿐만 아니라 평화를 지켜내는데도 뛰어났으며 문명의 질서를 건설했다. 그는 뱀을 키우는 부락을 세웠고 인쇄술을 발명했으며 그 기묘한 세계에 서적을 화폐처럼 널리 유포시켰다. 황제는 영명하고도 다재다능한 통치자였다. 그는 예술가처럼 그림을 잘 그렸고 조각과 건축에도 뛰어났으며, 과학자처럼 우주의 비밀을 밝히는 방대한 이론을 세웠다. 그는 일식과 월식, 별자리의 움직임, 지진과 산사태, 해일과 태풍을 예측했다. 또한 그는 신령과 소통하는 뛰어난 무당이자 예언가였다. 어떤 재난이라도 그가 예측하고 대비책을 세우지 못한 것은 없었다. 황제는 한편으로는 진지하고도 고상한 도덕주의자였다. 그는 자기 아버지를 숭배하여 어마어마하게 장엄한 기념행사를 열었다. 한번은 조상 제사 때에 신기한 불꽃을 피워 올려 참석한 백성들을 놀라게 했다. 황제는 선량한 군왕이자 성실한 친구와 남편이었다. 그는 여성의 아름다움은 외모에 있지 않고 내면의 품성에 있다고 굳게 믿는 인물이었고 이를 증명하기 위해 셀 수 없이 많은 미녀를 아내로 맞아 밤낮으로 분주하게 좇아 다녔다. 그의 신변이나 그의 나라에서 일어나는 일치고 기적이 아닌 것이 없었다. 황제는 불가사의하리만큼 완벽한 존재였다.

『위대한 황제』에 나오는 전설은 줄거리의 연속성도 없고 역사 시기로서 통일성도 없다. 이야기는 각종 모호한 중국 소식을 짜깁기한 것이다. 아리바베네는 삼황오제(三皇五帝)와 우(禹) 임금의 치수에서부터 몽고의 침입과 왜구격퇴에 이르기까지 주위들은 중국에 관한 정보는 모조리 책 속에 담았다. 『위대한 황제』에는 세 가지 중국 인명이 나오는데 모두가 멘도사의 『대중화제국지』에서 따온 것이다. 이 이름들은 스페인 선교사가 필리핀에서 화교들로부터 들어서 알게 된 것이고, 필리핀의 중국 이민은 복건이나 광동에서 건너간 사람들이라 민남어(閩南語)와 광동어(廣東語)를 사용했기 때문에 마땅한 번역을 찾아내기가 힘들다. 황제, 신농씨와 함께 등장하는 나머지 한 이름은 Hauzibon인데 아마도 후직(后稷)을 가리키는 것 같다. 이 책에서 우리는 프톨레마에우스(Ptolemaeus)의 지리학과 『마르코 폴로 여행기』, 『대중화제국지』에 나오는 지명이 동방에 관한 정확한 지리 관념이 없이 뒤섞여 사용되고 있음을 보게 된다. 아리바베네의 붓끝에서 그려진 아시아와 중국은 여전히 절반은 진실이고 절반은 환상이다. 책에서는 준마와 사냥개, 코끼리와 앵무새, 공작새와 악어, 여자 무당, 거인, 독각수(獨角獸), 마귀가 함께 나타나며, 그리스의 태양신 아폴로와 타타르의 최고신 텡그리가 함께 어울리고, 기사 모험담 소설에 나오는 무술시합과 연애담이 황제의 조상 제사의식을 묘사하는 장면에 삽입되고 있다. 『위대한 황제』는 설교 성격의 무용담 전설에 가깝다. 멘도사의 『대중화제국지』에서 빌려온 기괴한 세 인물과 실제로 있었는지 알 수 없는 몇 건의 의심스러운 중국 역사 사건을 제외한 나머지 인물과 이야기는 아리바베네가 모두 지어낸 것이다. 유럽인의 입장에서는 낭만적이고 충분히 이상화된 중국과 중국 황제의 형상이 이 시점에서 진실보다 더 중요했는지도 모른다. 『위대한 황제』가 출판되자 진실한 역사가 아니라고 의심하는 사람이 있었다. 기이한 얘기, 혼란스러운 인물과 시간적 공간적 배경은 아무리 좋게 보아도 책의 내용이 설교 성격의 전설에 불과하다는 반증이었다. 상심한 노 작가는 다음과 같이 해명했다. "나는 위대한 중국이 갖는 일부 가장 기본적인 의의를 알리고자 애썼다. 중국의 빛나는 품성은 아직 미지의 암흑 속에 완전히 묻혀있다." 작가의 해명이 그 시대를 감동시키고 설득했을 수도 있고 출판 상인이 의도적으로 내용의 진실성을 강조했을 수도 있다. 어쨌든, 2년 뒤에 베로나에서 이 책의 재판이 나올 때는(초판은 베네치아에서 나왔다) 제목이 『중국사(Istoria della China)』로 바뀌었다. 제목의 변경은 중요한 의미를 가졌다. 마르코 폴로 시대는 이미 끝났고 서방인은 진정한 중국을 알고 싶어 했다. 그 속에 전설적인 요소가 남아 있다 하더라도 최소한 그들은 진실처럼 받아들였다.

16-17세기에는 중국에 관한 각종 보도가 동쪽 항로와 서쪽 항로를 따라 이베리아 반도로 모여들었다가 이탈리아, 프랑스, 독일 등지로 퍼져나갔다. 이들 자료는 난삽하고 모호하여 사실 여부와 가치를 판단하기 어려웠다. 페르나옹 멘데스 핀토(F. M. Pinto)의 『동방여행기』는 1614년 출판된 뒤 곧바로 스페인, 프랑스, 네덜란드, 독일, 영국어로 번역되어 널리 퍼졌다. 이 책은 『돈키호테』와 인기를 다투는 베스트셀러였다. 당시 사람들의 관점으로는 이 책은 해외여행기보다는 기사 모험담에 가까웠다. 핀토는 21년 동안 동방을 돌아다니면서 인도와 일본에도 갔었다. 그의 일생은 그의 여행기보다도 더 전설적인 색

채가 풍부했다. 그의 여행기는 포르투갈인 안토니오 데 페레이라 일행이 중국에 들어가 경험한 바를 기록하고 있는데 사실인지 허구인지 알 수가 없었다. 시간, 장소, 인명, 사건이 입증할 수 없어서 사람들은 진실이라 믿지 않았다. 그러나 책에서 소개된 사건과 지리는 대체로 합리적이어서 완전히 믿지 않기도 어려웠다. 마르코 폴로가 '허풍장이 마르코'란 별명을 얻었듯이 핀토도 이름에 빗댄 조롱을 받았다. 사람들은 그의 이름 Fernao Mendes Pintos를 'Fernao mentes? Minto'라고 바꾸어 불렀는데 포르투갈로 "페르나옹, 너 거짓말하고 있지? 나 거짓말 하고 있다"는 뜻이다.

중국 형상은 더는 자극적이고 흥미 있는 전설적 이야기가 아니었다. 근대 세계로 첫발을 내디딘 유럽에게 그것은 일종의 사회개조의 동력을 표현하고 있었다. 유럽인들은 파도처럼 밀려오는 꿈같은 이국 형상 속에서 자신의 정신을 단련시킬 모범상을 보았다. 책읽기는 상상의 느린 확장이다. 책읽기는 한 사람 또는 한 시대의 대다수 사람들에게 정신적 단련과 깨달음을 통해 스스로 새로워질 수 있는 기회를 제공한다. 민감한 사람들은 세기가 바뀌는 몇 년 동안에 중국에 관한 번잡한 보도 가운데서 일종의 미래의 성과를 발견했는데, 그 보도의 작가들이 자신의 필요를 바탕으로 하여 기존의 자료를 해석 종합하고 그것을 유럽의 문화적 시야 안으로 끌어들여 이용 가능한 새로운 문화 가치로 구체화시켰기 때문이었다. 이때의 서방에게는 역사적 조건을 초월하는 자유롭고 풍부한 이상—주변에서 일상적으로 목격하는 고통과 폭력, 빈곤과 불공정이 사라진 모습의 유토피아가 필요했다. 핀토는 동포들에게 다음과 같이 말했다. "……21년 동안 나는 온갖 고난을 경험하며 아시아의 가장 찬란한 지역을 가보았다. 그곳의 몇몇 나라에서 나는 유럽에서는 흔히 볼 수 없는 수많은 미덕을 보았다. 모든 유럽인들이 자랑스러워하는 우량한 전통은 중국뿐만 아니라 기타 동방 국가에서도 가는 곳마다 볼 수 있었다. 조물주께서 이들의 땅을 사랑하사 이곳의 기후는 사람이 살기에 적당하고 정치는 백성을 화목하게 하며 나라는 부강하다. 정의와 공정함에 대한 숭상과 정부의 강력한 통치는 전 세계의 추앙을 받을 만하다. 중국의 여러 가지 훌륭한 모습을 생각할 때마다 하느님께서 그 땅과 그 위에 사는 사람들을 깊이 사랑하심에 대해 놀랄 따름이다……."

서방 문화 가운데서 중국은 단순히 동방의 현실이 아니라 엄숙한 상징이었고 엘리트 문화 내부에서는 일종의 사회적 이상의 역할을 하기 시작했다. 서방은 종교분쟁, 경제적 빈곤, 전란과 황폐, 폭군의 정신병적인 파괴 때문에 지쳐 있었다. 행복, 질서, 공정 등이 현실 세계에서 존재한다면 세계의 변두리인 머나먼 어떤 나라에나 있는 게 분명했다. '인도의 안개'가 걷힌 뒤에 남은 것은 향료와 코끼리뿐이었다. 이 무렵 유럽인들은 인도를 도덕과 덕행이 음식물과 마찬가지로 쉽게 부패하는, 질병과 악행이 휩쓰는 열대의 나라로 인식했다. 중국은 달랐다. 피상적인 지식에 기댄 그들은 평화롭고 공정하며, 풍족하고 행복한 사회를 중국에서 발견했다고 확신했다. 중국은 결코 지나간 시대의 전설이 아니라 역사의 현실이었다.

이런 깨달음은 유럽 문화사에서 예사롭지 않은 의미를 지녔다. 나체의 인디안 여인이 프랑스 상류사회의 화려하게 차려입은 귀부인들처럼 음탕하지 않으며 카리브해 해변을 나뭇가지를 들고 달리는 야만인들이 머리에는 지식이 가득하고 몸은 비대한 대신이나 주교들보다 정의와 공정을 더 잘 이해한다는 사실을 알게 되고, 자부심을 가져왔던 기독교 문명이 중화제국에 비해 초라할 뿐만 아니라 어떤 부분에서는 더 사악하다는 사실을 알게 되었을 때 일종의 문화상대주의적 세계관이 형성되었다. 이런 개방적인 시야 가운데서 새로운 유럽의 희망도 생겨났다. 유럽 중심주의 사학을 추종하는 학자들은 서방이 근대에 진입하게 되는 문화적 영감의 근원을 고대 그리스 로마 문화의 발견과 재생에서 찾았다. 그러나 실제로 이른바 문예부흥은 서방 문화가 시간이 흐르면서 자기 역사를 창조한 것일 뿐이라는 점을 설명해준다. 다른 관점에서 보자면 지리대발견으로 인해 펼쳐진 광활한 공간, 머나먼 아메리카와 인도, 그중에서도 특히 중화제국의 발견이 서방사회와 문화가 진보하기 위한 다른 측면에서의 영감과 계시를 제공했다. 고대의 찬란한 그리스 로마 문명이 유럽에게 자기도취적인 모델을 제공했다고 한다면 놀라운 중화 문명은 그들에게 스스로 새롭고 자기초월적인 모델을 제시했다.

중화제국의 형상이 점차로 형성되자 서방인은 중국 형상 가운데서 여러 면으로 자기 문명보다 우월한 문화 유토피아를 만들어냈다. 몽테뉴와 같은 시대에 활동했던 조셉 스칼리저(Joseph Scaliger, 1540~1609)는 『대중화제국지』를 읽고 나서 1587년에 쓴 편지에서 다음과 같이 말했다. "찬탄을 금할 수 없는 이 제국은…… 우리의 행위를 꾸짖고 있다. 그들의 저울로 단다면 프랑스는 콩알만 한 작은 왕국에 지나지 않는다. 우리는 서로 이해하지 못하고 채무에 눌려 숨도 못 쉴 지경이다(프랑스는 당시 종교전쟁으로 사분오열되어 있었다). 그런데 그들

●스칼리저 초상

의 나라는 평화롭고 백성은 평안하다. 그들의 법과 제도는 기독교를
부끄럽게 하기에 충분하다."[92]

　지리대발견과 문예부흥은 격동의 시대였다. 사람들은 분수에 만
족하며 살아갈 수가 없었고 언제나 흥분으로 들떠 있던 위대한 시대
였다. 항해자와 모험가들만이 아니라 반역적인 학설을 제기하고 천문
망원경을 만든 사람, 정의·행복·애정·유토피아를 논하는 사람에게

---

92 『명·청 시기 중국에 온 예수회 선교사와 중-서방 문화교류사』(明淸間入華耶蘇
　會士和中西文化交流史), (프) Rene Etiemble, Jacques Gernet 등 저, 파촉서사(巴
　蜀書社), 1993년 판, p. 163.

도 영광이 돌아간 시대였다. 아테네 시대 이후로 이때처럼 역사의 미래, 인간과 문명의 운명을 결정할 수 있었던 시대는 없었다. 이 시대의 진취적인 사람들은 세계를 누비고 다니거나 자기 내면의 정신세계를 탐구했다. 신세계와 동방에 관한 정보는 그들의 정신세계 안에 사람을 흥분하게 만드는 기회와 희망을 창조했다. 이 시대는 혼란스럽기 때문에 풍부한 시대, 진지하게 미쳤다고 해야 특징이 설명되는 시대였다. 그렇지 않다면 기독교 문명에 그토록 집착하는 사람들이 미친 듯이 이교 문명을 찬미하고 나선 일이 설명되지 않으며, 동방에 관한 충분한 지식을 가진 사람들이 억제하지 못하고 황당한 전설 속을 방랑한 일을 설명할 수 없다. 우리는 중국 형상을 그것이 등장한 유럽의 여러 역사 단계의 문화 유형 속에서 봐야만 비로소 역사적 연속성을 가지면서 중국 형상이 형성된 동기와 의의를 온전하게 이해할 수 있다.

중화제국의 형상은 서방이 근대로 진입할 때 가졌던 호기심 많고 개방적인 정신이 만든 산물이다. 자부심 강한 겸손과 진취적인 성실성을 갖춘 심리 상태에서 서방은 자기 초월의 모델을 찾으려 했고 머나먼 중국이 바로 그런 시기에 꼭 들어맞는 역할을 맡았다. 중국 형상이 중국에 관한 제한적인 지식과 서방 문화의 상상과 희망이 결합하여 만들어진 유토피아라는 점을 우리가 충분히 이해한다면 중국 형상의 밝은 면이나 어두운 면 때문에 기뻐하거나 화낼 이유가 없다. 중국 형상은 서방 문화가 자신을 비춰본 거울일 뿐이고 우리가 그 거울에서 보게 되는 것은 중국이 아니라 서방이다.

타인을 평가하는 일은 곧 자신을 평가하는 일이다. 중국에 관한 객관적인 지식은 서방 문화의 입장에서는 그렇게 중요한 게 아니었다. 관건은 중국으로 표현되는 형상을 통해 서방 자신이 추구하는 가치를 확인하는 일이었다. 학자들의 연구 결과나 정부가 갖고 있는 정보를 제외하고 여러 사회 문화 계층이 갖고 있던 중국 형상은 순수한 지식으로 구성된 적이 없었다. 세레스 시대 때부터 시작하여 제한된 지식이 한 발짝 더 나아가는 상상의 소재가 되었다. 누에 기르기와 비단 짜기에서부터 나무에서 나는 양모에 이르기까지, 쿠빌라이의 초원에서 멘더빌의 칸발릭 궁전에 이르기까지 상상은 언제나 경험이란 소재를 급박하게 이용하여 서방화된 중국 형상을 만들어냈다. 중국 형상은 서방에 의해 이용되어야만 의미를 가질 수 있었기 때문이다. 16세기의 마지막 20년 동안 서방은 세레스 신화로부터 키타이 신화로, 다시 중화제국 신화에 이르기까지 중국 형상의 연속적인 전환을 완성했다. 세레스 신화와 키타이 신화의 원형의 내용은 중화제국의 형상 속에 무의식적으로 녹아들었다. 이것은 한 차례의 발견이자 한 차례의 계승이었다. 그 과정에서 역사정신과 도덕적 색채가 갈수록 많이 중국 형상 속에 스며들었고 부와 왕권으로 물질화된 키타이 형상이 정신적 지혜와 도덕적 질서라는 중화제국 형상으로 진화하였다. 키타이 신화가 갖고 있던 어떤 요소는 잊혔고 어떤 요소는 새로운 중국 신화 속에 이식되었다. 중국의 인구가 많고 국토는 넓으며, 도시가 별처럼 많고 강물은 도처를 흐르고 있으며 재화가 풍족하다는 묘사에서 우리는 키타이 신화가 여전히 계속되고 있음을 알 수 있다. 중국의 사법제도, 문관 제도와 고시 제도, 중국의 성인과 통치방식, 중국의 언어와 중국인의 부지런함을 찬양하는 데서 우리는 새로운 화법과 새로운 신화의 탄생을 볼 수 있다. 후자의 정신적 가치가 전자의 물질적 가치보다 높이 평가되고 있는 것이다. 유럽은 다른 문명 단계에서 다른 중국을 이용하려 했다. 이러한 다름은 중국 형상이 보다 분명해지고 구체화되었으며, 민간 문화에서 엘리트 문화로 진입하였으며, 일종의 엄숙하고 급진적인 색채를 띠게 되었음을 의미한다. 중국 형상은 미래 세계에서 서방사회를 개조하고 계몽하는 도구로 이용될 것이다.

## '공자의 중국'

중국의 사상을 이해해야 중국을 생각할 수 있고 문화교류 과정에서 자기 문화를 건설할 수 있는 영감과 계시를 얻을 수 있다. 유럽은 중화제국의 형상 가운데서 문화적 내용을 갈수록 중시했다. 중국은 도덕적으로 이상적인 국가였다. 사상의 중국은 중국의 가치를 생각하게 했고 동시에 서방 문화의 가치를 되돌아보게 했다. '공자의 중국'이 등장함으로써 서방의 중국 형상은 전설의 시대에서 출발하여 지리 시대를 거쳐 최종적으로 철학의 시대에 진입하게 되었다.

# 독특하고도 우월한 정치이론과
# 문화 제도를 발견하다

신항로는 유럽인들을 끊임없이 동방으로 실어 날랐다. 그들은 동인도제도, 필리핀제도와 중국으로 갔다. 그들 가운데서 가장 용감하고 가장 많은 성과를 낸 사람은 성령의 부름을 받은 선교사들이었다. 그들은 복음을 중국에 들여오려 했을 뿐만 아니라 강대한 중화제국의 형상을 유럽에 가져갔다. 그들은 문화의 바다를 항해하는 콜럼버스였다. 집념이 그들의 사명을 향한 동력이었다면 편협함은 그들의 성취를 매몰시킨 함정이었다. 그들은 중국 문명의 의의를 발견했고 그것을 서신의 형태로 담아 바다 건너 유럽에 전달했다. 그들의 붓끝에서 중국은 오래되고 거대한 제국으로, 중국 민족은 문화적 소양이 매우 높은 민족으로 그려졌다. 서방은 이런 중화제국의 형상 가운데서 그들 자신보다 여러 면에서 우월한 문명의 유토피아를 만들어냈다. 마테오 리치가 세상을 떠난 후 1613년에 트리고 신부는 마카우에서 배를 타고 유럽으로 돌아갔다. 그는 돌아가는 배 위에서 마테오 리치가 생전에 써둔 편지를 라틴어로 번역하고 편집하는 일을 시작했다.

바다 위에서 보내야 하는 날은 길고도 평온했다. 일 년하고도 여덟 달을 항해하는 동안 트리고 신부는 중국을 생각하고 추억에 잠겼다. "우리는 중국에서 30여 년을 생활했고 중국의 중요한 성(省)을 다녀보았다. 그리고 우리는 이 나라의 귀족, 고관, 걸출한 학자들과 친하게 교류했다. 우리는 이 나라의 언어로 말할 수 있고 그들의 풍속과 법률을 직접 경험하며 연구했다. 무엇보다 중요한 것은 우리가 밤낮으로 쉬지 않고 그들의 문헌을 읽었다는 점이다. 우리의 경험에서 나온 장점은 이 낯선 세계에 아직 들어가지 않은 사람들은 갖출 수 없는 것이다."[93]

　　이때 트리고 신부는 한 위대한 신부의 선교 일기와 함께 멀지만 매력이 가득한 어떤 제국을 유럽으로 가져왔다. 그때까지 유럽은 이 제국에 대해 흥미와 지식을 갖지 않았던 게 아니라 정확한 지식을 갖지 못했다. "친애하는 자상한 독자 여러분, 지금까지 중국에 관해 쓴 저자는 두 부류가 있었다. 한 부류는 상상을 너무 많이 했고 또 한 부류는 들은 게 너무 많아 자기 생각을 보태지 않고 있는 그대로 출판했다. 우리 자신 가운데 일부 신부를 후자의 부류에서 제외하기는 어렵다고 생각한다. 그들은 중국 상인을 믿었지만 상인들의 보편적인 습관이 과장이라는 점을 몰랐기 때문에 있을 수 없는 일을 진실이라 받아들였다. 우리의 신부들이 처음 중국 내지로 들어가는 허락을 받았을 때는 들은 얘기를 모두 믿었기 때문에 중국에 진출한 첫 8년 동안에는 전혀 믿을 수 없는 사정을 서신에 담아 유럽에 전했을 가능성이 매우 높다. 분명한 얘기지만, 수년에 걸친 접촉이 없이는 유럽의 생활을 철저하게 이해하리라고 기대할 수는 없다. 중국에 대해서도 마찬가지다. 이 나라와 그 백성들을 완전히 이해하기 위해서는 몇 년의 시간을 들여 여러 성을 여행해야 하고 방언을 배우고 그들의 책도 읽어야 한다. 그러므로 우리가 최근에 펴낸 이 책이 이전에 등장한 저술

---

93 『마테오리치 중국찰기』, p. 3.

들을 대체하리라 믿어야 이치에 맞고, 또한 이 책에 기록된 일들은 당연히 진실이라고 믿어야 이치에 맞다."[94]

위에 인용한 글의 내용을 이리저리 살펴보면 운이 좋았던 『대중화제국지』가 머릿속에 떠오르게 된다. 멘도사 신부는 중국에 가본 적이 없었고 그의 저작은 다른 사람이 모아놓은 자료와 여기저기서 들은 얘기를 한데 그러모은 것이었다. 그런데 트리고 신부가 이때 가져온 마테오 리치의 '중국 서신'은 직접 경험한 사람의 체험기였다. 트리고 신부가 정리하고 번역한 『마테오 리치 중국찰기』는 1615년에 독일 아우구스부르크에서 출판되었는데, 교황청과 독자들의 구미에 맞추기 위해 『기독교 중국원정사』란 제목을 달고 나왔다.[95] 이 책 표지의 제자(題字)가 책의 전체 내용을 요약하고 있다. "예수회 선교사 마테오 리치 신부의 기독교 중국 원정사, 다섯 권으로 된 선교 기록, 교황 바오로 5세에게 바침. 중국의 조정, 풍속, 법률, 제도 및 새로운 교회 사무에 관한 최초의 정확하고 충실한 묘사. 예수회 소속 벨기에인 니콜라 트리고 지음." 책이 나온 뒤에 트리고 신부는 2년에 걸친 유럽 순회강연을 시작했다. 그는 유럽인들에게 중국은 현실 속에 존재하는 우수한 문명을 가진 나라이며 머나먼 곳에 있는 나라가 아니라는 점을 알리려 했다.

『마테오 리치 중국찰기』는 『대중화제국지』와 동일한 체제로 편성

---

**94** 『마테오 리치 중국찰기』, p. 41.
**95** 『기독교 중국원정사』의 중국어 번역본 제목은 『마테오 리치 중국찰기』이다. 본서에서는 중국어 번역본 제목을 사용했다.

되었다. 중국 상황을 개괄적으로 기술한 제1권은 『대중화제국지』의 제1부와 유사하다. 제2권에서 제5권까지는 하비에르가 중국 선교 사업을 시작한 때부터 마테오 리치가 세상을 떠날 때까지의 사정을 기술하고 있고 주요 내용은 마테오 리치 신부의 행적과 그의 중국 선교에 관한 관점과 해석이다. 이 책은 선교 사업에 관해서는 유럽이 흥분할 만한 소식을 담고 있지 않다. 어떤 의미에서는 중국 '원정기'라는 괄목할 만한 제목에 비해 내용은 실망스럽다고 할 수 있다. '원정'의 내용을 아무리 부풀려 보아도 조심스럽고 굴욕적인 잠입과 다름없다. 중국 형상이란 면에서 보아도 이 책은 더 많은 내용이나 새로운 특징을 제공하지 않으며 『대중화제국지』가 소개한 내용을 되풀이 하는 수준을 넘지 않았다. 『마테오 리치 중국찰기』는 『대중화제국지』의 기초 위에서 내용을 좀 더 풍부하고 구체화하거나 미세한 부분에서 보충과 오류 수정을 보탰을 뿐이다.

『마테오 리치 중국찰기』의 등장은 유럽에서 중화제국 형상의 새로운 시대가 시작되었음을 알리는 표지였다. 중화제국의 형상이 유럽에 들어온 지 반세기가 되었어도 응용 가치를 실현하지 못했다. 중국은 현실의 국가이고 그렇게 멀리 떨어진 나라도 아니며 우수한 문명을 갖춘 나라였다. 그러나 이런 우수한 문명이 서방 문화에서 갖는 가치는 여태껏 불명확했다. 전 방위적 우수성은 문화 교류 과정에서 영향의 구심점을 잃어버리고 공허해질 수 있었다. 유럽에 필요한 것은 자기 시대의 문화 시야 안에서 이용 가능한 특징을 가진 중국 형상이었다. 중국과 서방의 문화 교류가 성과를 내기 위해서는 이 점이 관건이었다.

『대중화제국지』는 중국 형상을 해석하는 단계를 열고 본받을 만한 우월한 문명을 체계적으로 설명하려 했다. 부강하고 공정한 국가는 이상적인 국가였다. 서방의 문화 시야 안에서 중요한 것은 그러한 이방 국가의 존재 자체가 아니라 그 국가가 유럽에 대해 갖는 의미였다. 『마테오 리치 중국찰기』는 중국 형상의 개성 혹은 이용 가능한 가치를 보다 선명하고 확실하게 보여주었다. 중국 문명이 우월한 문명이라면 그런 문화를 창조한 제도와 사상이 문명의 성과보다도 더 의미 있었다. 이상적인 국가를 묘사할 때 합리적인 해석이 없다면 자기 문화는 우월한 이역 문명을 이용할 방법이 없다. 바로 이 부분에서 『마테오 리치 중국찰기』는 서방인에게 중국 문명을 창조한 '공자사상'과 개명된 군주 통치하의 문관 제도를 보여주었다.

유럽의 중화제국 형상의 형성과 진화 과정에서 중국 형상은 한 세기 동안 『대중화제국지』와 『16세기 인도선교사』에서 시작하여 페이네(Henri de Feynes)의 『파리에서 중국까지의 여행기』(1636), 세메도(Alvaro Semedo, 중국명 증덕소曾德昭)의 『대중국지』(1645), 마르티니 신부의 『타타르 전기(戰記)』(1659)와 『중국역사 10권』(1658), 요한 뉴호프의 『네덜란드 사절 최초 중국방문기』(1665), 키르헤르(Athanasius Kircher) 신부의 『중국도지(中國圖誌)』(1667)를 거치면서 끊임없이 구체화, '정신화' 되었다. 유럽은 갈수록 중국 형상의 문화적 내용을 중시했고 중국은 도덕적 이상 국가가 되었다. 공자의 도덕 사상과 교육을 기초로 한 정치제도는 중국 형상에서 가장 중요한 가치를 갖는 부분이었다. 이런 진화 추세에 비추어 볼 때 『마테오 리치 중국찰기』의 진정한 의의는 중국과 1세대 예수회 선교사의 중국 선교 과정을 전면적으로 소

●『타타르 전기』(1654년, 런던)의 표지

개했다는 데 있지 않고 공자의 학설과 중국의 문관 제도를 마테오 리치와 트리고의 시각과 이해를 통해 묘사했다는 점에 있다.

『마테오 리치 중국찰기』는 17세기 유럽에서 라틴어(4종), 프랑스어(3종), 독일어, 스페인어, 이탈리아어로 연속적으로 출판되었다. 트리고는 '독자에게 부치는 말'에서 "지금까지 중국에 관해 쓴 저자는 두 부류가 있었다. 한 부류는 상상을 너무 많이 했고 다른 부류는 들은 게 너무 많아 자기 생각을 보태지 않고 있는 그대로 출판했다"고 말했다. 멘도사의 저작은 전자로 분류할 수 있을 것이고 당시 유행하던 선교사들의 서신집이나 상인들의 여행기는 후자에 속한다. 트리고 신부가 정리하고 번역한 마테오 리치 서신은 경험의 전면성이나 정확성에서 어떤 저작보다도 앞섰지만 합당한 주목과 평가를 받지 못했다. 유럽의 중국학이란 시각에서 보자면 『마테오 리치 중국찰기』는 16세기에서 17세기로 접어드는 시기에 중국 사회 문화의 진실을 반영하고 있다고 평가할 수 있지만 '중국 형상'을 연구하는 관점에서 볼 때는 진실보다는 허구가 더 큰 영향을 미친 경우가 많다는 사실을 염두에 두어야 할 것이다. 『대중화제국지』와 『마테오 리치 중국찰기』가 유럽에 전파된 과정이 이를 설명해준다. 『마테오 리치 중국찰기』가 제공한 정보가 더 사실에 가까웠다. 이 저작은 부강한 중국의 총체적인 면에 관해 이미 알려진 내용을 되풀이 하고 아울러 기독교의 시각에서 본 중국의 악습—미신, 점술과 관상, 연단술, 여아 살해와 부녀자 인신매매, 혹형, 중국인의 보편적인 의심증과 겁 많음—을 지적했다. 그러나 총체적으로 보면 『마테오 리치 중국찰기』의 영향은 『대중화제국지』에 비해 훨씬 뒤졌다. 사람들은 '진실한 내용'을 주목하지 않았다. 17세기의 유럽 문화는 지나치게 다양한 정보를 담아서 오히려 분명하게 보이지 않는 중국 형상을 원치 않았고 더 나아가 중국 형상의 어두운 면을 원치 않았다. 유럽인들은 분명하고 확정적이며 우월한 동방제국을 원했다. 달리 말해 그들에게는 진실한 중국보다는 이상적인 중국이 필요했다. 진실하지만 멀리 떨어져 있어 접근할 수 없는, 극히 소수의 사람들만 직접 가서 확인할 수 있는 유토피아—서방 문화의 시야가 만들어낸 중국 형상의 의의는 이런 것이었다.

서방 문화의 정신이 역사의 각 시기마다 불러내고 만들어 낸 중국 형상은 제각기 특정한 문화적 동기를 갖고 있었다. 중국과 서방의 문화교류 과정에서 건설적이거나 파괴적인 역할을 한 것은 결코 진실하고도 전체적인 지식이 아니었다. 상상이 언제나 보다 적극적인 역할을 했다. 이역 문명의 형상은 자기 문화의 심리 구조 안에 들어와야

비로소 영향을 미치거나 이용될 수 있다. 그리고 그 진입 과정은 두 시야의 충돌, 개조, 융합, 창조의 과정이다. 서방의 중국 형상은 일정 정도는 현실의 중국을 반영하고 있었을 뿐만 아니라 서방 문화의 욕구도 일정 정도 반영하고 있었다.

트리고는 다시 중국으로 돌아왔다. 그는 22명의 학식과 인격이 뛰어난 선교사와 함께 7천여 권의 책을 가지고 1619년에 마카우에 도착했다. 그로부터 10년 뒤(1629년)에 그는 항주에서 숨을 거두었다. 그는 자신이 편집한 책이 유럽에서 어떤 영향을 미쳤는지 알지 못했고, 알았더라면 위대한 마테오 리치 신부가 마땅히 누렸어야 할 존경을 표시하지 않은 유럽에 대해 실망했을 것이다. 한 시대가 저물었다. 이탈리아인의 영광, 스페인과 포르투갈인의 영광은 모두 과거의 일이 되었다. 유럽의 중심은 북쪽으로 옮겨갔다. 암스테르담과 런던이 무역의 중심이 되고 파리가 사상의 중심이 되었다. 중국 형상을 전파하는 중심은 리스본에서 북쪽의 파리로 이동했다.

17세기 유럽의 입장에서 보자면 중국의 발견은 땅이나 대규모로 돈 벌 수 있는 기회의 발견이 아니라 한 문명의 발견, 독특하고도 우월한 정치 윤리와 문화제도의 발견이었다. 중국의 의의는 이념의 영역에서 더 많이 드러났다. 선교사들은 중국의 문화적 수양이 그렇게 과학적이지 못하며, 창조력이 부족하고, 중국 백성들은 보편적으로 빈곤하며 관리는 백성을 억압하고, 모든 중국인이 황제 한 사람을 위해서 봉사하며, 세상의 어떤 나라도 중국처럼 인권을 경시하는 나라가 없다는 등의 어두운 소식을 수시로 전해왔다. 그러나 이런 불협화음은 사람들의 주의를 끌지 못했다. 이것이 그 당시 시대정신이었다. 당시의 유럽은 중국 형상 가운데서 어두운 면을 기대하지 않았고 그들에게 필요한 것은 유토피아적인 중국, 유럽을 초월하는 가치 전범으로서의 중국이었다.

선교사들의 서신은 꾸준히 유럽으로 전해져 출판 상인, 정치가, 철학자, 개량주의자, 비현실적인 얘기에 매료되는 대중을 흥분시키는 얘깃거리를 거듭 제공했다. 중국의 진실한 모습이 어떤 것인지 관심을 갖는 사람은 아무도 없었고 모두가 중국이 어떤 모습으로 묘사되는지에만 관심이 있었다. 이것이 유럽의 중국이었다. 1675년, 이베리아인이 중국에 관해 쓴 마지막 저작이 스페인어로 출판되었다. 책 제목은 『중화제국지: 역사, 정치, 도덕, 종교』, 저자는 도미니크회 수도사 나바레테(Domingo Feranndez Navarrete, 중국명 민명아閔明我)였다.[96] 나바레테는 이 책에서 중국은 세계에서 가장 강대하고 우수한 나라라고 주장했을 뿐만 아니라 유럽은 여러 분야에서 중국으로부터 배워야 한다고 주장했다.

"중국인은 사, 농, 공, 상이라는 네 가지 계층으로 나뉜다…….

중국인들은 하느님은 농민에게 관심을 보여야 하고 많은 특혜를 주어야 한다고 말한다…….

중국인들은 중국에는 있어야 할 것은 다 있으니까 아무 것도 외

---

**96** 나바레테 신부는 1669년 광주의 선교사 주거지역을 탈출하여 유럽으로 돌아갔다. 예수회 소속의 이탈리아인 수도사 Philipus Maria Grimadi가 민명아(나바레테의 중국명)을 사칭하여 중국에 잠입했다. 1689년에 유럽에 와 선교사를 모집한 인물은 이 가짜 민명아였다.

국에서 들여올 필요가 없다고 말하는데, 실제로 그렇다."[97]

## 중국 형상, 철학의 시대로

　유럽 문화의 중심이 북쪽 파리와 런던으로 옮겨갔다. 프랑스 국왕 루이 14세의 '국왕의 수학자들'도 북경으로 갔다. 마테오 리치와 트리고 신부가 소개한 '문화 중국'의 의의는 반세기가 지나서야 유럽인의 보편적인 주목을 받게 되었다. 1687년, 쿠플레(Philippe Couplet, 중국명 백응리柏應理)와 인토르세타(Prospero Intorcetta, 중국명 은탁택殷鐸澤) 등 네 명의 신부들이 편역한 『공자: 중국의 철학자』가 파리에서 출판되었다. 이 책은 공자의 간략한 전기와 『논어』, 『대학』, 『중용』에서 발췌 번역하여 실었다. 이 책은 널리 유포되었고 서방 세계가 처음으로 중국 문화의 철학적 기초인 공자 사상을 이해하는데 도움을 주었다. 공자는 동방의 현자였다. 그가 가르친 것은 자연철학을 기초로 한 정치윤리였다. 인류 역사상 진정한 의미에서 군주를 교육한 철학자가 그였다. 한 세기만에 유럽인들은 처음으로 중국 제도의 여러 가지 장점의 철학적 기초가 무엇인지, 일종의 독특하고도 실행 가능한 '군왕학'이 어떤 것인지 알게 되었다. 공자 사상이야말로 중국의 개명된 군주정체의 철학적 기초였다. 사서오경의 가르침을 받은 현명한 군주는 폭력이 아니라 사랑과 지식과 설득으로 국가와 백성을 통치한

---

**97**　*The Khan's Great Continent: China in Western Minds, The Catholic Century*, by Jonathan Spence, W.W. Norton & Company, New York and London.

다. 모범적인 군주는 누구이며 인류의 행복을 만드는 철학자는 누구인가? 개명된 정치체제가 인류의 행복을 보증할 수 있다.

『공자: 중국의 철학자』는 널리 영향을 미쳤다. 이 책은 중화 문명의 사상 기초를 밝혔을 뿐만 아니라 서방 사상가들에게 동경과 사명감을 불러일으켰다. 왜 철학자가 군주를 가르칠 수 없는가? 왜 개명된 사상을 바탕으로 하여 국가를 통치하지 못하는가? 관념상의 중국이 현실의 중국보다 더 중요했다.『공자: 중국의 철학자』의 편역자들은 중국 고대에 큰 영향력을 가졌던 사상을 소개하는 것이지 현재의 중국 현실이 그런 것은 아니라는 점을 분명하게 밝혔다. 중국의 현실을 아무리 칭송해도 분명하게 드러나는 어두운 면— 빈곤, 복잡함, 부패, 가혹한 형벌, 이교숭배—은 회피할 수 없었다. 중요한 것은 순수한 사상과 가치였다. 한 민족의 철학과 윤리 관념과 신앙, 한 민족의 가정과 정치조직의 제도, 그들의 성격적 특징과 지혜의 특징을 이해하지 못한다면 그 국가를 이해한다고 말할 수는 없다. 사람은 국가의 주체이고 정신은 사람의 주체이다. 한 민족의 사상 가치를 이해해야 비로소 그 민족을 이해할 수 있다. 향료, 은, 자기, 구석에 처박힌 조그마한 선교 거점, 돈 벌 수 있는 기회—이런 것들로는 고상한 문화를 이해했다고 말하기에는 턱없이 부족했다. 중국의 사상을 이해해야 중국을 생각할 수 있고 문화교류 과정에서 자기 문화를 건설할 수 있는 영감과 계시를 얻을 수 있었다.

『공자: 중국의 철학자』는 이정표 같은 저작이었다. 이 책은 유럽의 중국 형상 진화 과정에서 철학의 시대가 시작되었음을 알리는 표지였다. 공자의 중국이야말로 중국의 진정한 의의였다. 책은 널리 퍼져나갔고, 중국 현자의 말은 파리의 사상가들과 유행을 주도하는 인사들이 인용하는 격언이 되고 있었다. 9년 뒤인 1697년, 중국에 관한 또 하나의 저작 『중국현상신지(中國現狀新誌)』가 출판되었다. 저자는 '국왕의 수학자'로서 중국에 갔던 예수회 수도사 르 콩트(Le Comte, 중국명 이명李明)였다. 이 책은 더 큰 반향과 논쟁을 불러 일으켰다. 중국은 우수한 정치제도와 윤리도덕을 갖춘 나라였고 유가 사상은 관용과 지혜의 자연신론이었다. 소르본 신학원은 이 책을 금서로 지정했다. 교회는 경건하고 열정적인 신부들이 마침내 도를 넘었다고 판단했던 것이다. 그들은 개명된 나라만 소개한 게 아니라 위험한 관념도 몰래 들여왔다. 관념상의 중국이 현실의 중국보다 더 큰 의의를 가졌다. 유익하든 유해하든……

중국이 국토가 광대하고 인구가 많으며 부유한 도시가 사방에 있는 먼 나라이기만 하다면 무슨 일이 있겠는가? 이역의 나라이기만 하다면 허구든 진실이든 무슨 상관이 있겠는가? 분열과 혼란 속에 허덕이던, 갈망과 흥분으로 가득 찬 유럽에게, 중국에서 보자면 그 역시 먼 곳인 유럽에게 중국은 어떤 의미를 가졌을까?

이역 문명이란 그 문명의 가치를 발견하지 못한다면, 기술과 제도, 관념과 신앙 면에서 자기 문명의 건설에 차용할 수 있는 계시와 영향이 없다면, 자기 문화 자신의 초조와 공포, 희망과 지향점을 반영하지 않는다면 중요할 게 없다. 달리 말하자면 그 문명에서 이용 가능한 가치를 발견하고 그것을 실제로 이용하지 않는다면, 자기 해방과 자기 초월의 역량으로 전환시키지 않는다면 이역 문명은 아무리 위대하다 해도 문명의 교류에서 어떤 의의도 없다.

키타이와 대 칸은 중세 후기에서 문예부흥 시대까지 유럽의 민간 통속문화에서 일종의 이역 전설이었다. 키타이와 대 칸은 허구가 진실보다 더 가치 있었다. 그것은 순수한 환상이었다. 그곳을 다녀온 여행자가 고향 사람들 앞에서 사실임을 증명하려면 잔치에서 폭소를 유발하는 어릿광대처럼 될 뿐이었다. 대중의 무지와 의심증 때문에 진실을 목격한 여행자는 진실을 마음속에 담아두거나 '허풍쟁이'가 될 수밖에 없었다. 허풍쟁이는 세상을 떠났고 '허풍'은 고향에 남아 전해졌지만 애초에 입 밖에 내놓은 그런 모양이 아니었다. 허풍이 진실로 밝혀지기까지는 더 많은 사람들의 더 많은 경험을 기다려야 했다. 마르코 폴로가 세상을 떠나고 3백 년 뒤에 멘도사가 등장하고 나서야 비로소 신화 같은 키타이가 지리상의 중국으로 변했다. 배를 타거나 낙타를 타고 머나먼 길을 온갖 위험을 겪으며 가야 했지만 그래도 닿을 수는 있는 현실의 나라였다. 세레스 시대부터 전해오던 전설은 터무니없는 얘기가 아니었다. 2천 년 전에 기이한 몇 사람이 들려주던 황당무계한 얘기가 2천 년이 지나 마침내 증명된 사실과 역사가 되었다.

서방 문화 속의 중국 형상은 전설 시대에서 지리 시대로 진입했다. 키타이가 바로 중국이고 중국은 지리적인 의미에서 진실의 나라였다. 한 세기 동안 상인, 선원, 원정군, 선교사가 그곳을 다녀왔다. 동방에서 보내온 거의 모든 보고서는 열셋 또는 열다섯 개의 성에다 200~300개의 도시가 있고 셀 수 없이 많은 인구를 가진 광대한 제국이 분명히 그곳에 있다고 알려주었다. 그 나라는 경제가 발전했고 교통이 편리하며 문화와 역사는 유구하고 정치는 깨끗하다……갈

수록 더 많이 자세한 소식이 보충되고 수정되었다. 제국의 형상은 갈수록 분명해졌고 개방적인 정신을 가진 사람들의 관념 속에서 중화제국은 그토록 먼 나라가 아니었다.

지리 개념상의 중국은 세계 지리에 관한 하나의 지식에 지나지 않는다. 중국 형상이 그런 차원에 머문다면 유럽 문화의 건설에서 중국은 있어도 좋고 없어도 괜찮은 존재이다. 전설의 중국에서 지리적 중국으로 진화한 서방의 중국 형상은 사상의 차원으로 한 발 더 나아갈 수 있을까? 상인과 강도의 시야를 넘어선 시각으로 문명 사이의 접촉을 이해할 때 사상과 기술의 교류와 이용이 비로소 진정한 가치를 지니게 된다.

키타이에서 중화제국으로 진화할 때까지 선교사들이 절반은 진실이고 절반은 허구였던 전설 같은 중국을 현실 속으로 끌어들였다. 중국은 지리와 역사에서 실제로 존재할 뿐만 아니라 제도와 문물에 있어서 여러 면으로 서방보다 우월한 국가가 되었다. 17세기 중엽이 되어서야 유럽 문화는 중국을 이해하게 되었으나 그 중국은 여전히 지리상의 중국이었다. 중국 형상의 물질적인 측면은 확정되었어도 정신적인 측면은 아직도 모호했다. 한 민족의 철학 사상과 종교 신앙과 윤리 정치 관념을 이해하지 못한다면, 한 민족의 가치관을 이해하지 못한다면 그 민족을 진정으로 이해한다고 말할 수는 없을 것이고 경제 질서나 문화 건설에 있어서 그 민족을 이용할 수는 없을 것이다. 한 세기 전에 멘도사 신부가 대중화제국 형상의 기초를 놓은 이후로 트리고, 마르티니, 키르헤르 신부가 이어서 그 내용을 풍부하게 하였다. 그러나 이들의 공헌도 한 나라의 지리적 역사적 형상을 확정한 것

●네덜란드가 중국을 모방하여 만든 땅위를 가는 배(旱船)(17세기초 목판화)

일 뿐 이역 형상의 정신적 주류를 보여주지는 못했다. 키타이에서 대
중화제국으로, 다시 대중화제국에서 공자의 중국으로 진화하기까지
선교사들이 만들어낸 유럽의 중국 형상은 아직도 마지막 한 걸음이
부족했다. 그것은 대중화제국의 정신적 가치였다.

17세기의 마지막 25년 동안에 남은 한 걸음이 완성되었다. 공자
의 중국이 유럽에 등장했다.

'공자의 중국'의 등장은 유럽의 중국 형상이 철학의 시대로 진입
했다는 표지였다. 사상의 중국은 중국의 가치를 생각하게 만듦과 동
시에 유럽의 문화적 가치를 되돌아보게 하였다. 중국 문명의 진정한
의의는 무엇일까? 비단, 차, 자기, 기독교도 이외에 유럽은 중국에서
무엇을 얻을 수 있을까? 중국 문명은 여러 방면에서 서방 문명보다
우월한가? 만약 그렇다면 그 우월성은 어디서 나오는 것인가? 예민하
고 개방적인 사람들은 우선 종교, 역사, 문화, 인성 등을 중국 문명과
서방 문명을 비교할 공통의 기초로 보았다. 이 기초는 기독교적 보편

주의일 수도 있고 인문주의적 세계주의일 수도 있다. 결론적으로, 공통의 시발점이 문화 이해와 이용의 전제조건이다. 선교사들이 무리한 논리로 중국의 민족, 종교, 언어를 공통의 기초로 삼으려 할 때 철학자들도 이 공통의 기초를 세속 이념 속으로 끌어들이려 했다. 공자와 소크라테스의 가르침은 같은 의의를 갖지 않을까? 중국의 도시 관리가 유럽의 도시 관리의 모범이 될 수 있지 않을까? 윤리 규범을 기초로 한 사회질서가 법률적 제약을 기초로 한 사회질서를 대체할 수 있지 않을까? 문인 또는 공자 사상으로 훈련된 철학자가 관리하는 국가가 현실 세계의 이상이 될 수 있지 않을까?

유럽, 그중에서도 특히 프랑스의 철학자들도 공자나 맹자의 제자가 되어 가발만으로는 야만적 기질을 가릴 수 없는 유럽의 군주들 앞에서 유세하는 날이 언젠가는 오게 될 것이다. 그런 철학자들을 위해 선교사들이 준비한 무기가 철학의 중국이었다. 중국으로부터 배우자! 짐승 가죽을 걸친 게르만과 골의 형제들이 유럽의 숲속에서 짐승을 좇고 있을 때 중국의 철학자들은 왕궁에서 국왕에게 예의를 가르치고 있었다.

'공자의 중국'의 등장은 중국 형상의 철학의 시대가 시작되었음을 알리는 표지였다. 그것이 가져올 혁명적인 결과를 선교사들은 예상하지 못했을 것이다. 그들은 계속 중국을 소개하고 있었다. 새로운 세기의 시작을 앞두고 부베 신부가 루이 14세에게 바칠 『강희황제전』을 가지고 파리로 돌아왔다. 당시 유럽의 가장 위대한 사상가였던 라이프니츠가 이것을 『중국근사(中國近事)』에 수록하여 출판했다. 그는 선교사들에게 다음과 같이 당부했다. "유럽인의 지식을 중국인에게 전파하지만 말고 중국인의 가치 있는 지식도 우리에게 전파해주어야한다."[98]

항해가는 바다를 항해한 끝에 동방에서 땅과 물산을 발견했고 사상가는 선교사의 서신 속을 여행하며 동방의 정신과 가치를 발견했다. 라이프니츠는 중국의 과학을 고찰하려는 계획을 세웠으나 실행하지는 못하고 1696년에 예수회의 중국 선교관련 자료를 편집하여 책으로 펴냈는데, 이것이 『중국근사』였다. 이 책은 그 시대에 출판된 많은 책들이 그랬듯이 책의 내용을 요약한 긴 제목을 달고 나왔다. 그 제목은 『중국근사: 현대사 자료, 최근 중국 관부가 기독교 선교를 특허한 일과 관련하여 알려지지 않은 사실에 대한 설명, 중국과 유럽의 관계, 중국 민족과 중국 제국이 환영한 유럽의 과학, 중국의 풍속, 중국과 러시아의 전쟁 및 조약 체결의 경과』였다. 라이프니츠가 쓴 24쪽의 서문을 제외하면 이 책의 내용은 문헌자료집에 가깝다. 오늘날의 관점에서 보자면 사료적 가치는 물론이지만 라이프니츠의 격정에 넘치는 서문이 더 큰 의의를 갖는다. 그는 중국과 서방 두 문명의 성취를 요약하는 한편 상호 교류의 전망을 그려냈다.

"내가 굳게 믿는 바이지만, 운명은 절묘하게도 인류 최고 수준의 문화와 최고로 발달한 기술문명을 우리 대륙의 양쪽 끝에 배치해놓았다. 유럽과 지구의 다른 한 쪽 끝에 위치한 '동방의 유럽' — 치나(사

---

**98** 1691년 12월에 라이프니츠가 코찬스키(Adamus Kochanski)에게 보낸 서신. 『라이프니츠와 중국』, 안문주(安文鑄) 등 편역, 복건인민출판사, 1993년 판, p. 135를 보라.

람들은 그렇게 부른다)가 그들이다. 하늘의 뜻이 그러하겠지만, 최고 수준의 문명을 이룩한 (그리고 지구상에서 서로 가장 멀리 떨어진) 민족이 손을 맞잡게 되면 그 가운데 자리 잡은 모든 민족은 점차로 보다 합리적인 생활로 인도될 것이다."[99]

---

99 『라이프니츠와 중국』, pp. 102-103.

**문선**

## 대중화제국지(大中華帝國誌)

멘도사(Juan González de Mendoza)의 『대중화제국지』 제1부를 수록하였다. 『대중화제국지』는 모두 3부로 구성되어 있는데 제1부에서 중국을 총체적으로 소개하고 있다. 제2부는 필리핀의 스페인 교단이 세 차례나 중국에 선교사를 보내려 했던 경과를 서술하고 있다. 제3부는 멘도사가 가치 있다고 판단한 중국에 관한 산발적인 자료들을 모아 놓았는데 제1부의 보충 주석이라고 할 수 있다. 1585년 로마에서 처음 출간되었다. 1600년까지 유럽에서 7개국 언어로 46종의 판본이 나왔다. 마르코 폴로 여행기 이후로 유럽에 등장한 중국 관련 "베스트셀러"였다.

번역문의 원전은 *The History of the Great and Mighty Kingdom of China and the Situation Thereof*, Compiled by Juan González de Mendoza, Trans. and edited by Sir George Thomas Staunton and R. H. Major, issued by the Hakluyt Society, 1853이다.

## 동방여행기

핀토(Fernão Mendes Pinto)가 1580년 무렵에 썼고 1614년에 출간된 이 책은 17세

기 유럽에서 『돈키호테』와 나란히 거론될 정도로 영향력이 컸다. 이 책은 전체가 226장으로 구성되었는데 여기서는 중국과 관련된 12개 장만 수록했다. 핀토의 여행기는 허구적 소설과 여행기가 뒤섞여 있어서 인물, 장소, 사건 모두 주석을 달기가 불가능하다.

번역문의 원전은 *The Travels, Voyages and Adventures of Ferdinand Mendez Pinto*, trans. by Cogan, London, 1895이다.

## 네덜란드 사절 최초 중국방문기

1655년 네덜란드 동인도회사가 북경으로 파견하는 사절단이 바타비아를 출발했다. 이 사절단의 여행은 돌아오기까지 2년이 걸렸다. 사절단의 수행원 뉴호프 (Johan Nieuhof) 자신이 직접 견문한 바를 『네덜란드 사절 최초 중국방문기』로 썼다. 이 책은 1665년 암스테르담에서 출간되었다. 수록된 번역문은 네덜란드 사절 최초 중국방문기(荷使初訪中國記) 연구』, Leonard Blusse(네덜란드) 저, 장국토(莊國土) 역, 하문(厦門)대학출판사, 1989년 판을 그대로 옮겨왔다. 전재를 허락해주신 장국토 선생께 감사드린다.

역자
후기

　이 책의 저자는 마르코 폴로 이후로부터 현대에 이르기까지 7세기 동안 서방 문화에서 사회적 상상으로서 중국 형상이 생성되고 변천한 과정을 살펴보고 있다.

　중국 형상은 중국과 중국인에 관한 일련의 양극단의 인상과 특징이 시대마다 약간의 수식을 가한 형태로 구성되었다. 이 인상과 특징은 마치 장기공연에 들어간 레퍼터리처럼 기본 줄거리는 변함없고 단지 시대의 배경이 바뀌면 약간의 연출 상의 변화만 주어졌다. 한 시대에 상상 속 중국의 '본질'로 자리 잡은 요소는 시대가 바뀌어도 여전히 '본질'의 지위를 잃지 않았다. 그러나 어떤 인상과 특징이든 간에 그것이 생성된 조건과 근거는 중국의 현실을 불완전하게 반영했을 뿐만 아니라 오히려 서방의 현실—서방의 자신과 중국의 관계에 대한 의식—을 더 많이 반영하였다. 결론적으로 말하자면 어느 시대든 서방의 중국 형상은 거시 상상적 기초 위에, 광활하고 신비로우며 머나먼 땅에 대한 선망과 공포 위에, 우호와 적대의 심리적 원형 위에 구축되었다.

독자는 이 총서에서 수백 년의 시간을 흘러오면서 중국 형상의 두 가지 원형이 서방사회의 상이한 역사 배경 속에서 어떻게 반복적으로 등장했는지, 상이한 역사 조건 하에서 서방사회가 어느 원형을 선택했는지를 볼 수 있을 것이다.

중국에 관한 진실을 왜곡하지 않고 진지하게 논술한 저작은 지금까지 서방에서 주목을 받은 적이 없다. 어떤 책이 잘 팔리고 안 팔리고는 흔히 그 책이 독창적인 발견과 관점을 담고 있는지 여부와는 관계가 없고 그 책이 나온 시기와 장소에 따라 결정되는 경우가 많다. 매체의 보도나 일반적인 문화상품은 대중 취미의 소비재이다. 대중의 취향에 영합하거나 대중의 취향을 암암리에 유인하는 문화상품이라야 널리 받아들여져 '베스트셀러'가 될 수 있다. 중국을 다룬 베스트셀러는 대중의 중국 형상을 창조할 뿐만 아니라 대중이 기대하고 느끼는 중국 형상을 표현한다. 그러므로 어떤 시대에 서방에서 베스트셀러가 된 중국에 관한 저작은 그대로 (서방의) 중국 형상의 전형적인 문건이 되었다. 중국과 관련된 "시사문제"를 두고 전문가들이 여러 각도에서 해설을 하지만 그 해설이란 사실은 오래된 악몽을 일깨우는 촉매일 뿐이다. 그 악몽의 연원을 찾아간다면 '황화론(黃禍論)'에서 시작하여 기독교 성서의 '계시록'에까지 소급된다. 그 결과로 매우 비극적인 일이지만 서방인의 중국에 대한 집단 무의식적 이해는—선의든 악의든, 우호적이든 적대적이든—부정확하다. 그들이 보고 생각한 "중국 형상"은 상상이었기 때문이다. 어느 시대건 한 두 나라의 중국에 관한 상상이 다른 나라의 중국관에 영향을 주었다. 그런 나라는 우호적이든 적대적이든 중국과 긴밀한 관계를 맺고 있었고 중국에 관한 정보의 원천을 장악하고 있었다. 더 중요한 것은 그런 나라가 정치, 경제, 문화적으로 우월한 지위에 있었기 때문에 다른 나라에 영향을 줄 수 있었다는 점이다. 요컨대 그런 나라가 '담론의 패권'을 쥐고 있었다. 그래서 그런 나라가 서방의 이른바 중국 형상의 제조자가 되었다. 오늘날에도 그들은 중국의 형상을 만들어내고 있다. 그 대표적인 사례가 '중국위협론'인데 이것은 과거 역사의 경험에서 보았듯 어느 날 갑자기 전혀 다른 극단으로 달려갈지 모른다. 시대가 바뀔 때마다 사람들의 중국에 대한 인상은 완전히 달라질지 모른다. 같은 시대일지라도 전혀 다른 두 개의 중국 형상이 존재할 수 있다. 다만 어느 한 쪽의 형상이 우월한 자리를 차지하고 다른 형상은 잠복할 뿐이다.

모든 역사 단계에서 서방이 중국을 보는 시각은 경제적, 정치적, 군사적 이익이라는 실질적인 고려를 바탕으로 하면서도 한편으로는 심층적인 문화 역사적 관점의 영향도 받았다. 역자가 보기에 『중국의 형상: 서방의 학설과 전설』은 서방의 중국 형상이 형성되고 전파되는 데 영향을 미친 경제적·정치적·문화역사적 원인에 대해 지금까지 나온 어떤 저작보다도 정교한 정리와 분석을 담고 있을 뿐만 아니라 가장 상세하고도 전면적인 증거자료를 제시하고 있다.

중국-서방 교류사에 관한 연구 성과는 우리나라에서는 잘 알려져 있지 않고 일부 소개된 저작들도 대부분이 유럽 쪽 학자들의 성과물이다. 그런 가운데서도 서방의 중국 형상 변천사 연구는 새로운 분야인데다가 여러 분야의 학문 영역을 넘나드는 현대 서방 관념사 연구이기 때문에 우리에게는 더욱 알려진 성과가 적다. 이 책의 저자 쩌우닝(周寧, 1961~  . 샤먼廈門대학 교수)은 이 분야의 중국의 신진학자이다. 그는 1990년대 중반부터 '문화적 타자로서의 이역 형상'을 이론적 바탕으로 하여 서방 현대의 중국 형상을 해석하는 작업을 해왔다. 주요 저서로는『환상과 진실 幻想与真实』(1996),『빛은 동방에서 光来自东方』(1998),『영원한 유토피아 永远的乌托邦』(2000),『중국과 서방의 최초의 만남과 충돌 中西最初的遭遇与冲突』(2000),『20세기 서방 희극사조 20世纪西方戏剧思潮』(陈世雄과 공저, 2000),『중국의 형상: 서방의 학설과 전설 中国形象：西方的学说与传说』(2004),『중국을 상상하다 想象中国』(2004),『영혼을 수확하러 동방으로 去东方, 收获灵魂』(2006),『머나먼 천조: 서방의 중국형상 연구 天朝遥远：西方的中国形象研究』(2006),『세계는 하나의 다리다: 중-서방 문화의 교류와 구조 世界是一座桥：中西文化的交流与建构』(2007),『기상천외: 서양의 거울에 비친 중국 异想天开：西洋镜里看中国』(2007),『비교문화연구: 중국 형상을 방법론으로 하여 跨文化研究：以中国形象为方法』(2011) 등이 있다.

이 번역서의 원저는『중국의 형상: 서방의 학설과 전설 中国形象：西方的学说与传说』, 周寧 저, 學苑出版社, 北京, 2004년이다. 원저는 8권으로 구성된 총서이며 각권의 제목은 다음과 같다. 제1권『키타이의 전설 契丹的傳奇』, 제2권『대중화제국 大中華帝國』, 제3권『세기의 중국풍 世紀中國潮』, 제4권『아편제국 阿片帝國』, 제5권『역사의 난파선 歷史的沈船』, 제6권『유교유토피아 孔教烏托邦』, 제7권『제2 인류 第二人類』, 제8권『용의 환상 龍的幻象』(상, 하).

총서 각권은 본문과 문선(文選)으로 구성되어 있다. 문선은 본문에서 인용한 참고문헌 가운데서 중요한 것들을 전문 또는 부분 형태로 수록하고 있다. 각권 본문과 문선의 분량은 대체로 대등하거나 어떤 경우에는 문선이 분문보다 많을 정도로 저자는 참고문헌을 중시한다. 독자로 하여금 주장하는 논지의 근거를 직접 확인할 수 있도록 해준다는 면에서 이러한 방식의 문선수록이 의미는 있겠지만 일반 독자의 입장에서는 읽기에 적지 않은 부담이 된다고 판단된다. 그래서 번역서에서는 문선에 수록된 문헌의 제목과 더불어 서지학적인 의의만 요약하여 목록의 형태로 정리하였다.

번역 작업이 끝날 때마다 언제나 느끼는 바이지만 배움이 얕은 역자가 무모하게 덤비지 않았는지, 그래서 원저의 성취를 오히려 손상시키지 않았는지 두렵다. 그런 부분이 있다면 오로지 역자의 책임이며 독자 여러분의 지적을 받아 바로잡고자 한다.

많은 시간 기다리며 지원해준 인간사랑 출판사에 경의와 감사를 표한다.

2016. 5
역자

# 대중화제국
## 중국의 형상2

**발행일** 1쇄 2016년 5월 30일
**지은이** 쩌우닝(周寧)
**옮긴이** 박종일
**펴낸이** 여국동

**펴낸곳** 도서출판 인간사랑
**출판등록** 1983. 1. 26. 제일 - 3호
**주소** 경기도 고양시 일산동구 백석로 108번길 60-5 2층
**물류센타** 경기도 고양시 일산동구 문원길 13-34(문봉동)
**전화** 031)901-8144(대표) | 031)907-2003(영업부)
**팩스** 031)905-5815
**전자우편** igsr@naver.com
**페이스북** http://www.facebook.com/igsrpub
**블로그** http://blog.naver.com/igsr
**인쇄** 인성인쇄 **출력** 현대미디어 **종이** 세원지업사

**ISBN** 978-89-7418-759-0   04910
**ISBN** 978-89-7418-757-6   (전8권)

* 책값은 뒤표지에 있습니다.   * 잘못된 책은 바꿔드립니다.

* 이 책의 내용을 사용하려면 저작권자와 도서출판 인간사랑의 동의를 받아야 합니다.

이 도서의 국립중앙도서관 출판시도서목록(CIP)은 서지정보유통지원시스템 홈페이지(http://seoji.nl.go.kr)와
국가자료공동목록시스템(http://www.nl.go.kr/kolisnet)에서 이용하실 수 있습니다.(CIP제어번호: CIP2016012387)